일, 시간, 성과

일 잘하는 시간관리 습관

일, 시간, 성과

일 잘하는 시간관리 습관

2020년 6월 25일 초판 1쇄 발행
2023년 12월 26일 초판 6쇄 발행

지 은 이 │ 삼성경제연구소 시간관리연구팀
펴 낸 곳 │ 삼성글로벌리서치
펴 낸 이 │ 김원준
출판등록 │ 제1991-000067호
등록일자 │ 1991년 10월 12일
주   소 │ 서울특별시 서초구 서초대로74길 4(서초동) 삼성생명서초타워
전   화 │ 02-3780-8213(기획), 02-3780-8084(마케팅)
이 메 일 │ sgrbooks@samsung.com

ⓒ 삼성경제연구소 시간관리연구팀 2020
ISBN │ 978-89-7633-997-3 03320

삼성글로벌리서치의 도서정보는 이렇게도 보실 수 있습니다.
홈페이지(http://www.samsungsgr.com) → SGR BOOKS

일 잘하는
시간관리 습관

일,
시간,
성과

| 삼성경제연구소 시간관리연구팀 지음 |

삼성글로벌리서치

한국은 전쟁의 폐허를 딛고 가장 빠르게 성장한 국가라는 칭송을 받지만 한편으로 세계에서 가장 오래 일하는 국가라는 오명 아닌 오명을 얻기도 했다. 이러한 이야기를 들을 때면 국가경쟁력을 급성장시킨 노고에 절로 감사하게 되지만 그만큼 긴 시간을 일해서 글로벌 경쟁에서 살아남을 수 있었다는 뜻인 것 같아 가슴 한쪽이 씁쓸해진다.

하지만 이도 명백한 옛말이 되었다. 2018년 7월 1일, 주 52시간 근무제가 시작되면서 워라밸 시대의 본격적인 개막을 알린 까닭이다. 주 52시간 근무제에 따른 근로시간 단축은 단순히 불필요한 야근을 줄이고 몇 시간 일을 덜 하는 것에 그치지 않는다. 그것은 경제, 사회 전반에 걸친 커다란 변화를 의미한다. 이미 우리는 새로운 근무 제도를 비롯해 조직의 구성과 인력 양성, 조직문화와 리더십 등에서 많은 변화를 경험하고 있으며, 일과 생활의 균형 등 가치 추구에서도 무게중심의 이동을 체감하고 있다.

그렇다면 이러한 변화에 직면하여 우리의 기업과 조직, 그리고 그 안에서 생활하는 직장인들은 어떻게 대처해야 할 것인가? 지금 우리는 조직과 구성원 모두가 힘을 모아 그 해법을 찾고 일하는 방식 자체를 새롭게 고민해야 하는, 그 어느 때보다 중대한 시점에 와 있다. 더욱이 최근

많은 조직에서 밀레니얼세대와 Z세대가 새로운 주역으로 부상하고 있다. 이들 세대는 이전 세대에 비해, 의미 있고 재미나며 자신의 성장에 도움이 되는 직무와 일하는 방식을 더욱 강하게 원한다. 근로시간 단축과 함께 일하는 방식을 점차 바꿔가야 할 또 다른 이유가 여기에 있다.

이러한 인식에서 출발하여 우리는 그 해법을 일·시간 관리에서 찾고자 한다. 특히 이제는 뛰어난 소수가 아니라 다수의 전문가가 긴밀한 소통과 협력을 통해 차별적 우위를 갖는 창조적 제품과 서비스를 창출해야만 생존이 가능한 시대이다. 이에 개인 차원의 시간관리에 머물지 않고 조직 차원의 통합적 시간관리의 효율성을 높이는 데 관심을 기울여, 다양한 이론 및 사례 연구를 바탕으로 조직 현장에서 곧바로 적용 가능한 실천방안을 제시하고자 하였다.

지금 이 시대는 무엇보다 효율적인 일·시간 관리를 요구하고 있다. 이를 통해 기업은 성과를 지속적으로 창출하고, 개인은 일과 재충전 양면의 시간을 충분히 확보하여 자신의 노동시장 가치를 더욱 높일 수 있기 때문이다.

이 책에서는 '일의 가치'와 '시간제한'이라는 두 요소를 바탕으로 일의 유형을 4가지(본질적 업무/미래준비성 업무/단발성 업무/보조적 업무)로 구분하고, 각각 일의 성격이 다른 만큼 시간을 사용하는 방법도 달라져야 함을 이야기한다. 4가지로 분류된 업무의 유형과 그 특성에 따라 일하는 주체인 개인뿐 아니라 일을 지시하고 평가하는 관리자의 리더십 가이드라인까지 맞춤형으로 제시하고 있다는 점에서 실무적으로도 매우 유용하리라 기대된다.

이 책의 아이디어는 효율적인 시간관리 방식에 대해 고민하고, 나아가 조직구성원에게 고몰입 업무관행을 조기에 정착시킬 방안을 찾는 데서 시작되었다. 그 연구물이 이렇게 한 권의 책으로 나올 수 있도록 애써준 삼성경제연구소 출판팀에 깊은 감사의 마음을 전한다. 또한 바쁜 업무 속에서도 시간을 쪼개 흔쾌히 집필에 참여하고 서로의 원고를 읽고 아낌없이 조언해주며 깊은 동료애를 발휘해준 삼성경제연구소 인사조직실 연구원들의 열정과 노력에 뜨거운 박수를 보낸다.

지금 한국 기업들은 일하는 방식에 대한 기본적 관점 자체를 바꿔야할 때다. 즉, 업무의 양이 아니라 업무의 질을 생각해야 할 시점인 것이다. 근로시간 단축이라는 상황을 필연적 환경으로 인식하고, 한 걸음 더 나아가 세계에서 가장 효과적으로 워라밸을 실천하여 조직과 구성원 모두가 윈윈할 수 있는 시대를 열어간다면, 최고의 글로벌 경쟁력을 갖춘 대한민국을 만들 수 있으리라 믿는다. 이 책이 조직과 구성원 모두가 새롭게 도약하여 글로벌 시장에서 경쟁우위를 만들어가는 전환점을 찾는 데 작게나마 도움이 되기를 바란다.

2020년 6월
삼성경제연구소 인사조직실장 이정일

차례

책을 내며 4

Prologue 이제는 시간관리 방법이 달라져야 한다 10

제1장 '본질적 업무'에 몰입하라

1. 계획 세우기와 우선순위 정하기 27
2. 방해물 제거하기 46
3. 덩어리 시간 확보하기 56
4. 몰입하기 74
5. 에너지 관리하기 94

제2장 '미래준비성 업무'에 투자하라

1. 나의 경쟁력 파악하기 117
2. 역량 개발하기 136
3. 후배 육성하기 158
4. 상호 학습하기 172

'단발성 업무'를 통제하라

'보조적 업무'를 축소하라

이제는 시간관리 방법이
달라져야 한다

어느 때보다 중요해진 시간관리

우리나라 근로자들의 장시간 근무관행을 개선해야 한다는 목소리는 오래전부터 있어왔으나 실질적인 개선은 요원한 일로 보였다. 관행이라는 뿌리가 워낙 공고했기 때문이다. 그러나 주 52시간 근무제*가 도입되면서 점차 변화가 감지되고 있다. '워라밸(Work Life Balance, 일과 생활의 균형)'이라는 신조어가 어느새 일상용어가 되었고, 성실함의 상징처럼 여겨지던 '야근'을 바라보는 시선도 바뀌었다. 개인 시간

---

* 주 52시간 근무제는 하루 8시간, 주 5일 40시간의 근무시간에 주당 초과근무 시간을 최대 12시간(휴일근로 포함)까지만 허용하는 제도로, 2018년 7월 1일부터 시행되었다.

확보라는 측면에서는 확실히 주 52시간 근무제가 긍정적 변화를 가져다준 것으로 보인다.

그렇다면 직장에서의 시간은 어떨까? 직장의 관점에서 보면 주 52시간 근무제는 '시간'이라는 자원의 투입을 법으로 제한한 것이기 때문에 그 영향력이 결코 작지 않다. 특히 조직 내 계층에 따라 서로 다른 입장 차이를 보이기도 한다.

먼저 젊은 직원들은, 해야 할 일을 근무시간 중에 집중해서 처리하고 빨리 퇴근하는 것을 선호하며 워라밸을 적극적으로 실천한다. 이들은 사무실에 오래 남아 있는 것과 열심히 일하는 것은 전혀 다른 얘기라고 주장하며, 시간의 질과 양을 동일시하는 인식이 여전히 남아 있음에 아쉬움을 토로한다. 이러한 아쉬움은 '주 52시간 근무제'라는 명칭에 대한 문제제기로도 이어진다. '52시간'은 주당 최대 근무시간을 가리키는 것일 뿐, 합법적 근무시간은 '주 40시간'인데도 제도의 명칭 때문에 마치 주당 근무시간이 52시간인 듯 인식된다는 것이다. 이로 인해 법정 근무시간대로 주 40시간 일을 다 했음에도 불구하고 일찍 퇴근하면 '일을 적게 하고 퇴근할 생각만 하는 직원'으로 여겨지기 쉽고 여전히 오래 일하는 직원이 높이 평가받는 분위기가 남아 있다고 지적한다.

한편 경영진은, 근무시간 단축으로 조직의 경쟁력이 떨어질 것을 우려한다. 직원들이 일찍 퇴근하는 모습을 보면서 예전에 비해 조직의 성과가 뒷걸음치지 않을까 속앓이를 하는 것이다. 청년기와 중·장년기 삶의 대부분을 야근과 주말근무를 불사하며 직장에서 보냈던 대다수 경영진에게 근무시간이 줄어든다는 것은 곧 그만큼 일을 덜 한다는 의미이다. 실제로 이들과 인터뷰를 진행할 때 퇴근이 빨라진 직원들을 보며 등줄기에 식은땀이 날 정도로 위기감을 느낀다는 고백을 들은 적도 있다.

마지막으로, 제도 변화로 인해 가장 어려움을 호소하는 계층이 있다. 바로 부서 단위 조직을 이끌고 있는 관리자들이다. 직원들에게 직접 일을 지시하고 성과를 창출해야 하는 관리자 입장에서는 업무관리가 더욱 어려워졌다는 입장이다. 이전에는 당연히 야근을 했을 법한 업무가 있어도 직원들 눈치가 보여 야근하자는 말을 먼저 꺼내기가 어렵다고 현실적인 고충을 털어놓는다. 또한 상대적으로 빠르게 일을 처리하는 몇몇 직원에게 업무가 몰리는 업무편중도 문젯거리라고 한다. 부서 전체의 근무시간을 줄이기 위해 새로 발생하는 업무는 주로 숙련된 고직급자들에게 배분하게 되는데 그러다 보니 일이 아직 서툰 젊은 직원들에게 일을 가르치고 육성할 기회가 점점 줄어든다는 것이다. 이런 분위기에서 제도 도입 이후 더욱 꼼꼼하게 성과를 챙기는 경영진과 워라밸을 중시하는 직원들 사이에 끼어 양쪽 눈치를 보느라 관리자 역할이 몇 배는 더 힘들어졌다며 어려움을 토로한다.

이렇게 현재 우리나라의 많은 직장에서는 계층에 따라 서로 다른 입장을 가진 직장인들이 주 52시간 근무제가 가져온 변화에 적응하느라 고군분투하고 있다. 중요한 것은 주어진 환경에서 우리가 얼마나 똑똑하게 일하고 성과를 내며 동시에 '저녁이 있는 삶'으로 대변되는 삶의 질도 높일 수 있느냐 하는 것이다. 이는 곧 그 어느 때보다 직장에서의 시간관리가 중요해졌다는 것을 의미한다.

.

시간관리 개념의 변화

|

'시간관리(Time Management)'의 개념*은 오래전부터 있어왔으며 시
간관리에서 시간을 바라보는 관점은 시대에 따라 조금씩 진화해왔다.
'시간관리'라는 개념이 탄생한 초기에는, 단순히 시간은 유한하기 때
문에 소중한 것이고 효율적으로 사용하려면 '무조건 아껴야 한다'라는
생각이 강했다.[1] '시간은 돈이다'라는 말도 눈에 보이지 않는 시간을
경제학적 시각으로 바라보게 함으로써 시간의 가치를 실감케 하는 데
기여했다 할 것이다. 이렇듯 초창기의 시간관리 개념은, 주어진 시간
동안 우리가 무엇을 하는지에 초점을 맞추기보다는 시간 자체의 소중
함을 강조하는 데 머물렀다. 이런 관점에서 시간을 아끼는 방법은 무
엇을 하든 하나라도 더 실행하기 위해 바쁘게 움직이는 것이었다. 그
것이 어떤 가치를 가지는지에 대해서는 중요하게 고려되지 않았다.

이후 1989년 《성공하는 사람들의 7가지 습관》을 쓴 스티븐 코비
(Stephen R. Covey) 박사가 시간관리의 개념을 한층 진화시켰다.[2] 그
는 "시간관리의 핵심은 해야 하는 일의 우선순위를 짜는 것"이라고 주

---

* 《한경경제용어사전》에 따르면, 시간관리란 "최대의 생산성을 달성하기 위해 일정을 관리하
는 것"으로 정의된다. 〈http://dic.hankyung.com〉.

장하면서 '중요성'과 '긴급성'이라는 2개의 축으로 짠 2×2 매트릭스를 제시하였다. 이 매트릭스를 통해 일의 성격을 고려하여 우선순위를 결정해야 한다는 화두를 던졌으며 일의 성격을 판단할 기준 2가지를 정의하였다.

그가 제시한 시간관리 매트릭스의 4개 영역 중 최우선적으로 실행해야 하는 일은 당연히 '긴급하고도 중요한 일'이다. 이전의 관점이 '시간'이라는 단일한 기준을 가지고 시간관리를 바라보았다면, 스티븐 코비 박사는 시간관리를 '일의 성격'을 포괄하는 개념으로 확장하였다.

스티븐 코비의 시간관리 매트릭스는 애초 '직장'으로 한정하지 않고 일상생활에서 필요한 시간관리 가이드로서 제시된 것이다. 그렇다면 이 매트릭스를 직장에서의 일에 적용하는 것도 가능할까? 직장에서의 일을 '중요성'과 '긴급성'을 기준으로 구분하는 것이 업무생산성을 높이는 타당한 방식일까? 직장에서의 일도 명확한 우선순위를 정해 실행할 수 있을까? 그런데 직장에서의 일은 우리가 일상생활에서 접하는 일들과는 몇 가지 큰 차이점이 있다.

첫째, 직장에서의 일 중 꽤 많은 부분은 '나'의 온전한 통제권 아래에 있지 않다. 상사의 지시를 받아 수행하는 일은 물론이고 다른 부서로부터 업무요청을 받는 경우, 나의 통제권은 매우 제한적으로 적용된다.

둘째, 직장에서는 자신의 성과에 직접적으로 영향을 미치지 않는 일도 수행해야 할 때가 있다. 때로는 내가 이미 수행하고 있던 업무들의 우선순위와는 관계없이, 요청받은 업무를 우선적으로 처리해주어야

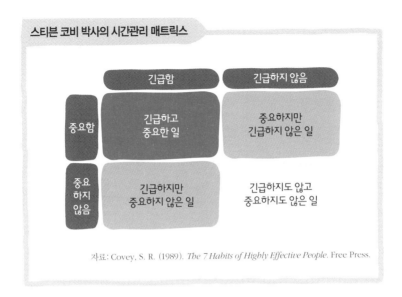

스티븐 코비 박사의 시간관리 매트릭스

	긴급함	긴급하지 않음
중요함	긴급하고 중요한 일	중요하지만 긴급하지 않은 일
중요하지 않음	긴급하지만 중요하지 않은 일	긴급하지도 않고 중요하지도 않은 일

자료: Covey, S. R. (1989). *The 7 Habits of Highly Effective People.* Free Press.

하는 상황도 발생한다. 즉, 나의 우선순위뿐 아니라 직장 내 다른 사람의 업무 우선순위도 나의 업무에 큰 영향을 미친다.

셋째, 긴급하지도 않고 당장은 성과가 발생하지 않더라도 미래의 성과를 위해 시간을 투입해야 하는 일들이 있다. 개인의 역량을 개발하거나 후배를 육성하는 일 등이 여기에 해당한다. 즉, 긴급성만큼이나 개인과 조직의 장기 성과를 고려하는 시간관리도 중요하다.

마지막으로, 직장에는 그 자체가 절대적으로 중요한 가치를 지닌 일은 아닐지라도 핵심업무가 잘 돌아가도록 하기 위해 꼭 해야만 하는 일들이 있다. 점검, 취합, 정보공유 등이 그런 경우이다. 이런 일들은 그 자체의 가치만으로는 수행 여부를 결정할 수 없으며 다른 업무들과의 연관관계를 생각해가며 적절히 수행하여야 한다.

이와 같이 직장에서의 일에는 일상생활에서 겪는 일들과는 전혀 다른 차원의 복잡함이 내재해 있다. 실제로 우리는 직장에서 매우 다양한 종류의 일을 하고 있다. 때로는 중요한 일을 효과적으로 하고 있다는 느낌이 들지만, 또 어떤 때는 겨우 이런 일에 이토록 많은 시간을 써야 하나 싶기도 하며, 때로는 정말 해야 할 일을 하지 못하고 있다는 아쉬움이 들기도 한다. 따라서 직장에서 수행하는 일들의 특성을 파악하고 일의 종류별로 알맞은 시간관리 방법을 찾아 적용해보는 것은 매우 큰 의미가 있다.

직장에서의 일과 시간관리 방법
|

그럼 '시간관리' 관점에서 직장에서의 일은 어떤 기준으로 구분하는 것이 가장 좋을까? 이 책에서는 2가지 기준을 제시하고자 한다. 그 중 하나는 '일의 가치(Work Value)'이고 다른 하나는 '시간제한(Time Limit)'이다.

첫 번째로 '일의 가치'는 일의 중요성(Importance)에서 출발한다. 일의 중요성은 스티븐 코비 등의 시간관리 모델에서와 마찬가지로 직장에서 일의 특성을 구분하는 데 적용할 수 있는 적합한 기준이다. 특히 근무시간이 단축된 상황에서 일의 중요성을 우선적으로 고려하는 것은 어찌 보면 당연하다. 그러나 직장에서 일의 중요성을 이야기할 때 추가적으로 생각할 것이 있다. 단기 성과를 촉진하는 일뿐 아니라 장기적으로 개인과 조직에 영향을 미치는 일도 중요성이 큰 일로 구분되어야 한다는 점이다. 그런 맥락에서 일의 중요성을 보다 넓은 개념으로 확장한 일의 가치를, 시간관리 관점에서 직무를 구분하는 첫 번째 기준으로 제시하고자 한다.

두 번째로 직장에서의 일을 구분하는 또 하나의 중요한 기준은 과업을 수행하는 데 있어 '납기를 요구받느냐' 하는 것이다. 납기는 개인이 일을 수행하는 과정에서 발휘할 수 있는 재량권을 제한하며 일을 수행하는 순서에도 중요한 영향을 미친다. 이런 이유로 이 책에서는 직장에서의 일을 구분하는 두 번째 기준으로 납기 요구의 유무, 즉 '시간 제한'을 제시한다.

이 2가지 기준, 일의 가치와 시간제한을 2×2 매트릭스로 하여 직장에서의 일을 구분하면 크게 본질적 업무, 미래준비성 업무, 단발성 업무, 보조적 업무 4가지로 분류할 수 있다. 그리고 이 4가지 업무는 각각 성격이 다른 만큼 시간을 사용하는 방법도 달라져야만 한다. 4가지 업무는 무엇이고 또 그에 따라 시간관리 방법은 어떻게 달라야 하는지 개략적으로 살펴보자.

본질적 업무

'본질적 업무'는 개인이 맡은 본업과 주요 과제를 의미한다. 본질적 업무는 당연히 일의 가치가 높고 특정한 목적을 달성하기 위한 구체적이고 명확한 작업 활동, 즉 과업 단위로 이루어지기 때문에 납기 요구가 있다. 직장에서 '언제든 하고 싶은 때까지 하면 되는' 업무이면서

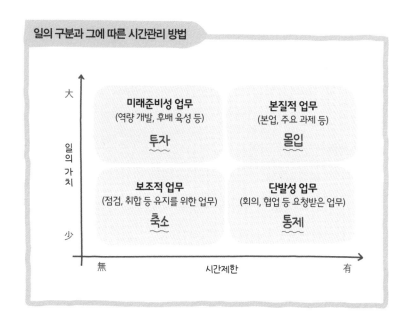

본질적 업무인 경우는 거의 없다고 봐도 된다. 우리가 직장에 출근하는 이유는 자신에게 부여된 본질적 업무를 통해 성과를 창출하기 위함이다. 당연히 직장에서의 시간 중 많은 부분을 여기에 할애해야 한다. 직군과 담당 업무에 따라 다소 차이가 있겠으나 직장에서 보내는 시간의 약 70%는 본질적 업무에 쓸 수 있어야 한다. 다른 어떤 업무보다 본질적 업무에서 빛을 발해야 함은 두말할 나위가 없는 것이다.

본질적 업무를 수행하기 위해 필요한 시간관리 방법은 '몰입'이다. 최대한 업무에 몰입하여 시간당 생산성을 높이고 성과를 창출해야 하는 것이다. 그러려면 자신의 업무 스타일과 업무 리듬을 잘 파악하여 업무에 깊이 몰입할 수 있는 환경을 만들어야 한다. 다양한 업무 가운

데서 우선순위를 정하고 계획에 따라 효율적으로 수행하는 것도 중요하다. 또 업무 집중을 방해하는 요인들을 의식적으로 찾아내 제거해야 한다. 장시간 몰입을 위해서는 에너지 관리가 필수적이므로 질 높은 휴식과 수면을 취하는 것도 매우 중요하다.

미래준비성 업무

'미래준비성 업무'는 당장 성과가 눈에 띄게 나타나는 업무는 아니더라도 개인과 조직의 미래를 위해 현재 꼭 수행해야 하는 장기적 과업을 가리킨다. 예를 들어, 개인의 역량을 개발하는 일이나 조직의 미래를 책임질 후배를 육성하는 일 등이 여기 해당한다. 즉, 미래에 본질적 업무를 더욱 잘 수행하기 위한 밑거름이 되는 일을 말한다. 이러한 미래준비성 업무는 장기 성과에 큰 영향을 미치기 때문에 일의 가치가 높다고 볼 수 있지만, 언제까지 꼭 수행해야 한다는 '시간제한'은 없다. 그러나 역설적이게도 시간의 압박이 없기 때문에 그 중요성에도 불구하고 간과하거나 놓치기 쉬운 일이기도 하다.

미래준비성 업무를 수행하기 위해 필요한 시간관리 방법은 '투자'이다. 누군가 강한 시간압박을 주지도 않고 본인 스스로 긴급함을 체감하기도 어렵기 때문에 의도적으로 시간을 떼놓고 투자 개념으로 쓰는 방식이 좋다. 최소한 개인 시간의 15% 정도는 미래준비성 업무에 할애할 수 있어야 한다. 미래에도 활용 가능한 자신의 경쟁력은 무엇인지 파악하여 일을 수행하는 과정에서 의도적으로 그 역량을 개발해야 한다는 것이다. 지속적 학습과 다양한 업무경험을 쌓고자 노력해야 하며, 또한 먼저 입사한 선배로서 미래에 조직을 짊어지고 갈 후배들의 역량을 높이는 데에도 시간을 할애하여 도움을 주어야 한다.

단발성 업무

'단발성 업무'는 본업은 아니지만 개인의 직무와 역할, 조직 내의 관계에 따라 요청받아 수행해야 하는 업무를 말한다. 주로 다른 부서나 동료의 본질적 업무를 일시적으로 도와주는 형태로 나타나며 회의 참석이나 자료 제공부터 일시적 업무 처리까지가 해당한다. 단발성 업무 자체는 직접적 성과 창출로 이어지지 않기 때문에 일의 가치가 상대적으로 낮지만 요청받는 업무라는 특성상 시간제한은 있다. 단발성 업무는 언제 어디서 요청을 받을지 예측하기가 어렵다는 특성이 있다.

단발성 업무의 수행에 필요한 시간관리 방법은 '통제'이다. 하나의 단발성 업무를 처리하는 데는 많은 시간이 필요하지 않지만 예측하지 못한 단발성 업무가 수시로 발생할 경우 전체 업무 계획에 차질이 생기기 때문에 업무생산성에 영향을 미칠 수 있다. 따라서 단발성 업무가 생기면 그 일의 납기를 고려하되 본업, 즉 자신의 본질적 업무의 생산성이 훼손되지 않도록 적절히 통제해야 한다. 단발성 업무는 기본적으로 '나' 자신의 필요에 의한 일이 아니기 때문에 전체적 통제는 불가능하겠지만 가능한 범위 안에서 의식적 통제가 필요하다. 중간에 끼어들어 빠른 납기를 요구하는 단발성 업무 때문에 본질적 업무에 투입할 시간이 희생되어서는 안 된다. 담당 업무에 따라 차이가 있겠으나 단발성 업무는 가능하면 전체 업무시간의 약 10% 내외에 그치도록 통제하는 것이 바람직하다.

보조적 업무

'보조적 업무'는 자신의 본업을 잘 수행하기 위해 일상적으로 처리해야 하는 업무를 의미한다. 그 자체가 중요한 일이라기보다 이 업무를 하지 않으면 본질적 업무를 원활히 수행하는 데 문제가 생기거나 예기치 못한 실수가 발생할 수 있어, 여기에 일정 부분 시간을 할애해야 하는 것이다. 단순한 업무점검이나 실적 취합(주간 업무), 회의록 작성, 자료 정리, 이메일 확인 등이 보조적 업무에 해당한다. 이런 업무들은 정기적으로 반복되는 것들이 많고 대부분은 시간제한을 받지 않는 일들이다. 보조적 업무는 아무리 잘해도 티가 나지 않지만 꼭 필요한 일이고, 수행하지 않으면 불편을 겪게 된다.

보조적 업무의 수행에 필요한 시간관리 방법은 '축소'이다. 본질적 업무를 잘 수행하기 위해 꼭 필요하지만 그 자체가 가치를 창출하는 일은 아니므로 여기에 너무 많은 시간을 할애하다가는 본말이 전도될 수 있다. 따라서 효율화와 자동화 등을 통해 보조적 업무에 투입되는 시간을 줄일 필요가 있다. 담당 업무에 따라 차이가 있을 수 있으나 보조적 업무에 쓰는 시간은 전체 업무시간의 5% 이하로 유지하는 것이 바람직하다.

일과 성과 사이에서 어떻게 시간을 관리할 것인가?

앞서 기술한 4가지 업무, 즉 본질적 업무, 미래준비성 업무, 단발성 업무, 보조적 업무 중 상대적 비중이 가장 높은 것은 당연히 본질적 업무이다. 그러나 직장에서의 일은 납기, 협력관계, 보고 단계 등 매우 다양한 요인이 얽혀 있기 때문에 하루 일정을 기준으로 볼 때 이 4가지 업무는 상황에 따라 저글링하듯 실행되어야 한다. 어떤 날은 본질적 업무 한 가지에만 매달려 전력 투구할 수도 있고, 때로는 네 종류의 업무를 번갈아가며 수행해야 하는 날도 있을 것이다.

이 책에서는 주 52시간 근무제와 워라밸의 시대, 일하는 시간은 줄이되 성과는 높이고 싶은 모든 직장인의 성공적인 시간관리를 위해 이 4가지 업무를 어떻게 수행하면 좋을지 그 구체적 방안을 제시하고자 한다.

우선, 〈제1장 '본질적 업무'에 몰입하라〉에서는 업무의 우선순위를 정하는 방법과 그 우선순위에 따른 시간 확보 방법, 그리고 업무몰입도를 높이는 방법에 대하여 알아볼 것이다. 또 과도한 몰입으로 인한 번아웃 예방법 등 컨디션 조절과 에너지 관리법에 대해서도 다루고자 한다.

〈제2장 '미래준비성 업무'에 투자하라〉에서는 미래에도 지속적 성과 창출을 위해 자기 자신의 경쟁력을 파악하고 역량을 개발하는 방법에 대해 알아본다. 또한 개인뿐 아니라 조직의 미래를 위해 중요한 일인 후배 육성 및 시간투자에 대해서도 다루고자 한다.

〈제3장 '단발성 업무'를 통제하라〉에서는 단발성 업무로 인해 본질적 업무에 몰입하는 시간을 빼앗기지 않도록 단발성 업무를 통제하는 방안과 똑똑하게 협업하는 법에 대해 살펴본다.

마지막으로, 〈제4장 '보조적 업무'를 축소하라〉에서는 보조적 업무에 소요되는 시간을 최소화하는 데 활용할 수 있는 효율화·자동화 기술과 시스템을 알아본다.

한편, 조직에서 '관리자'의 리더십은 직원들의 업무수행에 매우 큰 영향을 미친다. 관리자는 직원들이 수행하는 업무에 대한 통제권을 일정 부분 가지고 있기 때문이다. 그리하여 이 책에서는 각 장의 소단원을 관리자를 위한 '리더십 가이드라인'으로 마무리하여 직원들의 업무수행을 효과적으로 지원할 수 있는 리더십 실천방안을 함께 제시하고 있다.

'본질적 업무'에
몰입하라

본질적 업무란 직장에서 각 개인이 맡는 본업과 주요 과제를 의미한다. 본질적 업무는 당연히 일의 가치가 높고, 대부분의 경우 과업 단위로 이루어지기 때문에 납기 요구가 있다. 직장에서 '언제든 하고 싶은 때까지만 하면 되는' 본질적 업무는 거의 존재하지 않는다.

본질적 업무를 잘 수행하기 위한 시간관리 방법은 '몰입'이다. 최대한 업무에 몰입하여 시간당 생산성을 높이고 성과를 창출해야 하는 것이다. 직군과 담당 업무에 따라 다소 차이가 있겠으나 직장에서 보내는 시간의 약 70%는 본질적 업무에 쓸 수 있어야 한다. 그렇다면 어떻게 해야 본질적 업무에 더 잘 몰입할 수 있을까?

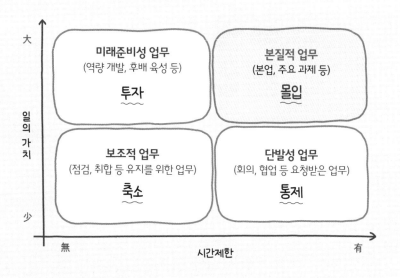

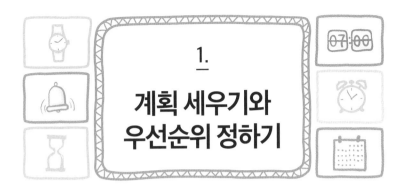

1.
계획 세우기와
우선순위 정하기

계획 수립의 필요성

살아가면서 때때로 아무 계획 없이 지내는 것은 가능할지 모르지만 직장인으로서 우리에게 무계획의 삶이란 어쩌면 불가능하다고 해야 할 것이다. 직장인이라면 누구나 업무목표를 세우고 우선순위를 정해 그에 따라 업무를 진행한다. 개인에 따라 정도의 차이는 있겠지만 하고 싶은 일을 즉흥적으로 할 수 있는 자유 창작자가 아닌 이상, 심지어 기업의 CEO조차 '계획'으로부터 이탈하여 마음 내키는 대로 하기는 어렵다.

19세기 말 프레더릭 테일러(Frederick Taylor)에 의해 근대 경영학의 시초인 과학적 관리법(Scientific Management)이 도입되면서 기업은 경영자의 과학적 과업 설정에 따른 계획적 관리로 운영되기 시작하였다. 이 '테일러 시스템'이 오늘날까지도 직장인의 업무방식에 강하게 영향을 미치고 있다.

직장 내 수많은 사람이 한 방향으로 움직이도록 하기 위해 회사는 미션(Mission)과 비전(Vision), 그리고 중장기 사업계획을 수립한다. 또한 회사의 가치체계와 사업계획에 따라 팀과 개인은 연·월·주·일 단위로 분절하여 과업의 목표를 달성하기 위한 업무수행 계획을 세우고 그대로 실행하고자 노력한다.

그런데 조직구성원 모두가 일정한 계획에 따라 움직인다고 모두의 성과가 같지는 않다. 이 차이는 어디에서 비롯될까? 개인의 역량에 큰 차이가 없다면 이러한 차이는 결국 계획 수립의 방법에서 오는 것이 아닐까?

하버드 대학 에드워드 밴필드(Edward Banfield) 교수는 이와 관련한 연구를 50년 이상 이어온 결과, '장시간전망(Long Time Perspective)'이라는 개념으로 그 차이를 설명했다. '장시간전망'이란 자신의 미래에 대해 어느 정도 시간까지 고려하고 있는가에 대한 감각을 말한다.[1] 밴필드 교수는 사회적 성공을 이룬 사람일수록 좀 더 먼 미래를 고려하여 계획을 세운다고 밝혔다. 반면, 사회적 지위가 상대적으로 낮은 사람들은 시간전망이 짧아 즉각적 만족에 초점을 맞추어 계획을 세우기 쉽고 그로 인해 장기적 관점에서 보았을 때 성과가 낮다는 것이다.

밴필드 교수는 장기적인 관점에서 계획을 수립하는 것이야말로 인생과 직장에서의 성공을 결정하는 가장 중요한 요소라고 말한다. 성공한 사람들은 5년, 10년, 20년 후 자신이 어디 있기를 원하는지 정확히 설정해 미래 지향적 목표를 수립한 뒤 그 목표를 기준으로 다시 역으로 세부 실행계획을 수립한다. 하지만 대다수 사람들은 눈앞의 상황에 매몰되어 살고 있다는 것이 밴필드 교수의 분석이다.

그렇다면 어떻게 해야 장기적 관점을 가지고 목표를 수립할 수 있을까? 어떤 방식으로 우선순위를 정하고 실행해야 과업의 목표를 더 잘 달성할 수 있을까?

시작은 업무목표 세우기부터

'업무생산성 높이기'는 업무목표 수립에서 시작한다. 일단 무슨 일을 할지 정의하는 것이 첫걸음이다. 이 부분이 바로잡히지 않는다면 어떤 일에 집중해야 하는지 알기 어렵고 업무 우선순위 수립에서도 기준을 잃게 된다.

업무계획을 수립할 때 흔히 부딪히는 일차적인 장벽은 작심삼일이 될 것이라는 걱정으로 계획 수립 시도 자체를 하지 않는 것이다. 만약 변화하는 환경에서 좀 더 나은 상황이 오기를 기다리고 있거나 내가 아직 준비가 되어 있지 않았다는 생각에 계획 세우기를 미루고 있다면, 일단 목표 세우기부터 시작할 것을 권한다.

목표 세우기에 있어 주의할 점은 치밀하게 수립한 목표라 할지라도 한 번에 완성되지 않는다는 것이다. 오늘 가장 중요하다고 여긴 일이

내일은 덜 중요한 일이 될 수도 있기 때문이다. 따라서 한번 계획을 세우고 말 것이 아니라 지속적으로 계획을 점검하고 수정해나가는 과정이 수반되어야 한다.

또한 장기적 관점의 목표와 그날그날 해야 하는 목표의 구분이 필요하다. 일단 장기적 관점에서 목표가 수립되어 있지 않으면, 단기목표에 허덕이며 하루하루를 그저 분주하게만 보내게 될 것이다. 이렇게 되면 오늘 하루도 열심히 살았다는 뿌듯함은 느낄지 몰라도, 정작 중요한 일은 놓치는 문제가 생길 수 있다. 그러므로 장기적 관점에서 최우선 목표를 먼저 설정한 다음에 단기적 목표를 수립해야 한다.

그런데 장기적 관점의 '목표 세우기'는 왜 그토록 중요할까? 성공한 자신의 모습을 상상하는 것만으로도 동기부여가 될 수 있어서다. 상상으로도 좋지만 더 좋은 방법은 자신이 상상한 그 모습을 가시화하는 것이다. 이를테면 자신이 상상한 미래의 모습을 글로 적어보는 것이다. 그 과정에서 원하는 것이 더 구체화되고 세분화되어 당장 어떤 일을 해야 하는지 좀 더 분명하게 알 수 있다.

구석기 시대 인류는 동굴 벽에 소망하는 바를 그림으로 표현하였다. 동굴벽화 속 다양한 동물은 대부분이 구석기인들의 사냥감이다. 구석기인들의 그림 그리는 행위가 먹이를 구하기 전에 치르는 제례 의식의 일종이었기 때문이다.[2] 아마도 이러한 제례 의식을 통해 큰짐승에 대한 두려움을 없애고 사냥 성공에 대한 집단적 자신감을 형성했을 것이다. 예를 들어, 라스코 동굴벽화에는 동물의 어디를 어떻게 찔러 사냥할지를 그린 그림이 반복적으로 나오는데, 이것은 그림을 통해 머릿속에서 목표를 정하고 그 목표를 획득할 방법까지 구체화했음을 보여준다.

이렇듯 구석기 시대 이래로 인류는 항상 무엇인가를 원했고, 그 원하는 바(목표)를 달성하기 위해 노력해왔다. 하지만 목표가 명확하지 않으면 무엇을 달성해야 하는지 몰라 아무것도 실행할 수 없을 것이다. 그래서 인류는 과업의 달성을 위해 명확한 목표를 설정하고 실행하는 방법을 오랫동안 연구, 발전시켜왔다. 그중 대표적인 목표관리법 몇 가지를 소개한다.

이마이즈미 히로아키의 만다라트 기법

1987년 일본의 디자이너 이마이즈미 히로아키(今泉浩晃)가 만다라트(Mandal-Art) 기법을 창안하였다. '만다라트'는 manda+la+art가 결합된 용어로, mand+la는 '목적을 달성한다'는 뜻이고, mandal+art는 '목적을 달성하는 기술'을 의미한다.[3] 가장 큰 주제를 정하고 그 해결점과 아이디어를 점차 구체화해나가는 형태로, 생각을 쉽게 정리하고 한눈에 확인할 수 있는 목표관리법이다.

만다라트는 '가로 3칸×세로 3칸'으로 이루어진 9칸짜리 사각형 9개(총 81개 칸)가 기본 형태이다. 사각형 9개 중 한가운데 사각형의 가운데에 제일 중요한 목표를, 이를 둘러싼 사각형 8개의 중앙 칸에는 그 목표를 달성하는 데 필요한 세부목표를 적는다. 그리고 세부목표를 둘러싼 작은 사각형 8칸에는 이를 달성하기 위한 구체적인 행동계획을 적는다. 만다라트 기법의 장점은 목표달성을 위한 구체적 행동계획을 64개까지 확장해 한 가지 방법에 치우치지 않고 밸런스 있게 여러 방법을 실천하도록 해준다는 것이다.

세계적인 야구 선수 오타니 쇼헤이(大谷翔平)가 이 기법을 적용하여 고등학교 1학년 때 직접 작성한 만다라트가 세간에 알려져 화제가 되기도 했다.

야구 선수 오타니 쇼헤이가 작성한 만다라트

몸 관리	영양제 복용	프런트 스쿼트 90kg	인스텝 개선	몸통 강화	축 흔들리지 않기	각도를 만들기	공을 위에서 던지기	손목 강화
유연성	몸 만들기	백 스쿼트 130kg	릴리즈 포인트 안정	컨트롤 (제구)	불안 없애기	힘 모으기	구위	하반신 주도 타격
지구력	가동역 확대	저녁 식사 7그릇 아침 식사 3그릇	하체 강화	몸 열지 않기	멘탈 관리	공을 앞에서 릴리즈하기	회전수 늘리기	가동역 확대
뚜렷한 목표, 목적 갖기	일회일비 하지 않기	머리는 냉정 하게 마음은 뜨겁게	몸 만들기	컨트롤 (제구)	구위	축 돌리기	하체 강화	체중 증량
위기에 강해지기	멘탈	분위기에 휩쓸리지 않기	멘탈	8개 구단 지명 1순위	구속 160km/h	몸통 강화	구속 160km/h	어깨 주위 강화
평정심 유지하기 (감정이 파도처럼 오르내리지 않도록)	승리에 대한 집념	동료를 배려하는 마음	인격	운	변화구	가동역 확대	라이너 캐치볼	피칭 확대
감성	사랑받는 사람	계획성	인사	쓰레기 버리기	방 청소	카운트볼 늘리기	포크볼 완성	슬라이더의 구위
배려	인격	감사	도구를 소중 히 사용하기	운	심판에 대한 태도	낙차가 늦게 생기는 커브	변화구	왼손 타자 결정구
예의	신뢰받는 사람	지속력	플러스 사고	응원받는 사람 되기	책 읽기	직구와 같은 폼으로 던지기	스트라이크에서 공을 던지는 제구	거리에 대한 이미지 트레이닝

자료: 하라다 다카시, 시바야마 겐타로 (2020). 《쓰면 반드시 이뤄지는 기적의 만다라트》. 서수지 역. 책비.

조지 도런의 SMART 방법론

SMART 방법론은 1981년 조지 도런(George T. Doran)이 만든 목표달성 기법이다.[4] 목표 대비 실행 정도를 측정하기에 유용한 도구로, 오늘날 여러 기업이 성과측정 도구로 유용하게 쓰고 있다. 내용은 다음과 같다.

- S(Specific): **구체적 목표** 구체적 목표는 일반적 목표보다 성취할 확률이 더 높다. 구체적인 목표를 세우려면 육하원칙에 답변할 수 있어야 한다.
- M(Measurable): **측정 가능한 목표** 목표달성 과정과 진척 상황을 판단하기 위해 숫자로 표현된 목표를 말한다.
- A(Assignable): **성취 가능한 목표** 달성 가능한 목표를 설정해야 하고 과업 달성의 책임자가 지정되어야 한다.
- R(Realistic): **현실적 목표** 원하는 목표인지, 수행할 수 있는 목표인지가 반영되어야 한다.
- T(Time-Related): **기간을 정한 목표** 기간이 정해져 있지 않은 목표는 아무런 의미가 없다.

앤디 그로브의 OKR 툴

OKR 툴은 인텔을 세계 최고의 반도체 기업으로 이끈 CEO 앤디 그로브(Andrew S. Grove)가 사용한 목표관리법으로, 크게 2가지 요소로 구성된다.[5]

- O(Objective) **목표** 목표는 성취해야 할 대상으로서 구체적이고 행동 지향적이어야 한다. 보다 상세하게 수립된 목표는 애매모호한 생각과 행동으로부터 조직을 지켜주는 백신 역할을 한다.
- KR(Key Results) **핵심결과 지표** 핵심결과 지표는 목표의 달성 여부를 확인할 수 있는 지표로서 하나의 목표(Objective)에 대해 3~5개의 핵심결과 지표(Key Results)를 설정하는 것이 좋다. 핵심결과 지표는 측정 가능해야 한다. 그래야 마지막 시점에 목표의 달성 여부를 명확하게 판단할 수 있다. 핵심결과 지표는 고정된 것이 아니며 업무진척 상황에 따라 바뀔 수 있다. OKR 툴에서 핵심결과 지표를 달성하면 목표가 이루어진 것으로 본다.

이와 같이 목표관리법에는 하나의 정해진 답이 있는 것이 아니기 때문에 각자 처한 환경이나 개인의 성향에 따라 적합한 방법을 적용하는 것이 필요하다. 앞에서 제시한 3가지 목표관리법은 대중적으로 어느 정도 입증된 방법인 만큼 목표관리를 시작할 때 유용하게 참고할 수 있을 것이다.

업무 우선순위 정하기

목표를 수립하였으니 이제 그 목표를 달성하기 위해 시간생산성을 어떻게 높일지 방법을 찾아봐야 한다. 항상 시간 부족으로 중요한 일을 제때 끝내지 못하고 마감에 쫓긴다면 아마도 덜 중요한 다른 일을 먼저 처리하다가 중요한 일을 할 타이밍을 놓쳤을 확률이 높다.

1890년 '철강왕' 앤드루 카네기(Andrew Carnegie)가 어느 파티장에서 30대의 젊은 테일러를 만났을 때의 유명한 일화가 있다. 당시 '과학적 관리법'으로 한창 주가를 높이고 있던 젊은 테일러에게 카네기는 "나에게 가치 있는 이야기를 해준다면 1만 달러를 주겠다."라고 제안했다. 그러자 테일러는 망설이지 않고 이렇게 이야기하였다고 한다. "당신이 할 수 있는 가장 중요한 일 10가지를 쓰고, 1번부터 시작하라." 며칠 후 카네기는 테일러에게 1만 달러 수표를 보냈다고 한다.[6] '경영학의 아버지'로 칭송받는 테일러가 강조하고 카네기가 인정한 것처럼 업무의 우선순위를 정하는 것은 업무를 효율적으로 진행하는 데 가장 가치 있는 요소 중 하나이다.

모든 일에 충분한 시간과 돈을 투자할 수는 없다. 일의 중요도를 평가하여 좀 더 중요하다고 판단되는 일에 우선적으로 자원을 사용해야 한다. 19세기에 경제학자 빌프레도 파레토(Vilfredo Pareto)가 만든 2080법칙을 일반화시킨 경영 컨설턴트 조지프 주란(Joseph Moses Juran)은 20%의 주요 문제를 해결하면 나머지 80%는 저절로 해결된다고 주장했다. 일명 '중요한 소수와 사소한 다수(The vital few and the trivial many)'의 법칙이다.[7] 이 법칙의 핵심은 가장 중요한 몇 가지 일에 초점을 맞추어야 한다는 것이다.

중요하지 않은 80%를 먼저 처리하다 보면 정작 핵심 업무는 완수하지 못한 채 사소한 업무에만 반복적으로 매달리게 된다. 반면에 20%

의 중요한 일을 먼저 처리하면, 나머지 부수적인 일들은 오히려 짧은 시간에 쉽게 해결되는 경우가 많다.

그만큼 '우선순위 선정' 문제가 중요한 것이다. 제한된 시간 속에서 그 시간을 최대한 활용하려면 가치 있는 일을 우선 실행해야 하며, 이 것이야말로 생산성을 높이는 가장 좋은 방법이지만 그만큼 실행하기가 어려운 것도 사실이다. 게다가 우선순위 선정에는 개인의 경험과 판단, 주변 환경이 크고 작은 영향을 미치기 때문에 정답도 없다. 지금부터 소개하는 몇 가지 방법 중에서 직접 실행해보고 자신에게 가장 잘 맞는 방법을 찾기를 권한다.[8]

데이비드 앨런의 GTD 시스템

GTD(Getting Things Done) 시스템은 2001년 세계적 경영 컨설턴트 데이비드 앨런(David Allen)이 저술한 책의 제목에서 유래하였다.[9] 이 방법은 해야 하는 일들을 모두 모아 세부적인 리스트를 구성한 뒤 그 중 우선순위를 정하여 실행하는 것이다.

- **1단계: 수집**(Collect) 주요 업무, 문서 정리, 이메일 회신 등 해야 하는 모든 일을 수집
- **2단계: 분류**(Clarify) 해야 할 일을 바로 처리할지, 폐기할지, 위임 할지 등을 정리
- **3단계: 조직화**(Organize) 카테고리를 나누고 우선순위에 따라 세 부적인 실행 리스트를 작성

- **4단계: 검토**(Reflect) 작성한 리스트를 자주 검토하며 업데이트
- **5단계: 실천**(Engage) 행동으로 옮김

아이비 리 방법

아이비 리 방법(Ivy Lee Method)은 1918년 생산성 컨설턴트 아이비 리(Ivy Lee)가 베들레헴 철강의 찰스 슈왑(Charles Schwab)에게 제안한 방법이다.[10]

- **1단계** 오늘 업무가 끝나면 내일 실행해야 할 가장 중요한 6가지 항목을 기록(6개 이상은 작성하지 말 것)
- **2단계** 6가지 항목에서 중요도를 기준으로 우선순위 정하기
- **3단계** 다음 날 출근하면 첫 번째 작업에만 일단 집중(첫 번째 작업을 완료한 후에 두 번째 작업으로 넘어가기)
- **4단계** 같은 방식으로 목록의 나머지를 실행하고, 그날 완료되지 않은 항목은 다음 날의 6가지 항목에 반영
- **5단계** 날마다 이 과정을 반복

브라이언 트레이시의 ABCDE 방법

세계적인 비즈니스 컨설턴트 브라이언 트레이시(Brian Tracy)는 업무 우선순위를 정하는 방법으로 ABCDE 방법을 제시하였다.[11] 먼저, 1단계에서는 정리되지 않은 다양한 업무들을 중요도에 따라 A, B, C, D, E로 구분한다. 여기서 A~E는 각각 다음과 같은 기준을 적용

한다.

- A는 '매우 중요'한 업무로, 이 일을 하지 않으면 심각하게 부정적인 결과가 발생할 수 있다.
- B는 '중요'한 업무이다. A만큼 중요하지는 않지만 수행하지 않으면 약간의 부정적 결과가 발생할 수 있다.
- C는 '하면 좋은' 업무이다. 크게 중요하지 않으며 수행하지 않더라도 부정적인 결과가 발생하지 않는다.
- D는 '다른 사람이 해도 되는' 업무이다. 이 일은 다른 사람에게 요청해도 과업의 결과물에 크게 영향을 미치지 않는다.

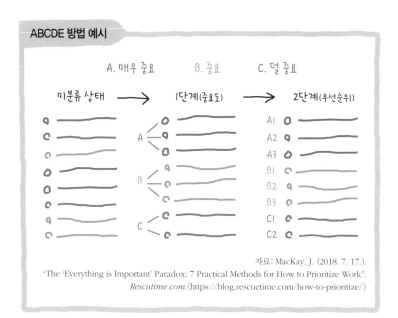

ABCDE 방법 예시

자료: MacKay, J. (2018. 7. 17.).
"The 'Everything is Important' Paradox: 7 Practical Methods for How to Prioritize Work".
Rescutime.com.⟨https://blog.rescuetime.com/how-to-prioritize/⟩

제1장 '본질적 업무'에 몰입하라

- E는 '제거해야 하는' 업무이다. 이 일은 하지 않는 것이 오히려 생산성을 높이는 결과를 가져온다.

다음 2단계로, A~E까지 각각의 업무에서 해야 할 일들을 우선순위에 따라 기술하고 그 순서대로 실행한다. 이렇게 중요도와 우선순위에 따라 일을 분류하여 실행하면 가장 중요한 일에 대한 집중도를 높일 수 있다.

워런 버핏의 2가지 전략 리스트

탁월한 투자감각 못지않게 철저한 시간관리로도 유명한 워런 버핏(Warren Buffett)이 제안하는 방법도 우선순위를 정하는 데 효과적이다. 이 방법을 활용하면 '적당히 좋은 것'을 제거하고 '중요한 일'에 집중할 수 있다. 주기적으로 장기목표와 우선순위를 재평가하고 올바른 방향으로 가고 있는지 수시로 확인할 수 있는 방법이기도 하다.[12]

- **1단계** 가장 중요한 25가지 목표를 작성
- **2단계** 25가지 목표 리스트에서 가장 중요한 5가지 목표에 동그라미 치기(List A)
- **3단계** 나머지 20가지는 버려야 할 목록(List B)으로 보내고, 가장 중요한 5가지에 집중하기

이상의 방법에서 제안한 내용은 업무수행에 있어서 더 중요한 일에

초점을 맞춰야 함을 강조하고 있다. 업무의 우선순위를 명확하게 정하지 않는다면 우리는 덜 중요하다는 것을 알면서도 손쉽게 끝낼 수 있다는 이유로 그런 일들의 유혹을 뿌리치지 못할 수 있다. 우선순위 정하기의 중요성과 방법을 알았으니, 이제 목표와 우선순위를 정할 때 주의해야 할 사항을 살펴보자.

계획의 오류 주의하기

계획의 오류(Planning Fallacy)란 현실적인 방해요인들을 충분히 고려하지 않고, 실제로 일에 필요한 시간보다 예상 시간을 낙관적으로 생각하여 계획을 수립하는 것을 말한다.[13]

1994년 미국의 심리학자 로저 뷸러(Roger Buehler)는 '계획의 오류' 실험을 진행했다. 뷸러는 학생들에게 졸업논문을 완성하는 데 얼마만큼의 시간이 걸릴지 예측해보라고 하였다. 단, 주변의 모든 상황이 목표달성에 최악인 조건을 가정하여 시간을 예상하도록 하였다. 실험결과, 학생들 예상치의 평균은 최대 48.6일로 나왔다. 하지만 실제로 졸업논문을 완성하는 데에는 평균 55.5일이 걸려 1주일이나 더 많은 시간이 필요하였다. 최악의 조건을 고려하여 계획을 세웠음에도 불구하고 계획과 실제 과업을 완수하는 소요시간 사이에 꽤 큰 차이가 발생한 것이다.[14]

미국의 유명 인지과학자 더글러스 호프스태터(Douglas Hofstadter)

는 자신의 이름을 딴 '호프스태터의 법칙(Hofstadter's Law)'을 주장하였다. 호프스태터의 법칙이란 낙관주의적 편향으로 인해 계획을 세우는 시점의 의욕이 미래에도 계속되어 자신이 지금처럼 과업에 매진하고 있을 것이라고 예상하는 것을 말한다.[15] 그러나 많은 이들이 경험하는 것과 같이 이는 거의 불가능하다. 호프스태터는 이런 낙관적인 계획 수립과 현실의 차이를 지적하며 "모든 일은 항상 예상했던 것보다 오래 걸린다."라고 결론 내렸다. 이렇게 지나치게 낙관적인 계획은 계획의 오류를 일으킨다.

계획을 너무 촘촘하게 짜서 돌발적으로 발생하는 상황을 무시한 경우에도 계획의 오류는 발생할 수 있다. 시간 계산에 넣지 않았던 일들이 불가피하게 일어날 경우 기존 계획에는 당연히 차질이 생길 수밖에 없기 때문이다.

계획의 오류를 피하려면 우리는 어떻게 해야 할까? 계획의 오류를 피하겠다며 아예 계획 수립 자체를 하지 않는다면 그것은 최하수의 방법이 될 것이다. 미국 건국의 아버지 중 한 사람이자 초대 정치인인 벤저민 프랭클린(Benjamin Franklin)은 "계획을 세우지 않는 것은 실패할 계획을 세우는 것과 같다."라고 말했다.[16] 가장 좋은 방법은 예측 가능한 여러 요인을 고려하여 계획을 수립하되 상황 변화에 따라 그 계획을 수정해나가는 것이다. 불확실성이 높을 때에는 업무수행 기간을 짧게 잡아 단기 계획을 세우는 것도 하나의 방법이다. 단기 계획은 장기 계획에 비해 발생 변수가 적어 계획의 오류를 줄일 수 있다.

또한 애초 세웠던 계획이 무산되었다고 좌절하거나 포기할 필요도 없다. 중요한 것은 계획 자체가 아니라 그 계획을 수정하며 실행력을 높이는 것이다. 에이브러햄 링컨(Abraham Lincoln)은 "나는 낙선했다는 소식을 듣고 곧바로 음식점으로 달려갔다. 그러고는 배가 부를 정도로 많이 먹었다. 그다음 이발소로 가서 머리를 곱게 다듬고 기름도 듬뿍 발랐다. 이제 아무도 나를 실패한 사람으로 보지 않을 것이다. 왜냐하면 난 곧바로 다시 시작을 했으니까 말이다."라고 말했다.[17]

누구나 실패할 수 있다. 중요한 것은 빨리 회복하는 것이다. 계획은 언제나 수립되어야 하고 상황에 따라 수정될 수 있어야 한다. 가장 하수는 목표도 계획도 없고 행동도 하지 않는 경우이다. 그다음 하수는 한번 세운 계획을 맹신하여 그것이 단번에 성공할 것이라고 기대하는 것이다. 목표를 세우고 우선순위를 정한 다음 그것을 수정해가며 실행할 수 있다면 한정된 시간 안에 본질적 업무에 몰입하여 생산성 있는 시간관리를 할 수 있을 것이다.

리더십 가이드라인

　부서 단위 조직에서 구성원들이 나름대로 시간계획을 세우고 이를 준수하려 해도 관리자의 도움이 없다면 혼란만 가중될 수 있다. 또한 우선순위를 고려하여 중요한 업무에 더 많은 에너지를 투입하고 집중하기 위해서도 관리자의 역할은 필수 불가결하다. 부서원이 자신의 시간계획과 우선순위를 고려하여 일하도록 관리자가 도울 수 있는 구체적 팁을 소개한다.

Tip ❶ 목표와 연계된 효과적 시간계획 체크하기

　관리자는 부서원들이 적절한 시간계획을 세웠는지, 단기목표뿐 아니라 중장기목표에도 합리적으로 시간배분을 했는지 확인할 필요가 있다. 이 시간계획을 체크하지 않으면 부서원들은 마감이 급한 단기목표에 매몰되어 중요한 중장기목표를 방치할 수 있기 때문이다. 특히 관리자는 중장기목표의 중요성에 대해 부서원과 자주 소통하고 중장기목표를 달성했을 때 어떤 결실이 있을지 그 미래 이미지에 대해 구체적으로 이야기하며 부서원들이 중장기목표의 의미를 되새기도록 도와주어야 한다.

목표설정 이론의 세계적 대가인 토론토 대학교의 게리 레이섬(Gary Latham) 교수에 따르면, 부서원들은 목표에 대해 관리자로부터 충분한 설명을 들었다고 생각하면 권한위임을 받았다고 느끼고 목표달성에 대한 동기가 증가한다.[18] 또한 부서장이 부서원들의 중요한 목표를 부서 내 다른 부서원들과 공유할 경우 부서원들은 시간계획에 따라 목표를 완수해야겠다는 의지가 높아진다.

Tip ❷ 업무 추가 부여 시 우선순위 함께 생각하기

관리자가 곧잘 저지르는 실수 중 하나가 부서원에게 업무를 지시할 때 부서원이 기존에 하고 있던 업무에 대한 고려를 하지 않는 것이다. 삼성경제연구소 설문조사에서도 "주 52시간제 정착을 위해 관리자의 노력이 가장 필요한 부분은?"이라는 문항에 대해 "공정하고 합리적인 업무배분"을 1순위로 꼽을 정도로 직원들의 불만이 높은 영역이었다.* 따라서 관리자는 새로운 업무를 부여할 때 부서원이 기존에 진행하던 업무까지 종합적으로 고려하여 업무의 긴급성과 중요성을 먼저 평가해볼 필요가 있다. 그런 다음, 부서원과 충분한 논의를 거쳐 업무 우선순위를 조정함으로써 부서원이 납기를 고려하며 시간계획을 합리적으로 다시 짤 수 있도록 도와야 한다.

---

* 관리자의 노력이 가장 필요한 부분에 대한 설문 결과, '업무배분'(21%), '잔특근 관리'(18%), '일정관리'(13%), '명확한 업무지시'(12%), '역할과 책임 명확화'(10%) 순으로 조사되었다.

Tip ❸ 돌발 상황 발생 시 적절한 지원하기

관리자가 부서원들에게 계획오류에 대해 주지시키고 교육하더라도 일부 부서원들은 계획오류에서 빠져나오지 못하고, 결국에는 업무마감을 지키지 못할 가능성이 있다. 특히 과거에 해보지 않은 신규 업무를 처리해야 할 때나 부서원의 업무경험이 부족한 경우에는 일정 내에 관리자가 원하는 결과가 나오지 않을 수 있다. 따라서 관리자는 평소 부서원들이 시간계획에 맞추어 업무를 진행하는지 체크할 뿐 아니라 돌발 상황에 어떻게 대처할지에 대한 시나리오도 미리 준비해두어야 한다. 그러한 시나리오나 사전준비가 없으면 관리자가 당황하게 되고 당황하는 관리자를 보면 부서원들이 더욱 놀라며 어찌해야 할지 모르는 혼란스러운 상황이 발생할 수 있다.

중요한 업무에 대해서는 돌발 상황에 대비하여 다른 부서원들의 도움을 신속하게 받을 수 있도록 부서 전체 업무일정을 재조정하거나 사전에 돌발 상황을 감안하여 버퍼 시간(Buffer Time)을 확보해두는 것도 좋은 방법이다.[19] 버퍼 시간은 일정관리에도 효과적이지만 산출물을 재검토하여 정교화할 수 있는 시간을 제공하기 때문에 우수한 결과물을 만드는 데도 기여한다. 또한 계획오류에 빠지기 쉬운 성향을 가진 부서원, 불확실성이나 난이도가 높은 업무를 담당하는 부서원에 대해서는 관리자가 업무수행 중 고충이 없는지 수시로 체크하고 필요한 지원을 신속하게 제공하는 것이 필요하다.

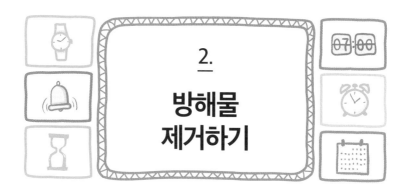

2.
방해물
제거하기

멀티태스킹에서 벗어나기

한 가지 일에 몰두하기보다는 2가지 이상의 일을 동시에 하게 되는 경우가 많다. TV를 보며 식사를 한다든지 길을 걸어가며 핸드폰을 보는 식이다. 직장에서도 마찬가지이다. 점심 식사로 샌드위치를 먹으며 보고서를 작성하기도 하고, 걸려온 전화에 응대하면서 PC 모니터를 보며 자료를 만들기도 한다. 빠르게 변화하는 환경에서 우리는 멀티태스킹을 요구받으며 어쩔 수 없이 점점 더 많이 더 빨리 업무를 처리하는 '슈퍼태스커'가 되고 있다. 미국 유타 대학의 심리학자들이 이름을 붙인 슈퍼태스커는 '멀티태스킹의 귀재'를 의미한다.[20]

여러 가지 일을 동시에 처리하느라 에너지를 소비하고 녹초가 된 정신과 몸을 이끌고 퇴근하면서 "내가 이렇게 많은 일을 처리하며 바쁘게 산다는 건 그만큼 회사에서 중요한 역할을 수행한다는 뜻이야."라고 자기 위안을 하며 버티다가도, 더 일찍 퇴근하면서도 성과를 내는 옆 사람들을 보며 "혹시 내가 일을 잘못하고 있는 것은 아닐까?"하는 의구심이 들기도 한다.

과연 멀티태스킹은 업무생산성을 높여 한정된 시간 안에 더 많은 일을 할 수 있게 만들어주는 걸까? 결론을 먼저 말하면, 많은 연구결과에서 멀티태스킹이 업무생산성을 낮추는 것으로 확인되었다. MIT의 뇌신경학자 얼 밀러(Earl Miller)의 주장에 따르면, 우리의 뇌는 한 번에 한 가지 일만 수행할 수 있으며 다른 일로 전환하려면 그에 따른 비용이 발생하게 된다.[21] 즉, 우리가 멀티태스킹이라고 생각하는 것은 사실 2가지 이상의 일을 동시에 수행하는 것이 아니라 빠르게 여러 일들을 왔다 갔다 하는 태스크 스위칭(Task Switching)이고, 여기에는 전환비용(다른 일로 전환할 때 소요되는 시간과 노력)이 발생하기 때문에 멀티태스킹을 하게 되면 오히려 총생산성이 떨어지게 되는 것이다.

뇌과학자 앤드루 스마트(Andrew Smart)는 《생각을 멈추면 깨어나는 뇌의 배신(Autopilot)》에서 멀티태스킹을 하느라 이 업무에서 저 업무로 빨리 전환하는 것이 반복되면 통찰력과 창의력을 담당하는 뇌의 전대상피질(Anterior Cingulate Cortex)의 활동력이 떨어진다고 주장하였다.[22]

또한 스탠퍼드 대학 연구팀의 클리퍼드 나스(Clifford Nass) 등은 멀티태스킹 습관이 '정보를 취사선택하는 능력', '여러 작업을 빠르게 전환하는 능력', '작업 기억력' 등 3가지 능력에 어떤 영향을 미치는지에 대해 연구하였다. 그 결과, 멀티태스킹 경향이 강한 사람은 하나의 작업에 집중하는 사람들에 비해, 정보를 취사선택하는 능력이 낮고 작업 전환 능력과 작업 기억력도 매우 떨어지는 것으로 나타났다.[23]

멀티태스킹이 생산성을 떨어뜨린다는 것은 런던 대학의 크리스티안 얀센(Christian Janssen) 등의 연구에서도 확인되었다. 멀티태스킹을 하는 경우 순간적으로 지능지수(IQ)가 15점 가량 낮아지게 되고, 이는 성인의 IQ가 8세 아이의 IQ와 유사한 수준으로 떨어지는 것을 의미한다.[24] 이 연구는 우리가 멀티태스킹을 할 때 실제로 자신이 가진 지적 능력을 충분히 발휘하지 못하는 상태에서 일하고 있음을 보여준다.

자기계발 전문가 제임스 클리어(James Clear)는 이를 그래프로 잘 설명하고 있다. 멀티태스킹을 하지 않으면 실제로 수행한 업무의 질이

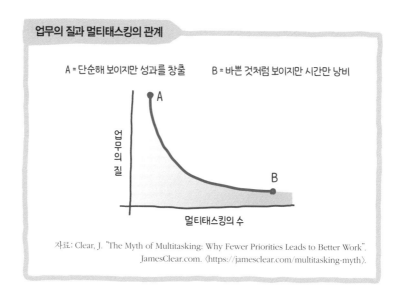

업무의 질과 멀티태스킹의 관계

A = 단순해 보이지만 성과를 창출   B = 바쁜 것처럼 보이지만 시간만 낭비

업무의 질

멀티태스킹의 수

자료: Clear, J. "The Myth of Multitasking: Why Fewer Priorities Leads to Better Work". JamesClear.com. ⟨https://jamesclear.com/multitasking-myth⟩.

높아지는 반면, 멀티태스킹을 많이 할수록 바쁘게만 보일 뿐 실제로 업무의 질은 떨어진다. 즉, 한 가지 일에 집중할수록 더 좋은 성과를 낼 수 있다는 것이다.[25]

이렇듯 많은 연구에서 멀티태스킹의 폐해를 지적하고 있는데, 소피 리로이(Sophie Leroy) 교수는 그 원인으로 하나의 일에서 다른 일로 매끄럽게 주의를 전환하기란 애초 불가능하다는 점을 지적하였다. 리로이 교수는 이를 '주의 잔류물(Attention Residue)'이라는 개념으로 설명하였다.[26] '주의 잔류물'이란 특정 업무에서 다른 업무로 넘어갈 때 새로 시작하는 업무에 온전히 주의력을 집중하지 못하고 이전 업무의 기억이 잔류하는 것을 말한다. 이렇게 주의력이 분산되면 일의 속도가 떨어지거나 더 많은 실수를 하게 된다.

그렇다면 우리가 멀티태스킹을 할 때 일을 잘한다는 느낌을 받는 것은 왜일까? 오하이오 주립대학의 젠 왕(Zheng Wang) 교수는 멀티태스킹을 하면 바쁘게 여러 가지 일을 효율적으로 해내는 것 같은 정신적 만족감이 들기 때문이라고 설명하였다.[27] 즉, 멀티태스킹을 할 때 에너지가 더 소비되고 업무생산성이 떨어지는데도 정신적 만족감 때문에 일을 잘하고 있다고 느끼게 된다는 것이다. 그러나 이는 그야말로 착각에 불과하다. 따라서 정말로 업무의 생산성을 높이고 싶다면 동시에 여러 가지 일에 주의를 분산시키는 멀티태스킹이 아니라 한 번에 한 가지 일에 집중하는 '모노태스킹(Monotasking)'을 해야 한다. 모노태스킹이란 업무몰입을 저해하는 요소들을 제거하여 하나의 업무에 깊이 몰입하는 것을 말한다. 모노태스킹을 통해 본질적 업무에 우선적으로 집중하면 생산성을 높이는 것은 물론, 다른 업무를 할 수 있는 여유시간도 더 많이 확보할 수 있다.

양날의 검, 디지털 커뮤니케이션 관리하기

현대사회의 업무환경은 점점 더 복잡한 네트워크로 연결되고 있으며, 이에 따라 업무 중 디지털 커뮤니케이션(전화, 이메일, 메신저, 온라인 결재)도 증가하고 있다. 이제 직장에서 디지털 커뮤니케이션으로부터 자유로운 사람은 거의 없다고 해도 과언이 아니다.

미국 캘리포니아 대학의 글로리아 마크(Gloria Mark)와 빅터 곤잘레스(Victor González) 연구팀은 어느 투자회사의 사무직 근로자 36명을 대상으로 시간사용에 대한 연구를 진행하였다. 연구팀은 참여자들이 직장에서 시간을 어떻게 보내는지 관찰하여 분 단위로 기록하였다. 그 결과, 참여자들은 평균 11분에 한 번씩 이메일, 메신저 알림, 전화 등에 주의를 빼앗기는 것으로 나타났다. 흥미로운 사실은 이렇게 주의를 빼앗긴 후 원래 하던 일로 다시 돌아가기까지는 평균 25분이 걸렸다는 점이다.[28]

시간관리 프로그램과 컨설팅을 제공하는 레스큐타임(RescueTime)의 조사에서도 수신된 이메일의 70%가 6초 내에 개봉되고, 근무시간 중 40.1%는 업무와 이메일, 메신저 응대를 동시에 수행하는 시간인 것으로 확인되었다.[29] 이는 곧 디지털 커뮤니케이션이 그만큼 업무몰입을 방해하고 있다는 뜻이다.

물론 디지털 커뮤니케이션은 원활한 업무진행을 돕고 의사소통의 효율성을 높임으로써 생산성에 도움을 준다. 그러나 디지털 커뮤니케이션이 지나치게 빈번하면, 여러 연구가 말해주듯 집중력이 떨어지고 그 결과 생산성은 오히려 하락하게 된다.[30]

조지타운 대학교의 칼 뉴포트(Cal Newport) 교수 역시 이메일 사용과 생산성의 관계를 그래프로 설명하였다. 적정 수준의 이메일 사용은 생산성을 향상시키지만, 이를 넘어설 경우 생산성이 하락하여 이메일을 아예 사용하지 않을 때보다 더 낮은 수준의 생산성을 보인다는 것이다.[31]

그렇다면 생산성을 떨어뜨리지 않고 디지털 커뮤니케이션을 효과적으로 할 수 있는 방법은 무엇일까? 먼저, 높은 집중력이 필요한 일

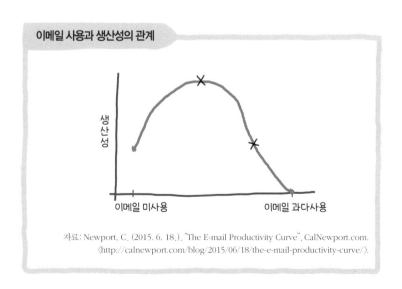

자료: Newport, C. (2015. 6. 18.). "The E-mail Productivity Curve". CalNewport.com.
〈http://calnewport.com/blog/2015/06/18/the-e-mail-productivity-curve/〉.

을 할 때는 주의가 산만해지지 않도록 이메일, 메신저 등과 거리를 두는 것이 좋다. 수시로 울리는 이메일 알람을 끄고 메신저를 로그아웃하는 것만으로도 집중력을 높이는 데 도움이 된다.

그러나 하루 종일 회사에서 근무하는 직장인이라면 이것이 쉽지 않을 것이다. 대부분의 회사에서는 직원들이 이메일이나 메신저에 상시 대기 상태로 있기를 암묵적으로 요구하기 때문이다. 그래서 직원들이 이메일이나 메신저 등 디지털 커뮤니케이션을 효과적으로 활용하도록 하려면 조직문화의 변화가 함께 이루어져야 한다. 가장 중요한 것은 상대방의 시간을 존중하는 문화를 조성하는 것이다.

글로벌 기업들은 과도한 이메일, 메신저 사용이 본인의 업무몰입은 물론 상대방의 시간까지 빼앗는 일이라고 강조하며 가이드라인을 제시하고 있다. 예컨대 페이스북은 하루에 1인당 20개까지로 이메일 발송 개수를 제한하고 있으며('Less than 20 emails rule'), 불필요하게 많은 직원에게 메일 참조(CC)를 보낼 경우에는 상사로부터 경고를 받게 된다. 구글은 "이메일은 생산성 킬러(Emails are productivity killers)"라면서, 반드시 필요한 경우에만 작성하도록 권장하고 있다.

디지털 커뮤니케이션은 사용하기에 따라 효율성과 업무몰입의 수준을 좌우하는 양날의 검이며, 그 성격상 자신뿐 아니라 소통의 상대방에게도 큰 영향을 미칠 수밖에 없다. 상대방의 상황을 고려하지 않고 무조건 자신의 메일이나 메신저에 우선적으로 대응해주기를 바라는 것은 생산성을 논하기에 앞서 무례한 일이기도 하다. 내가 먼저 상대방의 시간과 몰입을 존중할 때 상대방도 나에게 존중을 보여줄 것이다.

리더십 가이드라인

관리자는 업무방해 요소들이 지뢰밭처럼 곳곳에 숨어 있는 근무환경으로부터 부서원들을 보호할 의무가 있다. 만약 부서원들의 업무 처리량은 이전과 유사한데 최근 근무시간이 늘어났다면 업무방해 요소들이 부서원들을 괴롭히고 있을 가능성이 높음을 인지해야 한다. 다음 요인들을 체크하여 업무방해 요소를 제거해보자.

Tip ❶ 멀티태스킹의 문제점을 정기적으로 환기하기

관리자는 멀티태스킹이 왜 생산성을 낮추는지 그 이유를 부서원들에게 설명할 수 있어야 한다. 앞에서 언급한 스위칭 비용, 멀티태스킹에 대한 생산성 실험, 주의 잔유물에 의한 주의력 분산 등 멀티태스킹의 부작용을 평소 잘 숙지하고 있다가 부서원들과 편안하게 소통해야 한다. 특히 밀레니얼세대 직원들은 업무 중 스마트폰 사용 등 멀티태스킹이 거의 일상화되어 있으니 무조건 금지하기보다는 집중이 필요한 업무에 대해서는 멀티태스킹을 가급적 피하는 것이 좋겠다는 조언을 해주는 것이 좋다. 또한 멀티태스킹을 하고 싶은 욕구가 금세 되살아날 수 있으므로 한 번 언급하고 마는 것이 아니라 정기적으로 멀티태스킹의 폐단을 주지시킬 필요가 있는데, 반복되는 잔소리로 들리지 않도록 효과적인 전달 방법을 고민할 필요가 있겠다.

한편, 업무 산출물에 실수가 많은 부서원이 있다면 그가 습관적으로 멀티태스킹을 하고 있지 않은지 확인해볼 필요가 있다. 멀티태스킹 습관이 있는 부서원은 실수의 원인이 멀티태스킹이라는 것을 인지하지 못할 가능성이 높으므로 부서장이 면담을 통해 에러 발생의 원인을 파악하고 문제를 함께 해결하기 위해 노력해야 한다.

Tip ❷ 관리자 본인의 디지털 커뮤니케이션 문제 점검하기

부서원이 받는 메일이나 메신저 중 가장 중요하고 빨리 처리해야 한다고 생각하는 메일 및 메신저는 당연히 자신의 직속상관이 보낸 것이다. 바꿔 말하자면, 직속상관의 디지털 커뮤니케이션이 부서원의 업무집중을 오히려 방해할 가능성이 매우 높다는 것이다. 관리자가 메일이나 업무 관련 메신저를 할 때 집중근무 시간을 피해서 하고 있는지, 긴급한 연락과 그렇지 않은 연락을 구별하여 소통하고 있는지 스스로 점검해볼 필요가 있다. 특히 '메신저' 연락은 부서원 입장에서는 즉각 대답하지 않기가 사실상 불가능하다. 그러므로 업무를 지시할 때는 "오늘 중에만 해주세요", "이번 주 내에 결과를 알려주세요" 등 정확한 마감기한을 제시함으로써 부서원의 업무집중을 방해하지 않도록 한다. 또한 부서원들의 답장이 필요한 메일을 보낼 때는 [긴급], [오늘 중], [이번 주 중] 등 태그를 붙여 부서원들이 모든 메일을 당장 열어봐야 한다는 압박을 받지 않도록 도와주어야 한다.

Tip ❸ 상호 업무시간을 존중하는 부서 문화 조성하기

근무시간 단축에 따라 직원들은 티타임이나 회의시간을 줄이는 등 근무시간 내 업무밀도를 높이기 위해 다양한 노력을 기울이고 있다. 그러나 개인 혼자의 노력만으로는 업무생산성을 높이는 데 한계가 있으며, 관리자를 비롯한 부서원들의 협조가 필요하다. 예고 없이 갑작스럽게 회의를 소집하거나 그리 긴급하지 않은 업무인데도 선배가 후배에게 자신의 업무를 먼저 처리해달라고 하는 행위 등을 관리자가 방치한다면 부서원들은 자신도 모르게 서로의 업무를 방해하는 셈이 된다.

자신의 하루 일정을 스스로 예측할 수 없다면 시간통제감이 낮아 업무몰입도도 낮아질 수밖에 없다. 따라서 관리자는 부서원들이 서로서로 업무시간을 존중하고 배려하도록 부서 내의 문화를 구축함으로써 부서원의 몰입을 제고할 필요가 있다. 즉, 회의는 적어도 하루 전날 공지하고, 부서원 간 업무요청은 마감시한을 충분히 두어 부서원의 일일 시간계획을 방해하지 않도록 하며, 메신저 사용 시 즉시 응답하지 않아도 되는 부서 분위기를 조성하는 등 관리자의 다각적 노력이 필요하다.

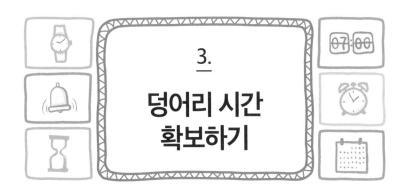

3.
덩어리 시간
확보하기

우리는 왜 집중하지 못할까?

퇴근하기 위해 사무실을 나서며, '오늘 끝내기로 마음먹었던 중요한 일을 모두 완수했다.'라고 느끼는 경우가 얼마나 될까? 레스큐타임의 사용자 조사 분석 결과, 직장인이 방해받지 않고 집중할 수 있는 일평균 시간은 1시간 12분에 불과하였다.[32] 이 조사에 응한 사용자의 98%는 매일 1회 이상 업무수행 도중 외부로부터 방해를 받는다고 답했고, 51.5%는 하루 종일 꾸준히 방해받는다고 답했다.

직장인이라면 한 번쯤 "오늘 하루 엄청 바쁘게 보냈는데 해야 할 과업을 끝내지 못했다."라는 자책감을 안고 집으로 돌아가는 경험을 해보았을 것이다. 동료나 관련 부서에서 오는 단순 업무요청에, 깜빡이는 메신저 불빛에, 외부 고객 및 이해관계자로부터 쏟아져 들어오는 다양한 메일에 답장하느라 정작 자신의 본질적 업무에 집중할 시간은 갖지 못한 것이다.

피터 드러커(Peter Drucker)는 "지식근로자는 시간을 연속적으로 활용하는 것이 중요하다."라고 말하며 '연속시간'의 중요성을 강조했다.[33] 특히, 전체 보고서의 초안을 잡는 등의 중요한 활동을 할 때는 최소한 6~8시간의 시간이 소요되는데 한 번에 15분씩 하루에 두 번 할애하여 14일간 7시간을 쓴다면 그것은 아무런 의미가 없다고 한다. 연속으로 5~12시간을 초안 작성에 쏟는 것이 훨씬 효과적이라는 것이다. 특히 육체보다 두뇌를 활용해야 하는 업무에서는 작업기억(Working Memory)이 중요한데, 업무의 맥이 끊기는 경우 이 기억을 다시 불러내기 위해 시간이 소모될 뿐 아니라 처음부터 다시 작업하는 것과 비슷한 에너지를 투입해야 하며, 이는 명백한 낭비이기 때문이다.

인지심리학자이자 신경과학자인 맥길 대학의 대니얼 레비틴(Daniel J. Levitin) 교수도 난이도가 높거나 복잡한 과업을 처리할 때는 50분 혹은 그 이상의 집중력을 유지해야 효과적이라고 말한다.[34] 뇌가 집중 상태로 들어가는 데는 일정 시간이 필요하기에 집중 상태를 계속해서 유지하는 것이 더 효과적이기 때문이다. 한 번에 여러 가지 일을 하는 멀티태스킹은 뇌의 에너지를 엄청나게 소비시킨다. 여러 과제를 넘나들며 처리하는 것은 한 가지 일에 집중하는 것보다 더 많은 에너지를 필요로 하기 때문에 일을 마치고 난 뒤 더 큰 피로감을 겪게 되고, 감정조절이나 의사결정, 공감 능력 등과 관련되는 뇌의 전대상피질 기능도 저하시킨다.[35] 하지만 온전히 방해받지 않고 한 가지 일에만 집중하기가 쉽지는 않다. 주위 환경에 영향을 받는다는 점에서도 그렇지만 우리의 뇌가 멀티태스킹을 좀 더 달콤한 활동으로 인지하기 때문이다.

대니얼 레비틴 교수는 인간의 뇌에는 "새로움 편향"이 있다는 점을 지적한다. 우리 뇌는 새로운 것이 나타나면 그 매력을 굉장히 높게 인지한다. 그런 탓에 한 가지 과제에 집중하려 애를 쓰다가도 무언가 새로운 것이 나타나면 거기에 쉽게 관심을 빼앗기고 이는 우리가 알지 못하는 사이 어떤 '중독'에 빠져들게 만든다. 중요한 일을 처리하다가 잠깐 다른 일을 할 때는 '새로운 자극이 주는 보상'이 있는데 이것이 '한 가지 과제에 집중하고 이를 완수했을 때 얻는 보상'에 대한 매력도를 감소시키는 것이다. 이 맛을 한번 느낀 뇌는 계속해서 새로운 자극에 반응하게 된다.

이런 문제에 대처하려면 '의식적으로' '덩어리 시간'을 만들어 본질적 업무에 집중할 필요가 있다. 새로운 자극에 첨벙첨벙 뛰어들며 무턱대고 반응하는 스스로를 일정 시간 동안 묶어놓고 새로운 결과물을 만들어내는 성취감을 맛볼 수 있도록 수단이나 장치를 마련해야 하는 것이다.

메이커의 시간관리 vs. 매니저의 시간관리

|

덩어리 시간은 누구에게나 필요할까? 덩어리 시간이 그토록 중요한데도 우리는 왜 직장에서 이를 확보하지 못할까? 2012년 《포브스》 선정 '최고의 스타트업 인큐베이터 및 액셀러레이터' 회사 와이콤비네이터(Y Combinator)의 창업자 폴 그레이엄(Paul Graham)의 블로그 글을 통해 그 실마리를 찾을 수 있다.[36] 우선 그는 직장 내에서 일정관리의 권한을 가지고 있는 매니저(관리자)와 실제 일을 수행하는 메이커(실무자)의 시간관리는 다를 수밖에 없으며 또 달라야 한다고 이야기한다.

매니저의 하루는 규칙대로 움직이고, 매니저는 시간을 촘촘하게 나누어 활용할 수 있으며, 매니저의 과업은 저마다 정해진 목표가 확실하다. 원한다면 일정 시간을 자신의 시간으로 만들 수도 있고 미팅 일정도 재량껏 조정할 수 있다. 시간을 조각으로 나누어(Time Slot) 주로 회의, 외부 컨퍼런스 콜, 이메일 등에 활용한다. 그리고 매니저는 비서나 다른 직원들의 도움을 받아 스케줄을 조율할 수도 있다. 매니저들은 자신의 시간 중 많은 부분을 부서원에게 지시를 하거나 부서원들이 작성해놓은 결과물에 첨언이나 비평을 하는 등 수동적인 작업에 쓴다. 중요한 전화나 메일이 오면 답장하면 되고, 직원들이 실수를 하면 조언을 해주거나 함께 처리해주면 된다. 매니저에게는 깊이 집중할 시간이 필요하기보다는 그동안 쌓아놓은 경험과 전문성을 바탕으로 짧은 시간 안에 빠르고 정확하게 의사결정을 내리고 이를 통해 가치를 만들어내는 것이 더욱 중요하다.

반면에 메이커의 시간관리는 다르다. 조금 과장하자면, 실리콘밸리에서 머리를 쥐어뜯으며 고민하는 개발자나 새로운 작품을 쓰려고 몰입하는 소설가를 떠올리면 된다. 둘 다 골똘하게 고민하고 자신의 전문성을 쌓아 결과물을 만들어내야 하는 사람들이다. 메이커에게는 특정 업무에 집중할 수 있는 비교적 큰 덩어리 시간이 필요하다. 물론 메이커에게도 다양한 부서와 관계 맺으며 인맥을 넓히고, 여러 분야의 지식을 습득하는 일이 중요하다. 하지만 메이커에게 이런 역량의 확장이 '항상' 필요하거나 가치 있는 것은 아니다. 또한 메이커에게 회의는 재난일 수 있다. 회의 하나가 오후 시간 전체를 날려버릴 수도 있고, 다른 가치 있는 일을 하기 어렵도록 시간을 쪼개어버릴 수도 있다.

그런데 문제는 직장에서는 매니저와 메이커가 함께 일한다는 것이다. 게다가 개개인이 하는 일에는 매니저의 업무와 메이커의 업무가 혼재되어 있다. 결국 서로의 업무특성을 배려하는 태도가 필요하고, 또 개인 스스로 업무를 분리하여 수행할 필요가 있다.

대다수 직장인은 관리업무와 실무업무를 모두 수행한다. 특히 개인 전문가(Individual Contributor)와 관리자(Manager)의 경계가 모호한 한국 기업에서 일할 경우에는 더더욱 그러하다. 관리자들이 자신의 편의를 중심으로 시간을 관리하다 보니 그에 영향을 받는 부서원들 또한 비슷한 사이클로 생활할 수밖에 없다. 메이커로서 업무를 수행할 때 반드시 필요한 '덩어리 시간'을 확보하지 못하고 놓치고 있는 것이다.

중요한 덩어리 시간, 어떻게 확보할까?

'덩어리 업무'를 파악하라

먼저, 업무의 특성을 파악하여 효율적으로 분리해내야 한다. 이때 매니저로서의 업무보다는 메이커로서의 업무를 먼저 파악하는 것이 좋다. 메이커 업무를 선별하여 덩어리 시간을 계획하고, 매니저 업무는 그 이후에 배치하면 된다. 가장 필요한 것은 주도적으로 결과물을 만들어내야 하는, 창의적인 아이디어와 깊은 고민이 필요한 과업을 선별하는 것이다. '덩어리 시간'은 미루어둔 잡일을 하는 데 쓰기에는 너무나도 아까운 시간이다. 이 시간은 자신의 '본질적 업무'를 위해 투자해야 한다.

'언제' 할지 결정하라

그리고 그 일을 일주일 중 언제, 그리고 하루 중 언제 수행할지 결정해야 한다. 시간적 여유가 생기면 그때를 덩어리 시간으로 쓰겠다는 결심은 그럴듯해 보이지만 지키기 어렵다. 직장인들에게 왜 야근을 하는지, 혹은 왜 주말근무를 하는지 물으면 다수의 사람들이 "아무 방해도 받지 않고 업무에 집중할 수 있어서"라고 답하곤 한다. 퇴근을 해야 하는 6시가 되면 "이제 일 좀 해볼까?" 하는 농담 섞인 진담을 건네는 사람도 적지 않다. '덩어리 시간'을 미리 떼어놓지 않으면 이런 상황이 반복될 수밖에 없다.

그래서 덩어리 시간은 미리 계획하여 온전히 떼어놓지 않으면 안

된다. 이때 고려할 것은 2가지로, 개인의 패턴과 조직의 패턴이다. 가능하다면 개인이 '집중'하기 좋은 시간을 선별하는 것이 좋다. 집중하기 좋은 시간은 사람마다 다르다. 아침 6시일 수도, 8시일 수도, 점심 식사가 끝난 1시일 수도 있다.[*37] 자신의 집중도를 분석하여 자신의 리듬을 고려해야 한다. 그리고 각자가 속한 조직의 주기적 회의 혹은 업무주기를 파악할 필요가 있다. 매주 금요일은 마감과 정리로 바빠 집중이 어려울 것 같다면 피하고, 수요일 1시마다 중요한 고객회의가 있어 미팅이 끝난 뒤 항상 팔로우업이 필요하다면 그 시간도 피하는 것이 좋다. 만약, 소속 조직에서 '회의 없는 날(No meeting day)'이나 '집중의 날(Maker day)'을 운영하고 있다면 그 시간을 적극 활용하자. 조직 구성원이 덩어리 시간을 떼어놓으려면 동료들에게 양해와 협조를 구해야 하므로 기존에 이미 약속된 시간을 활용하는 것이 가장 안정적이다.

'얼마나' 할지 결정하라

적절한 덩어리 시간에 대해 연구자들은 다양한 의견을 내놓는다. 폴 그레이엄은 반나절 혹은 하루를 '집중을 위한 시간'으로 분리해야 한다고 이야기했다. 알렉스 수정 김 방(Alex Soojung-Kim Pang)은 자신

---

* 구글 앱스(Google Apps)의 제품 마케팅 책임자인 제러마이아 딜런(Jeremiah Dillon)은 팀원들에게 보낸 이메일에서 '덩어리 시간'으로 쓰기에는 업무피로도가 심한 오후 시간보다 오전 시간이 낫다고 말했다. 또한 화요일/수요일이 가장 에너지가 많은 요일이므로 가장 어려운 문제에 도전할 수 있는 '메이크 타임'을 그 요일로 설정해보라고 조언한다.

'회의 없는 날'을 약속하다

몰입이 필수적인 개발자들이 주를 이루는 회사를 중심으로 '회의 없는 날'이 유행처럼 번지고 있다. 페이스북과 인텔은 전사적으로 금요일 회의를 금지하는 'No meeting friday'를, '마이크로소프트는 팀별로 요일을 정해 반나절 회의를 금지하는 'Half no meetings day'를 운영하고 있다.

미국의 스타트업 무브라인(Moveline)은 매주 화요일은 모든 미팅을 금지하며 이날을 'Maker Day'라고 명명했다. 애초 이날은 회사의 상품개발자들이 개발에 온전히 집중할 수 있는 시간을 만들어주기 위해 지정되었다.

Maker Day에 개발자는 함께 일하는 팀원 외에는 누구의 연락에도 응답하지 않아도 되고, 집중할 수만 있다면 어디에서 일하든 상관없다. 이날의 규칙은 오직 하나 "본래 자신이 맡은 프로젝트에 집중하자"이다. 그간 쉽게 해결되지 않아 고민하고 있던 문제에 온전히 집중하는 날이라 하겠다. 스태프 직원들도 화요일만큼은 이들의 작업을 가급적 방해하지 않으려 하고, 매우 급한 일이 아니면 따로 연락하지 않는다.

컨설팅 회사 사우스웨스턴 컨설팅(Southwestern Consulting)은 더욱 파격적이다. 일주일 중 하루만 '회의 없는 날'을 만드는 것이 아니라, 주 1회 월요일에만 회의를 한다. 논의하고 결정해야 할 내용을 모아놓고 다 같이 치열하게 토론한 뒤 결론을 낸다. 그리고 화요일부터는 흩어져 각자의 일을 한다.

자료: Greenfield, R. (2014. 4. 17.). "Why Your Office Needs A Maker Day". *Fast Company*; Kruse, K. (2016. 5. 9.). "Why This Company Only Holds Meetings On Mondays". *Forbes* 등을 참고하여 정리.

의 저서에서 수많은 과학자와 수학자의 사례를 들어 하루 4시간이 집중할 수 있는 적정 시간이라고 이야기한다.[38] 예를 들어, 20세기 초 영국의 수학자 하디(Godfrey H. Hardy)는 "수학자에게 창의적인 일은 하루 4시간이 한계다."라고 이야기했으며, 실제 오전 9시부터 오후 1시까지 수학에 몰두하고 나머지 시간은 산책이나 운동으로 시간을 보냈다고 한다. 하지만 한국의 일반적인 직장인이 온종일 혹은 반나절 동안 "저를 건드리지 마세요."라는 표지판을 걸어둘 수 있을 정도의 덩어리 시간을 갖는다는 건 현실적으로 어려운 일이다.

물론 직장의 성격이나 업무특성에 따라 차이는 있겠지만, 보통의 경우 한번에 집중할 수 있는 '적정 시간'은 90~120분 정도이다. 실제로 찰스 다윈(Charles Robert Darwin)도 하루 4시간 30분을 몰두하여 연구를 하고 글을 썼다고 주장하지만, 자세히 들여다보면 아침 8시부터 9시 반 사이에 집중해서 연구하고, 1시간 동안 우편함을 확인하고 편지를 쓰는 부가적 일을 수행한 뒤 10시 30분부터 정오까지는 직접 실험용 동물을 관찰하거나 숲속을 거닐며 연구에 매진했다고 한다. 그리고 점심 먹고 낮잠을 잔 다음 3시부터 4시 30분까지 다시 1시간 30분동안 연구에 매진했다. 천재 과학자로 알려진 앙리 푸앵카레(Jules-Henri Poincaré)도 마찬가지였다. 하루 4시간 몰입했지만 2시간씩 나누어, 오전 10시부터 정오 사이, 오후 5시부터 7시 사이에 집중적으로 연구를 했다. 시간을 90~120분 정도로 쪼개어 집중한 것이다.

동료들과 공유하고, 자신만의 '루틴'을 만들어라

덩어리 시간의 사용에 관한 구체적 계획을 세웠다면 이를 동료들과 공유하는 것이 좋다. 즉, 이 시간은 몰입을 위한 나의 덩어리 시간이라고 알리기 위해 일정표에 표시하고, 이 사실을 지속적으로 주위 사람들에게 주지시켜야 한다. 그래야 동료들도 그 시간을 방해하지 않으려고 노력할 수 있다. 그리고 가능하다면 덩어리 시간을 매주 동일한 시간으로 잡아 자신만의 루틴을 만드는 것이 좋다. 칼 뉴포트는 "몰입을 지속하는 가장 쉬운 길은 단순하고 꾸준한 습관으로 바꾸는 것"이라고 말한다.[39] 몰입하기 위해 마음먹고 준비를 해야 하는 모든 작업과 스케줄을 루틴화하라는 것이다. 그래야 덩어리 시간의 낭비 없이 재빨리 자신만의 '몰입 모드'에 들어갈 수 있다. 이렇게 해서 꾸준한 습관이 형성되고 나면 주위 동료들도 빠르게 받아들이고 익숙해질 수 있다. '매주 화요일/목요일 오전 8시부터 2시간 동안 덩어리 시간을 갖는 사람'과 '매주 덩어리 시간이 바뀌는 사람' 중 누가 더 함께 일하기 편할까? 대다수 동료는 전자를 선호할 것이다.

덩어리 시간, 어떻게 활용해야 할까?

추석 명절 연휴를 보내고 온 이 팀장과 김 대리가 식사를 하고 있다. 명절 앞뒤로 휴가를 붙여 거의 2주를 쉬고 온 김 대리의 근황을 듣기 위해 이 팀장이 마련한 자리였다. 요즘은 휴가를 가도 어디로 가는지 누구와 가는지 묻지 않는 것이 예의라 여겨지기에 이 팀장은 김 대리가 어디서 어떻게 쉬고 왔는지 전혀 알 수가 없었다. 그래서 자리를 잡고 앉자마자 조용히 물었다. "김 대리, 어디 다녀온 거야? 잘 쉬고 왔어?" 그러자 김 대리가 말했다. "사실은 저 호텔에 콕 박혀서 연구 기획안 썼어요." "응? 비싼 돈 주고 호텔에 박혀서 연구만 했다고?" 이 팀장은 귀를 의심했다. 굳이 휴가를 내어 자기 돈까지 써가며 호텔에서 기획안을 쓴 이유가 궁금했다. "박사 진학을 하고 싶은데, 지원하려면 하고 싶은 연구에 대한 10장짜리 기획안을 내야 하더라구요. 몇 달 전부터 자료를 찾고 틈틈이 읽고 공부했는데, 지긋하게 눌러앉아 뭔가를 쓸 시간이 없으니 아무것도 되지 않더라구요. 죽이 되든 밥이 되든 초안이라도 만들려면 적어도 일주일은 모든 방해로부터 멀어져야겠다 싶었어요. 그래서 집과 회사로부터 벗어나 호텔로 갔지요. 처음엔 내 돈 쓰고 내 휴가 내고 이게 뭐하는 건가 싶었는데, 그렇게 안 했으면 결국 지원서도 못 냈을 것 같아요."

놀랍게도 김 대리가 사용한 이 방법은 유명인들이 덩어리 시간에 온전히 집중하기 위해 자주 활용하는 방법이었다. 조앤 롤링(Joanne Rowling)은 2007년 '해리 포터 시리즈'의 마지막 책《해리 포터와 죽음의 성물(Harry Potter and the Deathly Hallows)》을 탈고하기 위하여 모든 방해로부터 벗어나고자 에딘버러의 5성급 호텔로 작업실을 옮겼고 실제로 거기서 작품을 완성했다.[40] 마이크로소프트 대표로 재직하던 시절의 빌 게이츠(Bill Gates) 또한 일상적 업무에서 벗어나 워싱턴의 오두막으로 들어가 논문과 책을 읽으며 생각을 정리하고 미래의 먹거리를 고민하는 '생각 주간(Think Week)'을 갖는 것으로 유명했으며, 빌 앤 멀린다 게이츠 재단(Bill & Melinda Gates Foundation)을 맡고 있는 지금도 그 루틴을 지키고 있다.[41] 칼 뉴포트는 이를 '거창한 제스처'라고 부른다. 중요한 일을 하기에 앞서 큰 비용을 지불하고라도 환경을 바꾸거나 외부의 자극으로부터 멀어져 집중도를 높이는 것이다. 비용을 들이고 약간은 거창하다 싶게 환경을 바꾸고 나면 스스로도 의욕이 증가해 딴짓을 할 수 없게 된다. 일종의 매몰 비용인 셈이다. 돈과 인프라를 먼저 투자해놓으면 어떻게 해서든 결과를 낼 수 있도록 노력하는 인간 본연의 심리를 스스로에게 적용하고 활용하는 방법이다.

직장인들이 매번 몰입하기 위해 어디론가 떠날 수는 없다. 하지만 자신의 환경을 바꿈으로써 스스로를 집중하도록 몰아넣을 수는 있다. 이를 위해서는 우선, 집중하기 좋은 공간을 만들어야 한다. 특정 장소에서 집중이 더 잘된다면 그곳으로 자리를 옮기는 것도 좋고, 내 책상에서 다른 일거리가 보이지 않아야 집중이 잘된다면 다른 업무와 관련된 흔적은 모두 치우는 것이 좋다. 지금은 '몰입해야 하는 시간'이라는 생각이 들도록 환경을 조성하는 일도 중요하다. 또한 자신의 집중력을 높이는 데 도움이 되는 사소한 장치들을 마련해두는 것도 좋다. 간단하게 커피 한잔을 미리 내려둔다든지, 달달한 초콜릿을 가져다놓는다든지, 자신이 좋아하는 디퓨저를 활용한다든지 어떤 것이든 좋다.

또한 덩어리 시간에 돌입하기 전에 목표를 확실히 설정하고 이를 위한 준비를 해두는 편이 좋다. 빌 게이츠는 생각 주간에 들어가기 위해 무려 두 달 전부터 준비를 시작한다고 한다. 생각 주간에 고민해야 할 주된 주제들을 미리 선정하고, 이를 위해 읽어야 할 논문들을 모아 우선순위를 매긴다. 그리고 실제로 생각 주간이 시작되면 계획한 대로 글을 읽고 생각을 정리한다.

우리도 빌 게이츠가 활용하는 방법을 시도해보면 어떨까. 우선, 목표를 확실히 하고 이를 위한 작업을 앞서서 해두어야 한다. 몰입의 시간에 내가 해당 분야의 논문을 두 편 읽는 것이 목표라면, 그 두 편을 미리 찾아 출력하거나 가장 보기 좋은 형태로 다운받아놓는 등의 사전작업을 해두는 것이 좋다. 중요한 데이터 분석을 통해 10가지 가설을 검증하는 것이 목표라면 데이터 클리닝(Data Cleaning) 정도는 미리 해두는 편이 좋다. 덜 집중해도 되는 일이나 몸을 써서 할 수 있는 작업은 덩어리 시간이 다가오기 전에 완료해두라. 그래야 덩어리 시간에 더 많은 에너지를 충분히 쓸 수 있다.

스스로 규칙을 정해보자. 외부의 방해로부터 의도적으로 멀어지는 일이 그 무엇보다도 중요하다. 이 시간만큼은 휴대전화, 이메일, 메신저 알람을 꺼두자. 필요 없는 인터넷 창도 닫아놓고 꼭 필요하지 않은 검색은 하지 않겠다는 규칙도 세워두는 것이 좋다. 이 시간만큼은 내가 가장 중요한 일을 하고 있으며, 이 시간을 사수해야 더 나은 결과물을 낼 수 있다는 최면을 걸 필요도 있다.

시간을 통제하는 짜릿한 경험!

내 마음대로 되는 일은 세상에 별로 없다. 회사에서는 더더욱 그렇다. 가끔은 같이 일하고 싶지 않은 사람과도 함께 일해야 한다. 내가 공들인 프로젝트가 좋은 성과를 내지 못한다거나, 내가 하고 싶었던 프로젝트에 참여조차 하지 못하는 일이 비일비재하다. 가끔 혹은 자주, 점심시간조차 자기 마음대로 쓸 수 없는 것이 현실이다.

이런 직장인들에게 덩어리 시간은 짜릿한 '통제감'을 선사할 수 있다. 일정 시간만큼은 '나'의 통제 아래 두고, '나'에게 중요한 과업과 성장을 위해 몰입하는 것은, 그 시간이 비록 길지 않더라도 각자에게 높은 만족감을 줄 수 있다. 스스로를 통제하여 작은 성취라도 이루어내면, 이런 '덩어리 시간 만들기'가 더 중요한 시간으로 각인될 것이다.

이와 같은 시간통제감은 개인의 성과를 높이고 스트레스를 줄일뿐더러[42] 시간을 체계적으로 계획하고 효율적으로 분배하는 능력도 향상시킨다.[43] 덩어리 시간을 확보하여 시간계획을 세우고 이를 통해 짧은 시간에 높은 성과를 내는 경험을 몇 번만 해보라. 누구라도 '덩어리 시간'의 매력에 빠지지 않을 수 없을 것이다.

리더십 가이드라인

　부서원들이 덩어리 시간을 확보해 업무에 집중할 수 있다면 분명 더 우수한 산출물을 낼 수 있을 것이다. 하지만 역설적인 상황도 벌어질 수 있다. 매니저인 부서장이 소통이라는 명목으로 메이커인 부서원의 덩어리 시간을 방해하는 상황이다. 이런 사태를 막고 부서원의 업무 집중을 돕고자 한다면 리더로서 부서장은 무엇을 주의해야 하고, 나아가 어떤 노력을 더 적극적으로 해야 할까?

Tip ❶ 실무자의 덩어리 시간 보호해주기

　실무자에게 전달하고 싶은 좋은 아이디어가 떠올랐을 때, 중요한 회의나 보고 자료를 리마인드 해주고 싶을 때, 상사의 지시를 받자마자 그 내용을 생생히 전달하고자 할 때 등등 관리자는 부서원과 급히 소통해야겠다는 니즈가 수시로 발생한다. 관리자 본인은 이 모든 소통이 부서원을 위한 것이라고 생각하겠지만, 실상은 부서원의 덩어리 시간을 방해하는 경우일 수 있다. 부서원과의 소통은 물론 아주 중요한 업무이지만 부서장이 언제 부서원과 소통하느냐에 따라 부서원의 생산성은 달라진다.

관리자가 의식적으로 부서원의 덩어리 시간을 보호해주기 위해 노력하지 않으면 부서원은 자신의 본질적 업무에 집중하지 못하고 부서장의 업무지시에 '항시 대기' 모드로 있어야 한다. 따라서 관리자는 부서원에게 전달하고 싶은 내용이 있을 때마다 즉각 행동에 옮기기보다는 일단 기록을 해두었다가 이를 정리하여 점심 전후나 퇴근 직전 등 덩어리 시간을 방해하지 않는 시간대에 한꺼번에 전달하거나 메일로 정리해서 전달할 필요가 있다.

부서원의 덩어리 시간 확보는 결국 고품질의 산출물을 만들어내는 일과 직결된다. 관리자는 추후 피드백에 필요한 시간을 단축할 수 있으며 부서원의 불필요한 야근을 줄여줌으로써 번아웃도 막을 수 있어 관리자와 부서원 모두에게 원원이 되는 전략이다.

Tip ❷ 부서 차원의 코어 타임 운영하기

관리자가 실무자의 덩어리 시간을 보호해주더라도 또 다른 부서원이나 동료들이 덩어리 시간을 방해하는 것까지 막을 수 있는 것은 아니다. 따라서 부서 전체가 함께 덩어리 시간을 사용할 수 있도록 부서 내 코어 타임 운영을 추천한다. 그런데 언뜻 코어 타임이 길면 길수록 덩어리 시간을 더 많이 확보할 수 있으리라 생각할 수 있겠지만 이는 자칫 지킬 수 없는 약속이 되기 쉽다. 현실적인 코어 타임은 1시간 30분에서 2시간이다.

2시간 이상의 코어 타임을 매일 운영하기는 어렵지만 관리자가 부서 내 '회의 없는 날'을 운영하거나 '집중하는 반나절' 등의 제도를 운영한다면 부서원들은 더 큰 덩어리 시간이 필요할 경우 이런 날을 활용할 수 있을 것이다.

코어 타임의 효율성을 높이려면 "우리 부서가 코어 타임을 운영하고 있습니다." 하고 직속상관과 타 부서 관리자에게 알리고 코어 타임 보호를 위한 협조를 요청하는 것이 좋다. 나아가, 상사와 타 부서 관리자까지 설득하여 사업부 전체에서 코어 타임을 운영할 수 있다면 코어 타임의 효과가 극대화될 것이다.

Tip ❸ 덩어리 시간의 효과를 극대화하는 팁 공유하기

관리자가 어렵사리 만들어준 덩어리 시간에 만약 부서원이 영수증 처리나 파일 정리 등 잡무를 하고 있다면 어떨까? 관리자는 설마 그럴 리 없다고 생각할 수 있지만 부서원이 덩어리 시간의 의미를 잘 이해하지 못하면 충분히 할 수 있는 행동이다. 따라서 관리자는 덩어리 시간의 의미를 부서원에게 숙지시키고 어떻게 하면 덩어리 시간을 효과적으로 사용할 수 있을지에 대해서도 평소 알려줄 필요가 있다. 예를 들어, 덩어리 시간을 시작하기 전에 각종 잡무를 모두 처리하고, 메신저 등 사내 SNS는 잠시 로그아웃하며, 덩어리 시간에 할 업무에 대한 기초 자료 조사를 하는 등 집중도를 높여 덩어리 시간의 효과를 극대화해야 함을 강조하는 것이다.

부서원들과 티타임을 갖게 될 때나 점심시간에 직원들이 덩어리 시간을 사용하면서 겪는 애로사항을 파악하고 제거 방법을 함께 논의하는 것이 필요하다. 또한 부서원들이 덩어리 시간의 귀중함을 이해하고 부서원들도 서로의 덩어리 시간을 보호해주기 위해 노력하는 분위기를 조성하는 것도 관리자의 역할이다.

몰입하기

생체리듬과 시간당 생산성

애플의 CEO 팀 쿡(Tim Cook)은 새벽 3시 45분에 일어나 하루를 시작한다. 아마존 CEO 제프 베조스(Jeff Bezos)는 5시에 일어나며 정신 집중이 많이 필요한 중요 안건은 오전 10시 회의에서 다루고 오후 5시가 되면 더는 생각하기가 힘들다면서 남은 업무는 다음 날로 미룬다.[44] 그런가 하면 페이스북의 CEO 마크 저커버그(Mark Zuckerberg)는 오전 8시경, 테슬라의 CEO 일론 머스크(Elon Musk)는 아침 7시에 기상한다. 이렇듯 기상 시간은 모두 다르지만 이들에게는 한 가지 공통점이 있다. 자신의 생체리듬을 정확히 파악하여 효율적으로 일함으로써 시간당 생산성을 높인다는 것이다.

제1장 '본질적 업무'에 몰입하라

생체리듬(Circadian Rhythm)이란 생명체 내에서 24시간을 주기로 일어나는 휴식과 각성의 규칙적인 변화 리듬을 의미한다.[45] 24시간을 주기로 움직이기 때문에 '일주기 생체리듬'이라고도 불린다. 이러한 생체리듬을 관장하는 조직을 생체시계(Biological Clock)라고 부르는데, 생체시계는 사람뿐 아니라 동물도 가지고 있다고 알려져 있다. 시간생물학(Chronobiology)을 연구하는 학자들은 외부 환경의 자극으로 인하여 사람의 생체리듬에 교란이 발생하면 수면장애, 피로 증가, 집중력 저하 등이 발생한다고 이야기한다.

그러므로 똑같은 시간을 일하더라도 좀 더 생산성을 높이고 싶다면 자신의 생체리듬을 잘 파악해 적극 활용하는 것이 필수이다. 만약 자신의 생체리듬을 잘 모르겠다면 생체리듬 진단지(Morningness–Eveningness Questionnaire)[46]로 누구나 쉽게 확인할 수 있다.[47] 예컨대, 또래 집단의 다른 사람들보다 더 일찍 일어나는 경향이 있다면 이른바 '아침형 인간'일 가능성이 높고 다른 사람들보다 더 늦게 일어나는 경향이 있다면 '저녁형 인간'일 가능성이 높다.

자신의 생체리듬을 제대로 파악했다면 이를 교란시키지 않도록 근무시간을 최대한 조정하는 것이 좋은데, 바로 이것이 생산성과 연결된다. 다행히 최근에는 한국 기업들 사이에서도 유연근무제가 확산되고 있어 직장인 스스로 생체리듬을 고려하여 근무 시작 시간을 조정할 수 있게 되었다. 이제 상사의 출퇴근시간에 자신의 근무시간을 억지로 맞추려 하지 말고 자신의 생체리듬에 맞추어 일함으로써 근무시간 내 생산성을 높이려는 노력이 필요하다.

다만 한 가지 주의할 점은 '생체리듬'이라는 것이 언제나 변함없이 고정되어 있는 것은 아니라는 사실이다. 생체리듬은 연령대에 따라 바뀌며 잘 알려져 있는 대로 30대 이후에는 나이가 들면서 조금씩 생체시계가 빨라지는 경향이 있다.

생체리듬에 대한 이해와 더불어 '언제 무엇을 하는가' 또한 우리의 시간당 생산성에 중요한 영향을 미친다. 플로리다 주립대학의 안데르스 에릭슨(K. Anders Ericsson) 교수는 동일한 시간을 들여 노력하더라도 '언제' 그 일을 하느냐가 성과를 좌우함을 실증한 바 있다.[48] 그는 웨스트 베를린 음대에서 실력이 최고 수준인 학생 10명, 우수한 수준인 학생 10명, 그리고 음악 교육 전공자이면서 바이올린에 특화된 학생 10명(바이올린 연주 실력이 가장 낮음)을 대상으로 연습시간을 분석하였다. 이 세 집단 모두 음악 관련 활동에 사용하는 시간은 주 평균 50.6시간으로 비슷하였다. 그러나 바이올린 연습시간은 최고 및 우수 집단의 경우 주 평균 24.3시간인 반면, 음악 교육 전공자는 9.3시간을 사용하여 바이올린 연습시간에서는 차이가 뚜렷했다.

에릭슨 교수의 분석에서 주목된 또 다른 차이는 하루 중 언제 연습을 하는가였다. 최고 및 우수 수준의 학생들은 오전 10시부터 오후 2시까지 집중적으로 연습하고 오후 2~4시에는 휴식을 취한 후 저녁에 다시 연습을 한 반면, 음악 교육 전공자는 특정 시간대를 정하지 않고 아무 때나 수시로 연습을 하였다. 피아니스트를 대상으로 한 연구에서도 비슷한 결과가 나왔다. 즉, 전문 피아니스트는 오전 10시부터 오후 2시경까지 집중적으로 연습하고 오후 2~4시경에는 휴식을 취하

며 다시 4시경부터 연습을 집중적으로 실시하였다. 이는 전문가들이
하루 종일 균질하게 연습을 하는 것이 아니라 가장 생산성이 좋은 시

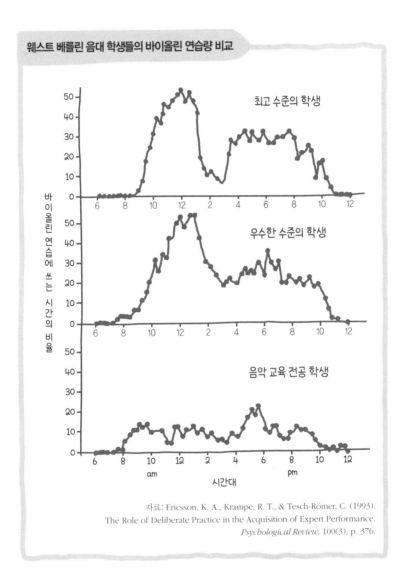

웨스트 베를린 음대 학생들의 바이올린 연습량 비교

자료: Ericsson, K. A., Krampe, R. T., & Tesch-Römer, C. (1993).
The Role of Deliberate Practice in the Acquisition of Expert Performance.
Psychological Review, 100(3), p. 376.

간대에 노력을 집중하고 생산성이 낮은 시간대에는 충분한 휴식을 취함으로써 성과를 극대화한다는 의미이다.

기존 연구에 따르면 '아침형 인간' 유형은 대체로 아침에 일어난 직후부터 점차 기분이 좋아져 정오 즈음에 최고의 상태를 경험한다. 정오 이후에는 기분이 급격히 하락했다가 저녁으로 갈수록 다시 반등하여 기분이 매우 좋은 상태로 이동한다. 《언제 할 것인가(When)》의 저자 다니엘 핑크(Daniel H. Pink)는 사람의 기분뿐 아니라 지적 능력을 발휘하는 수준도 시간대에 따라 달라진다고 주장한다.[49] 즉, 동일한 사람이 같은 일을 하더라도 더 잘할 수 있는 시간대가 있고 더 성과가 나오지 않는 시간대도 있다는 것이다.

아침형 인간은 에너지가 점차 올라가고 기분이 최고점으로 이동하는 시간대, 즉 생체리듬의 피크 시간인 오전에 집중력·정확성·논리력이 필요한 업무를 하면 좋다. 그때가 오후에 비하여 생산성이 높기 때문이다. 반면, 저녁형 인간은 오후에 더 생산성이 좋다. 연구자들은 이렇게 생체리듬의 피크 시간에 맞추어 더 각성되고 생산성이 향상되는 현상을 '동조 효과(Synchrony Effect)'라고 부른다.[50] 컨디션이 좋을 때 논리력과 정확성을 필요로 하는 업무를 하면 시간당 생산성이 올라간다는 주장은 굳이 연구결과를 빌리지 않더라도 누구나 짐작할 수 있는 당연한 이야기일 것이다. 그렇다면 창의적 아이디어를 내야 하는 업무, 즉 '아하' 하고 무릎을 칠 정도의 통찰력이 요구되는 업무는 언제 하는 것이 좋을까? 논리력이 중요한 업무를 할 때와 마찬가지로 컨디션이 가장 좋을 때(피크 시간) 하는 것이 가장 생산적일까? 뜻밖에도, 연구자들은 다른 의견을 제시한다.

미국 알비온 대학의 위스(Mareike B. Wieth) 교수와 미시간 주립대학의 잭스(Rose T. Zacks) 교수는 생체리듬과 생산성의 연관성을 확인하는 연구를 진행하면서 과업의 특성까지 함께 고려해보았다.[51] 즉, 실험 대상자들은 '논리력'이 필요한 문제 3개와 '통찰력'이 필요한 문제 3개를 자신들의 생체리듬 피크 시간이나 그 이외의 일반 시간에 자유로이 해결하도록 지시받았다. 과연 생체리듬의 피크 시간에 더 정답을 많이 맞혔을까? 다음 그래프에서 보는 바와 같이 논리력이 요구되는 문제에 대해서는 피크 시간에 정답을 더 많이 맞혔다. 그러나 통찰력이 필요한 문제에서는 오히려 일반 시간에 정답률이 높았다.

왜 이런 결과가 나왔을까? 연구자들은 이 결과를 '억제 통제(Inhibitory

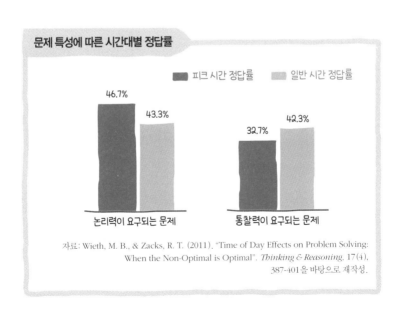

문제 특성에 따른 시간대별 정답률

■ 피크 시간 정답률　　■ 일반 시간 정답률

46.7%　43.3%　32.7%　42.3%

논리력이 요구되는 문제　　통찰력이 요구되는 문제

자료: Wieth, M. B., & Zacks, R. T. (2011). "Time of Day Effects on Problem Solving: When the Non-Optimal is Optimal". *Thinking & Reasoning*, 17(4), 387-401을 바탕으로 재작성.

Control)' 개념으로 해석한다. 억제 통제는 우리가 산만해하지 않고 정보를 집중해서 처리하도록 돕는 인지능력이다. 피크 시간에는 억제 통제가 잘 작동하여 우리가 딴생각을 하지 않고 집중할 수 있는 데 반해 일반 시간에는 억제 통제가 느슨해지면서 딴생각을 할 틈이 생긴다. 이때 논리를 무시한, 서로 전혀 상관이 없을 것 같은 힌트들이 연결될 여지가 생기기 때문에 통찰력이 필요한 문제를 해결하는 데는 더 효과적일 수 있다. 결국 우리의 생체리듬과 수행하는 업무특성을 제대로 이해하고 있다면 가장 생산성이 좋은 시간이 언제인지 확인하여 업무를 수행할 수 있을 것이다.

몰입하기 쉬운 업무 vs. 몰입이 힘든 업무

회의만 없다면, 전화만 받지 않는다면, 옆에서 도와달라고 찾아오지만 않는다면, 부장님이 시도 때도 없이 나를 부르지만 않는다면, 분명 업무에 몰입할 수 있으리라고 생각하는 직장인이 많다. 과연 그럴까? 학생 시절을 떠올려보자. 하루 종일 아무도 방해하지 않는 도서관에 앉아 공부를 한다고 했지만 정말로 하루 종일 온전하게 몰입했던가? 몰입은 외부 방해가 없다고 해서 무조건 이루어지는 것이 아니며, 의도적으로 자신의 에너지와 노력을 들여야만 조성될 수 있다.

그렇지만 몰입하기 위해 모든 업무에 동일한 양의 에너지와 노력을 사용해야 하는 것도 아니다. 업무의 특성에 따라 노력의 정도나 에너지 투입의 정도는 상이하다. 보통의 경우, 사람들은 어떤 업무에 좀 더 쉽게 몰입할까? 한마디로, 재미있는 업무에 더 쉽게 몰입한다. 그럼 어떤 업무가 재미있는 업무인가? 흔히 사람들이 재미있다고 느끼는 업무는 너무 어렵지도, 너무 쉽지도 않은 그런 업무이다.

너무 어려운 업무란 나의 능력에 비해 과업의 난이도가 너무 높아서 내가 못해낼 것이라는 생각이 들게 하는 업무다. 이때 우리는 걱정과 불안이 커지며, 불안은 몰입을 방해한다. 반대로 너무 쉬운 업무, 즉 자신의 능력에 비해 과업의 난이도가 너무 낮은 업무는 일을 해내는 것 자체는 쉽지만 재미가 없기 때문에 금세 지루함을 느낀다. 자꾸 딴생각이 들고, 아무도 나를 방해하지 않는데도 지루함에서 벗어나기 위해 어느새 인터넷과 SNS를 들여다보게 된다. 여러 번 반복해서 해본 업무는 이미 재미없는 업무가 될 가능성이 높다. 결국 '재미있는 업무'란 나의 능력도 적극 활용하고 업무난이도도 어느 정도 높아서 깊이 집중해야만 과제를 효과적으로 수행할 수 있는 그런 업무이다.

심리학자 미하이 칙센트미하이(Mihaly Csikszentmihalyi)는 《몰입 flow, 미치도록 행복한 나를 만난다》에서 개인의 능력과 업무의 난이도에 따라 우리가 느끼는 심리 상태를 몰입·불안·지루함으로 구분했다.[52] 우리가 수행해야 하는 '본질적 업무'는 몰입 상태로 쉽게 들어갈 수 있는 재미있는 업무 외에도 불안감이 들 정도로 어려운 업무, 지루함을 느낄 정도로 다소 쉬운 업무를 포함하고 있다. 이 세 종류의 업무특성에 따라 시간당 생산성을 높이는 방법으로는 어떤 것이 있을지 알아보자.

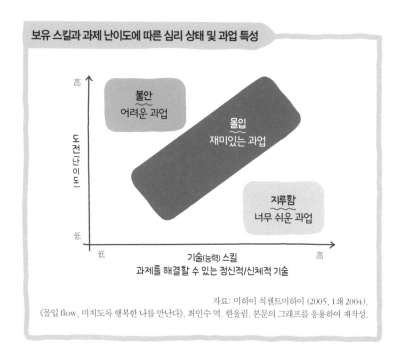

보유 스킬과 과제 난이도에 따른 심리 상태 및 과업 특성

불안
어려운 과업

몰입
재미있는 과업

지루함
너무 쉬운 과업

도전(난이도)

고
저

기술(능력) 스킬
과제를 해결할 수 있는 정신적/신체적 기술

저
고

자료: 미하이 칙센트미하이 (2005, 1쇄 2004).
《몰입 flow, 미치도록 행복한 나를 만난다》, 최인수 역, 한울림. 본문의 그래프를 응용하여 재작성.

어려운 과업: 코칭을 통해 빨리 배우고 의식적으로 연습하라

우선 어려운 과업을 할 때 시간당 생산성을 높이는 방법을 보자. 자신이 지닌 기술과 능력에 비해 몹시 도전적인 과업을 받으면 우리는 완수하지 못할 것 같다는 걱정으로 불안감에 빠져든다. 그런데 사실 이러한 과업에서 생산성 문제를 해결하기란 쉽지 않다. 왜냐하면 학습을 통해 우리의 기술과 실력이 높아져야만 이러한 어려운 과업을 효과적으로 해결할 수 있을 것이기 때문이다. 그리고 기술과 실력을 높이는 일 역시 충분한 학습시간이 필요하기 때문이다. 그렇다면 학습시간을 단축할 방법, 다시 말해 학습효과를 높일 방법은 없을까?

1만 시간 법칙을 발견해내는 등 전문성 연구의 최고 권위자인 에릭슨 교수는 학습효과를 높이는 방법으로 '의식적 연습(Deliberate Practice)'을 제시한다.[53] 그는 어려운 과업을 잘해내려면 무작정 열심히 하는 것만으로는 부족하다고 말한다. 아니 그냥 열심히 노력하는 것으로는 어려운 과업의 수행 자체가 아예 불가능하다고 이야기한다. 노력하되 매우 정교한 방법을 써서 노력해야만 일정 수준의 실력을 갖는 데 필요한 시간을 단축시킬 수 있으며, 이때 '정교한 방법을 써서 노력하는 것'을 다른 말로 표현한 것이 '의식적 연습'이다. 직장인이 의식적 연습으로 학습시간을 단축시키고 더 빨리 어려운 과업을 달성하고자 한다면, 이 과업을 제대로 진행하고 있는지 체크해주고 더 잘할 방법을 조언해줄 동료나 코치가 필요하다. 따라서 어려운 과업을 맡았다면, 더 빨리 스킬을 가르쳐줄 만한 동료나 코치가 누구인지, 주변에 그런 사람이 있는지 우선 찾아보고 그들에게 자문을 구한다면 시간당 생산성을 단축할 수 있다.

지루한 과업: 의도적으로 시간을 제한하고, 집중하라

두 번째 경우는 자신의 능력에 비해 난이도가 턱없이 낮아 지루함을 느끼는 다소 쉬운 과업이다. 직장인은 어려운 과업도 힘들어하지만 너무 쉬운 과업도 별로 좋아하지 않는다. 과업이 지루하다 보니 자꾸 딴생각이 들고 집중하기가 힘들어 뜻밖에 진도도 잘 안 나간다. 이럴 때 집중도를 높이기 위해서는 '포모도로 테크닉(Pomodoro Technique)'을 사용해보기를 권하고 싶다. 포모도로 테크닉은 프란체스코 시릴로(Francesco Cirillo)라는 사람이 제안한 시간관리 방법으로, 집중시간 (보편적으로 많이 사용하는 단위는 25분)을 타이머로 설정한 뒤 그 시간만큼은 집중해서 일하고 타이머가 울리면 5분이나 10분 휴식을 취하도록 하는 것이다. 쉽게 말해, 25분 집중 업무, 5~10분 휴식을 반복하는 방법이다. 1980년대에 제안된 오래된 방법이지만 지금도 매우 효과적이라는 평가를 받고 있어 최근에는 스마트폰 어플로도 여러 종류가 나와 있다. 포모도로 테크닉을 사용하면 어떤 일을 하건 그 일에 시간제한이 있다고 느끼게 되는데, 이러한 시간압박과 데드라인 압박이 단순한 업무를 할 때에도 집중하게 만들어주는 것이다. 반면, 어려운 업무는 시간압박이 오히려 불안감을 높일 수 있기 때문에 중간 단계의 목표를 정하는 정도로만 목표달성의 압박을 느끼도록 하는 것이 바람직하다.

재미있는 과업: 몰입과 휴식을 적절히 혼합하라

마지막으로, '재미를 느끼는 과업'이다. 그러나 재미를 느낀다고 해서 마치 게임을 하듯이 시간가는 줄 모르고 몰입만 할 수 있는 것은 아니기 때문에 반드시 적절한 휴식을 취하면서 해야 한다. 전문가들은 집중력이 높은 사람이라 하더라도 한 번에 몰입할 수 있는 시간은 4시간 미만이므로 한 차례 피크 시간 몰입을 하고 나면 그 이후에는 적절한 휴식을 취할 필요가 있다고 조언한다.

몰입을 위한 의식을 준비하라

|

직장인은 하루에도 여러 가지 업무를 처리한다. 하나의 업무를 완수한 후 그다음 업무를 수행한다면 가장 이상적이겠지만, 업무마다 마감 일정이 다르고 긴급하게 요청이 이루어지는 업무도 수시로 발생할 수밖에 없는 것이 현실이다. 그러다 보니 하나의 업무를 마무리하지 못한 상태에서 다른 업무를 시작하는 일이 종종 발생한다. 이때 마무리하지 못한 이전 업무에 대한 생각이 떠오르고, 심지어 그 업무를 할 때는 도무지 생각나지 않던 새로운 아이디어가 머리를 맴돈다.

이렇게 완료되지 않은 과업이 정신을 지배하는 현상을 두고, 이 개념을 처음으로 제시한 러시아 심리학자의 이름을 따서 자이가르닉 효과(Zeigarnik Effect)라고 부른다.[54] 자이가르닉은 실험 참가자들이 일부 과업은 완성하고 일부 과업은 완성하지 못한 상태에서 실험을 마무리하고는, 그들에게 각 과업에 대해 기억하는 것을 모두 적어보라고 하였다. 그 결과 실험 참가자들은 이미 완성한 과업보다 마무리하지 못한 과업에 대한 정보를 훨씬 더 많이 기억했다.

이에 따라 연구자들은 완료하지 못한 이전 과업의 영향력을 줄이고 현재 과업에 집중하도록 하려면 '차단의식'이 필요하다고 말한다. 첫 번째 방법은 리로이 교수가 제안한 '재시작 준비 계획(Ready-to-Resume Plan)'이다.[55] 새로운 과업을 시작하기 전 해당 업무로 되돌아갔을 때 가장 먼저 해야 할 일을 간략하게 기록함으로써 뇌로 하여금 이제 더는 그에 대해서는 기억할 필요가 없음을 알려주는 것이다.

두 번째는 《딥 워크(Deep Work)》의 저자 뉴포트 교수가 제안한 방법으로, 새로운 과업을 시작하기 전에 이전 과제를 전반적으로 검토하면서 나중에 다루어야 할 일을 모두 정리한 후 '차단 완료'라고 소리 내어 구호를 외치는 방법이다. 차단 완료라는 구호 자체가 우리 뇌에 관련된 생각을 이제 끊어도 된다는 정신적 신호가 되어준다는 것이다.[56]

한편, 몰입을 잘하기 위한 또 다른 방법은 "이제부터 몰입이 필요한 업무를 시작한다."라고 뇌에게 알려주는 의식을 습관화하는 것이다. 이렇게 하면 '습관'이 마치 뇌의 단축키처럼 쓰여 금세 몰입 상황 속으로 빠져들 수 있다. 《대통령의 글쓰기》의 저자이자 대통령의 연설비서관이었던 강원국 작가가 전하는 경험담도 이와 유사한 원리다. 그는 주로 카페에서 원고를 쓰는데, 카페로 가서 아메리카노 한 잔을 주문하고 안경을 닦고 노트북을 여는 행위를 습관처럼 한다. 그러면 이 행위를 시작할 때부터 뇌가 글쓰기 모드로 바뀌어 무엇을 쓸지 아이디어를 떠올리면서 좀 더 쉽게 몰입이 가능해지더라는 것이다. 이런 방식을 통해 그는 40여 일 만에 《대통령의 글쓰기》 원고를 완성했다고 한다.[57] 즉, 카페에서 아메리카노 주문하기와 안경 닦기가 강원국 작가에게는 몰입을 시작하는 중요한 의식이자 일종의 사인이었던 것이다.

업무 쪼개기와 유사 업무 묶기

|

아무리 재미있는 업무라 할지라도 장기간 수행하다 보면 집중력을 잃고 만다. 왜 그럴까? 무언가 한 가지 일에 집중할 때는 또 다른 하고 싶은 많은 일을 참아내는 자기절제력이 필요한데 이러한 의지력을 발휘하는 데는 그만큼 에너지가 소비되기 때문이다.[58] 결국 에너지가 다 소진되어 더는 집중하기 힘들어지는 것이다.

그렇다면 장기간 몰입해야 하는 업무를 좀 더 효율적으로 잘해낼 방법은 무엇일까? 오랜 기간에 수행해야 할 하나의 업무를 여러 개의 작은 업무로 쪼개 단계별로 중간목표를 세우라는 것이 다수 학자의 제언이다. 왜냐하면 인간은 목표에 가까이 다가갈수록 더 많은 노력을 기울이는 심리적 기제를 갖고 있기 때문이다. 1932년에 이미 클라크 헐(Clark L. Hull)이라는 학자가 쥐를 대상으로 한 실험에서 쥐들이 목표가 보이면 갑자기 속력을 높이는 것을 확인한 바 있고, 그 후 이를 사람에게도 적용하고 확인한 연구결과들이 나왔다.[59] 또한 최근의 조사 연구에서는, 커피 스탬프를 10개 채웠을 때 커피 1잔을 공짜로 주는 마케팅을 할 때 커피 9잔을 마신 후 10잔째 커피는 다른 때보다 더 빨리 찾아와 구매하는 것을 확인할 수 있었다.[60]

이렇게 목표에 접근할수록 사람이나 동물의 집중력이 높아지고 행동이 빨라지는 것을 목표구배 효과(Goal-Gradient Effect)라고 부른다. 목표에 거의 도달하는 시점에는 이제 곧 목표에 도착한다는 생각 때문에 목표달성에 대한 동기부여가 강화되어 더 열심히 노력하고 더

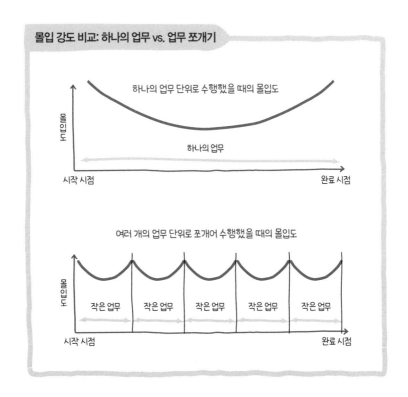

몰입 강도 비교: 하나의 업무 vs. 업무 쪼개기

하나의 업무 단위로 수행했을 때의 몰입도

몰입도

하나의 업무

시작 시점 　　　　　　　　　　　　　　　　　　　　　　 완료 시점

여러 개의 업무 단위로 쪼개어 수행했을 때의 몰입도

몰입도

작은 업무　작은 업무　작은 업무　작은 업무　작은 업무

시작 시점 　　　　　　　　　　　　　　　　　　　　　　 완료 시점

몰입하게 되는 현상을 가리킨다. 따라서 큰 업무를 여러 개로 쪼개서 수행하면 단계별 목표에 다가갈수록 업무에 몰입하게 되어, 즉 목표 구배 효과가 여러 번 발생함으로써 결과적으로 생산성 향상을 기대할 수 있다.

과업의 목표 달성을 위한 또 다른 방법으로 '유사 업무 묶기(Batching)'가 있다. 이는 유사한 과업을 모아 한 번에 처리함으로써 시간당 생산성을 높이는 방법이다.[61] 즉, 유사한 툴을 사용하는 업무들을 한 번에 묶어서 처리하는 것이다. 템플릿이 유사한 보고서(보고서 하나의 작성

시간이 10~20분짜리인 보고서)를 모아서 작성하기, 동일한 업무 시스템을 이용해야 하는 업무를 모아서 한 번에 처리하기 등이 대표적 예라 하겠다. 또한, 일하는 방식이 유사한 업무들을 묶어서 한꺼번에 처리할 수도 있다. 부서원이나 타 부서 사람들과 커뮤니케이션을 해야 하는 업무를 모아 한꺼번에 처리하고 혼자서 집중해야 할 업무를 모아 한꺼번에 처리하는 방식이 그 예이다.

그렇다면 왜 유사한 업무를 한꺼번에 모아서 수행하는 것이 더 생산적일까? 유사한 업무를 할 때는 전환비용(Switching Cost)이 적게 들고, 따라서 새 업무를 하기 전 집중에 필요한 시간이 그만큼 절약되기 때문이다. 앞에서도 이야기했듯 A 업무에서 B 업무로 바꿀 때 우리 뇌는 과거 B 업무가 진행되었던 상태로 돌아가기 위한 정신적 노력을 해야 하는데, 유사 업무는 이러한 정신적 노력이 비교적 적게 소모된다. 또한 유사 업무를 할 때 우리의 뇌는 새로운 인지적 영역을 사용하는 것이 아니라 이미 활성화된 인지적 영역을 쓰기 때문에 인지적 영역 활성화에 따른 추가적 노력도 절약된다. 그 덕분에 스트레스를 더 적게 받으면서 더 쉽게 집중할 수 있다. 따라서 업무속성을 파악하여 유사한 업무끼리 그룹으로 묶어 한꺼번에 처리한다면 생산성을 높일 수 있을 것이다.

리더십 가이드라인

관리자라면 누구나 부서원들이 주어진 시간 동안 최고의 생산성을 낼 방법이 무엇인지 고민할 것이다. 과연 나는 부서원들이 업무에 온전히 몰입하여 질 높은 산출물을 내도록 잘 돕고 있을까? 아니면 반대로 부서원의 업무몰입을 방해하는 원인 제공자인 것은 아닐까? 다음 내용을 확인하면서 관리자로서 부서원의 몰입을 제대로 돕고 있는지 점검해보자.

Tip ❶ 부서원의 생체리듬을 살펴 업무 스케줄 관리하기

관리자가 부서원들의 생체리듬을 잘 이해하고 있어서 그것을 부서 업무 스케줄에 응용할 수 있다면 도움이 될 것이다. 이를테면 부서원들 다수가 저녁형이라면, 아침 일찍 회의를 시작하기보다는 점심 식사 직전에 하는 것이 집중력도 높이고 좋은 아이디어도 많이 나올 것이다. 이처럼 부서 차원에서 이뤄지는 각종 미팅 시간대를 정할 때 부서원 다수의 생체리듬을 고려한다면 짧은 시간 내에 집중해서 회의를 할 수 있을 것이다.

만약 유연근무제가 가능하다면, 부서원들이 관리자나 회사의 눈치를 보지 않고 자유롭게 이 제도를 활용할 수 있도록 수시로 독려한다. 부서장의 독려가 충분하지 않으면 직원들은 회사의 제도와 무관하게 "우리 부서장은 10시가 출근시간의 한계다."라고 간주하는 등 직원들이 암묵적 규범을 만들어 행동할 우려가 있다.

또한 코어시간을 정할 때도 부서원들의 생체리듬을 감안하는 것이 앞서 말한 것과 같은 이유로 몰입에 효과적일 것이다. 예컨대 부서원 대다수가 젊은 직원들이라면 오전보다는 오후에 코어시간을 정하는 것이 낫다. 부서장과 부서원의 생체리듬이 다를 가능성이 높다는 점을 기억하고 미팅이나 코어시간 등 부서 내 주요 업무 스케줄을 정할 때 부서원들의 의견을 충분히 반영하는 것이 좋다.

Tip ❷ 부서원에게 몰입 방법 코칭하기

부서에는 다양한 업무가 존재한다. 관리자는 특정 업무에 대해 그 일을 가장 잘할 수 있는 사람, 최적임자에게 할당하고자 노력하지만 과업과 부서원의 역량이 늘 정확히 매칭될 수 있는 것은 아니다. 그래서 어떤 경우에는 역량에 비해 다소 쉬운 업무를 부여하게 되기도 하고 어떤 경우에는 실력 대비 너무 어려운 업무를 부여할 수밖에 없는 상황에도 처한다. 그렇기 때문에 부서장은 과업을 부여한 후 그냥 방치하지 말고 적절한 업무코칭을 통해 부서원들의 업무몰입도를 높여 주어야 한다.

어려운 업무를 부여한 부서원에게는 업무를 잘해낼 수 있게 구체적 방법을 알려주거나 관련 전문지식을 가진 다른 부서원의 도움을 받도록 조치하여 빠른 시간 내에 실력을 향상시키도록 돕는다. 또한 과제가 잘못된 방향으로 흘러가지 않게끔 과제 중간중간에 진행 결과를 피드백하고 개선 방향을 제시한다. 여기에 더하여, 어려운 과업을 맡은 부서원이 '내가 잘해낼 수 있을까' 하는 불안감에 시달리지 않도록 과업수행 과정에서 관리자가 수시로 칭찬과 격려를 해줌으로써 자신감을 갖고 업무에 몰입하도록 지원해야 한다.

반면, 일처리는 쉽지만 다소 지루한 업무를 맡은 부서원에게는 포모도로 테크닉을 사용하여 몰입과 휴식의 적절한 반복을 유도하는 코칭을 한다. 또한 해당 업무의 중요성과 의미에 대해 부서원에게 충분히 설명해줌으로써 부서원 스스로 몰입해나가도록 도와야 한다.

Tip ❸ 몰입에 최적화된 크기로 업무를 배분하기

관리자가 부서의 업무성격을 정확히 파악하고 있다면 부서원들 각자가 스스로 관리 가능하고 몰입하기 쉬운 단위로 업무를 쪼개거나 묶어서 배분함으로써 부서원이 더 생산적으로 일하도록 도울 수 있다. 예를 들어, 규모가 매우 큰 대단위 과제는 작은 단위로 쪼개서 업무를 부여해야 부서원이 자신감을 가지고 달성 가능성을 가늠하면서 업무에 몰입할 수가 있다. 이때 주의할 점은 쪼개진 업무에 대해서만 부서원에게 설명해서는 안 된다는 것이다. 먼저 전체적인 대단위 과제를 종합적으로 설명한 후 이 업무가 전체에서 어느 부분을 차지하는지 또 전체와 어떻게 연결되는지 그 맥락을 충분히 설명해야 한다는 것이다.

반면, 작은 업무를 배분할 때는 공통점이 있는 업무를 한데 묶어 한 사람에게 맡기는 것이 효과적이다. 이를테면 업무수행 방법이 유사하거나 유관 부서가 동일하거나 문서 작성 템플릿이 비슷하다고 판단되는 업무를 모아서 한 사람에게 부여해야 시간당 생산성을 높일 수 있다.

5.
에너지 관리하기

모든 순간 열심히 일한다고 효율적일까?

우선순위를 고려하여 시간계획을 세우고, 덩어리 시간을 만들어 깊게 몰입하고, 방해물로부터 의식적으로 멀어지고…… 이처럼 본질적 업무를 잘 수행하려면 주어진 시간을 단 한순간도 낭비하지 않고 알뜰하게 써야만 할 것 같은 압박감이 밀려온다. 하루하루를 이렇게 바쁘고 빈틈없이 워커홀릭처럼 보내야만 하는 것일까?

'워커홀릭(Workaholic)'이라는 개념은 1971년 심리학자 웨인 오츠(Wayne Oates)가 처음 소개했다.[62] 사람이 술에 중독되듯 '일'에도 중독될 수 있다는 주장을 한 것이다. 네덜란드 위트레흐트 대학교의 샤우펠리(W. B. Schaufeli) 교수와 동료들의 연구에 따르면, '워커홀릭'에도 2가지 차원이 있다고 한다.[63] 첫 번째는 행동적 차원으로, 시간과 에너지를 과도하게 필요 이상 투자해서 일하는 것이다. 두 번째는 정서적 차원으로, 일에 중독되어 지속적으로 일에 대해 생각하고 일을 하지 않을 때는 심지어 죄책감까지 느끼는 것을 의미한다. 즉, 워커홀릭은 외부의 압력이 아니라 스스로 압박을 느껴 필요 이상의 시간과 에너지를 쏟아 일하는 상태를 의미한다.

과거에는 '워커홀릭'이 미덕이거나 자랑이었으며, 실제로 성공의 필수 요건인 듯 여겨지기도 했다. "나는 말이야, 휴가 때도 회사 반경 100킬로미터 안에 있었어. 회사에서 급한 연락이 오면 2시간 내에는 도착해야 한다고 생각했거든." "나는 우리 첫째 아이가 어떻게 컸는지도 몰라. 우리 딸이 깨어 있을 때 집에 들어간 적이 없거든." 직장인이라면 한 번쯤 들어봤을 법한 이 '부장님들의 대사'는 후회라기보다는 자랑조의 말이었다. 하지만 그런 워커홀릭이 더 이상 매력적으로 보이지 않는 시대가 왔다.

실제로 워커홀릭(Workaholic)과 업무몰입(Work Engagement)은 엄연히 다르다는 사실이 2000년 이후 연구들을 통해 꾸준히 밝혀지고 있다. 앞서도 언급한 샤우펠리 교수진의 또 다른 연구결과에 의하면, 워커홀릭과 업무몰입의 연관성(Correlation)은 동서양 어느 지역에서나 미미했다.*[64] 네덜란드의 직장인 1,329명을 대상으로 연구한 결과 워

---

* 연구결과에 따르면, 네덜란드 모집단의 경우 워커홀릭과 업무몰입의 상관도가 0.19, 일본 모집단의 경우 -0.05로 나타났다.

커홀릭 직장인은 외부의 통제된 자극에 의해 동기부여 되었지만, 업무에 몰입하는 사람들은 내재적 요인에 의해 동기부여가 되는 것으로 나타난 것이다.[65] 또한 동일한 정도로 열심히 일을 하더라도 워커홀릭은 쉽게 소진되고 지쳤지만, 업무몰입도가 높은 사람은 그렇지 않았다. 그뿐만이 아니다. 워커홀릭은 낮은 직무만족을 보이고 회사 밖 외부 관계에 취약하며 삶에 대한 만족감도 낮고, 업무 스트레스에 따른 건강 문제까지 안고 있었다.

이제 워커홀릭은 성공의 지표이자 자랑거리가 아니다. 알코올중독과 도박중독에서 벗어나야 하듯, '일중독' 역시 그로부터 빠져나와야 하는 중독일 뿐이다. 효율적으로 일하고, 또 효과적으로 쉬어야 한다. 적절히 쉼표를 찍는 것이 중요한 시대이다.

휴식의 가치, 휴식도 '기술'이고 '전략'이다

창조주도 쉬었다. 인류 최초의 글로벌 스테디셀러인 성경의 창세기 첫 장에서도 신은 첫째 날 빛을, 둘째 날은 하늘을, 셋째 날은 땅과 바다와 식물을, 넷째 날은 해와 달을, 다섯째 날은 새와 바다짐승을, 여섯째 날은 땅의 생물과 마침내 사람을 창조한 뒤, 일곱째 날은 쉬었다고 나와 있다. 그리고 이 7일째 되는 마지막 날을 복되고 거룩한 날이라고 말한다.

창조주도 쉬었는데 사람은 오죽할까. '쉼'은 삶의 필수 요소이다. 일이 모두 끝난 뒤에만 쉬어야 하는 것도 아니고, 쉴 여유가 생겨야만 쉬는 것도 아니다. 휴식은 일을 더 해야만 한다는 '바쁨'에 맞서서 반드시 지켜내야 하는 것이다. 일을 체계적으로 하듯 휴식 또한 체계적으로 해야만 한다. 고대 그리스 철학자들도 여가시간의 필요성을 적극적으로 이야기했다. 알렉스 수정 김 방의 연구에 따르면, 고대사회에서 '일'은 삶을 지탱해주는 요소였고, '휴식'은 삶의 의미를 더해주는 요소였다.[66] 즉, 휴식은 일의 반대말이 아니라 일이 있는 곳에 반드시 함께 있어야 하는 것으로서, 휴식과 일을 필수불가분의 관계로 본 것이다.

하지만 현대사회는 그 속성상 사람들이 편안히 쉬도록 내버려두지 않는다. 더욱이 발달한 기술로 인해 대부분의 직장인은 항상 '로그인' 상태이다. 컴퓨터만이 아니라 스마트폰을 통해서도 메신저나 메일로 업무와 연결되어 있다. 마음만 먹으면 어디서든 일할 수 있으며, 한편 어디서나 일하기를 요구받을 수 있다. 쉬어야 할 타이밍을 잡지 못하고 계속해서 일해나가기에 너무나도 좋은 환경이다. 그렇기 때문에 오늘날, 역설적으로 휴식은 '기술'이며 '능동적'으로 쟁취해야만 하는 것이기도 하다.

일과 개인생활의 균형을 맞추어 개인의 쉬는 시간을 별도로 확보하고, 자신에게 맞는 취미생활을 찾아 일과 중 쌓인 스트레스를 해소하는 것은 물론 중요하다. 하지만 잊지 않고 기억해야 할 것이 하나 더 있다. 바로 일하는 중간중간에도 적당한 쉼은 필요하다는 점이다.

업무시간 중 잠깐잠깐 쉬어가기

사람마다 조금씩 다르지만 대체로 인간 생체는 90~120분을 주기로 컨디션이 오르내린다고 한다. 그래서 독일의 시간치료학 분야를 개척한 의학자 막시밀리안 모저(Maximilian Moser)는 90분 일하고 15~20분 쉬는 것이 최적의 업무리듬이라고 이야기한다.[67] 이 곡선상 활성도가 가장 낮은 최저점에서 잠시 쉬는 것이 효과적인 '휴식 전략'이라 할 수 있을 것이다. 어차피 효율이 나지 않는 타이밍인데 애써서 일을 한다면 작업자의 피로도만 증가시켜 이후 수행되는 업무의 질을 떨어뜨릴 소지가 큰 것이다. 이와 관련하여, 정신과 전문의 이시형 박사는 '집중'을 통해 몸과 마음이 '긴장'을 유지했다면, 이를 확실히 '이완'하는 것이 휴식의 핵심이라고 말한다.[68] 긴장과 휴식의 균형이 맞을 때

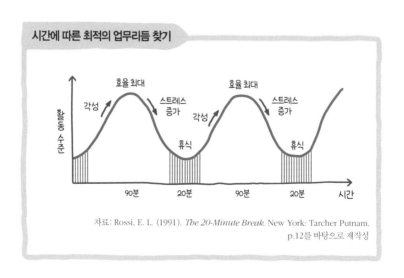

시간에 따른 최적의 업무리듬 찾기

자료: Rossi, E. L. (1991). *The 20-Minute Break*. New York: Tarcher Putnam.
p.12를 바탕으로 재작성

제1장 '본질적 업무'에 몰입하라

우리의 뇌는 최고의 컨디션을 유지할 수 있다는 이야기이다. 업무에 집중하느라 사고력과 기억력을 쓰다 보면 뇌의 특정 부분이 매우 긴장하게 되는데 휴식을 통해 이 긴장을 풀어주어야 뇌가 지치지 않고 권태로움에서도 벗어날 수 있다.

인간의 뇌는 이른바 '멍 때리는' 그 순간에도 어마어마한 일을 하고 있다고 한다. 워싱턴 대학교의 의학과 교수이자 뇌의학자인 마커스 라이클(Marcus Raichle)과 그 연구진은 2001년 '디폴트 모드(Default Mode) 네트워크'라는 개념을 내놓았다.[69] 아무것도 하지 않는 시간에도 우리 뇌는 활성화된다는 사실이 발견된 것이었다. 연구진은 뇌를 관찰하는 이 실험에서 의도적 자극을 준 실험군의 반응을 관찰하기 위해 아무 자극도 주지 않은 대조군과 비교했는데, 이때 우연히 실험군과 대조군의 뇌의 산소 추출률(OEF: Oxygen Extraction Fraction)에 차이가 없다는 것을 발견했다. 당연히 인지활동을 하고 있는 뇌의 산소 추출률이 높을 것이라고 추측했으나 아무것도 하지 않고 눈을 감고 있는 상태의 뇌와 유의미한 차이가 나타나지 않았던 것이다. 이를 시작으로 연구진은 양전자 방출 단층 촬영술(PET: Positron-Emission Tomography)과 f-MRI(functional-MRI)를 활용하여 인지활동을 하는 사람의 뇌와 그렇지 않은 사람의 뇌를 비교하였고, 뇌는 인지활동을 하지 않을 때도 활성화되어 있는 부위가 있음을 발견했다. 즉, 인지활동을 할 때와 하지 않을 때 모두 뇌는 활성화되어 있으며 단지 활성화되는 부위가 다를 뿐이라는 것이다. 연구진은 이렇게 아무것도 하지 않을 때 활성화되는 부분을 '디폴트 모드 네트워크'라고 명명하였다.

그 후로 이 영역에 대한 많은 연구가 진행되었고 지금도 다양한 연구가 이뤄지고 있는데, 확실한 것은 우리가 외부 자극에 반응하지 않는 순간에도 뇌의 내부에서는 어떤 움직임이 있다는 것이다. 우리가 가만히 있을 때, 즉 무의식 상태에서도 뇌가 그저 쉬고 있는 것만은 아니라는 사실이 많은 실험을 통해 확인되었다. 심지어 이런 연구 중에는 '무의식적 사고'의 효용성을 주장한 것도 있다. 눈앞에 있는 문제에 몰입하는 '의식적 사고'를 할 때보다 '무의식적 사고'를 할 때, 즉 뇌가 멍한 상태일 때 더 나은 의사결정을 내린다는 내용인데, 암스테르담 대학의 아프 디익스테르호이스(Ap Dijksterhuis) 교수의 실험이 이를 증명해준다.[70]

디익스테르호이스 교수는 대학생들을 대상으로 실험을 진행했다. 실험에 참여한 약 60명의 학생들은 4개 아파트에 대해 청결 상태, 규모, 가격 등 12가지 정보를 무작위로 제공받았다. 그런 다음 학생들은 두 그룹으로 나뉘어 한 그룹은 3분간 숙고할 수 있는 시간을 가졌고, 다른 한 그룹은 주위가 분산되는 다른 활동에 참여했다. 그 후, 전체 학생이 4개 아파트의 매력도를 10점 만점으로 평가했다. 실험 결과는 놀라웠는데, 3분간 숙고할 기회가 주어졌던 그룹보다 주위가 분산되는 활동에 참여한 그룹이 더 합리적인 평가를 한 것으로 나타났다.

이처럼 무의식적 사고가 때로는 더 명료하고 통합적인 사고를 가능하게 한다. 의식적으로 문제에 대해 고민하다 결정을 내린 사람은 숙고 시간 동안 다시 살펴본 몇 가지 제한적 근거만을 바탕으로 결정을 내렸지만, 문제에 대한 고민 자체를 잠시 멈춘 사람들은 오히려 더 많은 정보를 종합적으로 고려하고 활용하여 합리적인 의사결정을 내렸던 것이다. 우리가 어떤 문제에 과도하게 몰입해 있는 동안에는 미처 생각지 못했던 것들을 약간의 휴식과 딴짓을 통해 뇌는 연관시킬 수 있다. 우리의 사고 폭이 자연스럽게 넓어지는 것이다.

그리고 이 틈이 오히려 기억력을 강화시킨다.[71] 뇌가 외부 감각에 노출되어 있을 때는 그 처리를 위해 많은 에너지를 활용하지만 우리가 의식적 활동을 멈추고 있을 때는 에너지가 충전되어 그 기억이 강화되는 것이다.

충분히 집중했다면 잠시 휴식을 취하라. 그런다고 그 업무와 관련한 지식이나 숙고가 사라지지는 않는다. 우리의 잠재의식 속에 업무 수행 중 했던 고민이 남아 있기 때문에 무의식 속에서도 뇌는 계속해서 고민하고 있다. 사실 누구나 한 번쯤은 이런 경험을 해보았을 것이다. 가만히 샤워를 하다 낮에 떠올리지 못했던 무언가가 문득 생각나는 경험. 신나게 TV 프로그램을 보고 잠자리에 들었는데 일할 때 풀지 못했던 문제의 실마리를 잠들기 직전에 찾아낸 경험 같은 것 말이다. 이것이 바로 잠재의식의 기능이다.

그러니 일을 하다 쉬어야겠다는 생각이 들면, 열심히 고민하던 중 갑자기 막힌다면, 하던 일을 잠시 멈추고 자리에서 일어나 창밖을 바라보거나 멍하니 한 지점을 응시하거나 가볍게 몸을 움직여보자. 우리 몸이 잠시 쉰다고 해서 우리의 뇌도 아무것도 안 하고 노는 것은 아니다. 우리의 뇌는 공백을 채우려는 속성을 가지고 있어서, 차라리 뇌에 잠시 쉬어갈 '틈'을 주면 분주하게 일할 때보다 큰 효과를 얻게 되기도 한다. 그러므로 시간을 낭비한다는 죄책감 따위는 버리고 가볍게 생각을 환기시키고 긴장된 몸을 이완시켜보라. 뇌에 틈을 주고 몸의 피로감을 완화시킨다면 더 나은 하루를 보낼 수 있을 것이다.

낮잠을 잔다고? 낮잠을 자자고!

애플의 공동 창업자 스티브 잡스(Steve Jobs)는 "낮잠을 잘 수 없는 회사에는 가고 싶지 않다."라고 말한 적이 있다. "잠은 시간낭비"라던 에디슨도 하루 2시간 낮잠을 즐겼다고 알려져 있고, 아인슈타인은 매일 오후 1시 30분 집으로 돌아가 낮잠을 자고 오후 일과에 돌입했다고 한다. 베스트셀러 작가 무라카미 하루키(村上春樹)도 마찬가지이다. 점심을 먹고 나면 30분 정도 푹 잔다고 밝혔다. 처칠은 낮잠을 정신의 회복을 위한 필수 요소로 여겨, 심지어 제1차 세계대전 당시에도 낮잠 자는 습관을 유지했다.[72]

미국의 과학자 사라 메드닉(Sara Mednick)은 밤에 자는 깊은 수면의 효과를 넘어 낮잠의 효과까지 연구를 확대했다.[73] 메드닉은 낮에 렘수면을 포함하여 60~90분 정도 자는 것이 밤에 8시간 자는 것에 맞먹는 효과가 있으며 창의성 또한 높아진다고 주장했다.

또 미시간 대학교의 골드슈미드(J. R. Goldschmied)와 연구진은 실험을 통해 낮잠의 또 다른 이점을 찾아냈다.[74] 이들은 지원자 40명을 대상으로 낮잠의 효과를 실험했는데, 참가자 모두에게 과제를 부여했고 참가자들은 그 과제를 처리한 뒤 자신의 수면, 기분, 충동성에 대한 질문에도 대답했다. 그러고 나서 한 그룹에는 60분간 낮잠을 잘 기회를 주었고 다른 그룹은 이 시간 동안 비디오를 시청하도록 했다. 그후 지원자들은 다시 설문에 응답하고 과제를 수행했다.

이 실험에서 사용된 '과제'는 풀기 어려운 과제를 완수하는 좌절내성(Frustration Tolerance)을 측정하기 위해 1961년에 설계된 것으로, 참가자들은 화면에 차례로 나타나는 4개의 기하학 모형을 종이에 똑같이 그리도록 요구받았다. 과제에는 같은 선을 두 번 지나갈 수 없다는 조건이 달려 있었는데, 과제의 절반은 그것이 가능하지만 절반은 불가능한 문제였다. 참가자들은 자신이 원하는 만큼 과제 수행을 계속 시도할 수 있었는데, 해결 불가능한 문제를 풀기 위해 소요한 시간

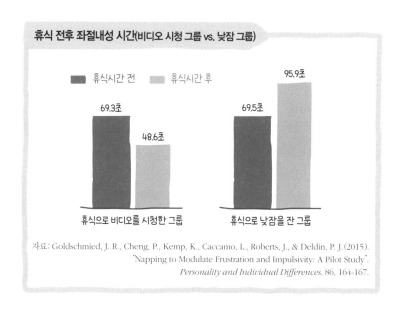

휴식 전후 좌절내성 시간(비디오 시청 그룹 vs. 낮잠 그룹)

■ 휴식시간 전   ■ 휴식시간 후

69.3초   48.6초   69.5초   95.9초

휴식으로 비디오를 시청한 그룹   휴식으로 낮잠을 잔 그룹

자료: Goldschmied, J. R., Cheng, P., Kemp, K., Caccamo, L., Roberts, J., & Deldin, P. J. (2015). "Napping to Modulate Frustration and Impulsivity: A Pilot Study". *Personality and Individual Differences*, 86, 164-167.

의 길이를 '인내심' 또는 '좌절내성'의 지표로 보았다.

실험결과는 놀라웠다. 휴식시간 동안 낮잠 대신 비디오를 시청한 참가자들은 인내심이 휴식시간 이전 69초에서 휴식시간 이후 49초로 3분의 1가량 감소한 반면, 낮잠을 잔 참가자들은 69초에서 96초로 인내심이 향상되었다. 즉, 낮잠을 잔 참가자들은 좌절내성이 높아진 것이다. 이는 낮잠이 부정적 감정을 억누르는 기능을 향상시켰음을 의미한다.

이렇듯 낮잠은 긍정적 효과가 많다. 그렇다면 언제, 어디서, 얼마나 자는 것이 좋을까?

낮잠의 긍정적 효과

1. 주의력이 향상된다.

어떤 상황에서든 주의력은 '생산성'과 가장 밀접하게 연결된다. 나사(NASA)의 연구에 따르면 주의력은 짧은 낮잠 뒤에 100% 회복된다.

2. 행동력이 빨라진다.

하버드 대학의 연구에 따르면 잠을 푹 잔 사람과 잠깐 잔 사람의 운동학습 속도가 동일했다. 잠깐 눈을 붙이는 것은 생각보다 더 효과적이다.

3. 정확성이 높아진다.

실수를 하면 시간과 돈이 낭비된다. 낮잠은 정확성을 높이기 때문에 이런 낭비를 줄여주는 셈이다.

4. 더 나은 의사결정을 내린다.

낮잠을 잘 수 있었던 파일럿들이 이착륙 시 오판을 내릴 확률이 더 낮았다.

5. 인지력이 향상된다.

듣고 보고 맛보는 모든 감각이 낮잠을 자고 나면 향상된다.

6. 피로로 인한 위험으로부터 멀어진다.

피로와 관련된 사고들은 우리 삶에 어마어마한 영향을 준다. 그러므로 피로를 해소해주는 낮잠은 작업의 정확도를 높이고 생산성을 높이는 일이다.

7. 더 젊어 보일 수 있고 체중도 줄일 수 있다.

졸린 사람은 고지방의 달달한 음식을 더 많이 찾게 된다.

8. 당뇨의 위험으로부터 멀어진다.

잠이 모자라면 인슐린과 코르티솔 수치가 올라간다. 식후 낮잠은 당 조절 기능을 향상시킨다.

9. 기분이 좋아진다.

잠이 모자라면 우울해지고 짜증이 난다. 낮잠은 우리의 뇌에 세로토닌을 공급하여 좀 더 긍정적 사고를 갖게 한다.

10. 창의성이 높아진다.

낮잠은 창의력의 필수 요소인 '느슨한 연결(Weak Tie)'을 향상시킨다.

11. 스트레스를 줄인다.

낮잠은 해독제와 성장호르몬을 발생시켜 스트레스와 분노 지수를 낮추고 더 차분하게 만들어준다.

12. 기억력을 증진시킨다.

13. 약물이나 술에 대한 의존도를 낮춘다.

잠이 모자라면 카페인 음료뿐 아니라 술도 더 마시게 된다. 덴마크의 연구에 의하면, 피곤하다는 이야기를 자주 하는 사람들이 더 많이 약물에 의존했다.

14. 편두통과 위궤양을 완화시킨다.

15. 밤잠의 질을 높인다.

역설적으로 들리겠지만, 사실이다. 오히려 과도하게 피곤하면 밤에 잠들기가 어렵다. 너무 피곤하면 사람은 도리어 각성 상태가 된다. 적당한 낮잠은 몸의 피곤을 풀어 오히려 밤에 자기 좋은 상태로 만들어준다.

자료: Sara C. M., & Makr E. (2006). *Take a Nap! Change Your Life.*
Workman Publishing Company. 20개 중 15개 발췌.

낮잠의 길이는 20분 이하, 혹은 60~90분

전문가들이 권장하는 효과적인 낮잠 시간은 크게 2가지이다. 하나는 20분 이하로 잠깐 자고 일어나는 것인데, 몸의 피로도를 줄이고 민첩성을 증진시켜준다. 또 다른 방법은 60~90분 정도 충분히, 램수면을 포함해 완벽하게 한 주기의 잠을 자는 것인데, 이렇게 자면 창의력이 높아진다고 알려져 있다. 어느 쪽이 더 좋은 것이라고 단정해서 말할 수는 없으며, 자신의 상황에 맞게 고르면 된다. 단, 어중간한 40~50분의 낮잠은 권장하지 않는다. 보통 완벽한 한 주기의 잠을 잔다고 할 때 그 시간을 90분 정도로 보는데 그 절반 길이만 자고 일어나면, 깊은 수면에 빠져 있다가 갑자기 깨어나는 것이 되어 몽롱함을 느끼며 더 피곤할 수 있기 때문이다. 또 90분 이상의 낮잠도 권장되지 않는다. 90분 이상의 지나치게 긴 낮잠은 밤잠의 사이클을 망가뜨리기 십상이다.

일반 직장인이 하루에 60~90분 낮잠을 자기란 쉬운 일이 아니다. 장소도 마땅하지 않고 그 정도의 시간을 할애하기도 어렵다. 결국 직장인에게는 '20분 이하의 짧은 낮잠'이 현실적 선택이 될 것이다.

피로감이 가장 높을 때 눈을 붙여라

낮잠은 내 몸의 에너지가 가장 낮아졌을 때 청하는 게 좋다. 물론 각자의 생활패턴이나 그날그날 상황에 따라 다르겠지만 오후 1~3시를 낮잠 자기 가장 좋은 시간이라고들 이야기한다.[75] 실제 직장인들이 가장 피로감을 느끼는 시간이기도 하고, 오후 3~4시 이후에 자는 낮잠은 밤잠을 방해할 수 있어서다.[76] 그리고 잠을 잤다면 자신의 몸을 깨울 시간적 여유를 주어야 한다. 잠깐 자고 일어났다 하더라도 우리의 몸은 이완된다. 바로 업무에 돌입하기보다는 잠시 숨을 고르고 가벼운 스트레칭으로 몸을 천천히 깨운 뒤 업무에 복귀하는 것이 좋다.

자리에서 잠깐, 또는 긴장을 이완할 수 있는 곳으로 가자

급한 업무를 마치고 나서 잠깐 짬이 나는데 몸이 피곤하다면 나가서 커피를 마시거나 동료들과 잡담을 하는 대신 잠시 책을 쌓아놓고 그 위로 고개를 떨어뜨려보는 것이 어떨까? 자리가 너무 개방되어 있어서 사람들의 시선이 신경 쓰인다면 휴게실에 가서 눈을 붙이는 것도 괜찮다. 긴장감을 이완시킬 수 있는 곳이 낮잠을 자기에 가장 좋은 장소이다. 화장실도 괜찮고, 자신의 차로 잠깐 도망가보는 것도 괜찮다. 꼭 잠에 들지 않아도 괜찮다. 잠시 눈을 감고 쉬는 것도 좋다.

지치지 않고 일하는 방법

세계보건기구(WHO)는 번아웃 증후군(Burnout Syndrome)[*77]을 '성공적으로 관리되지 않은 만성적 직장 스트레스로 인한 증후군'으로 정

---

* '번아웃' 개념은 1974년 미국의 정신분석의 허버트 프로이덴버거(Herbert Freudenberger)가 처음 소개했다. 정신상담을 하던 상담가들이 업무 후 지나치게 지쳐버리는 현상에서 이 문제를 제기한 것으로 알려져 있다.

의 내렸다. 그리고 2017년 이를 '21세기 인류 건강에 가장 위협적인 요인'이라고 발표했다.[78]

바쁘게만 살다 보면 자신이 번아웃 상태인지도 모르는 지경에 이르고, 이런 사람에게 '쉼'은 종종 사치로 여겨진다. 하지만 자신의 삶을 객관적으로 바라볼 필요가 있다. 100세 시대를 향해 가고 있으니, 우리가 인생에서 일하며 보내는 시간은 점점 늘어날 것이다. 그러므로 번아웃이 되었다면(혹은 번아웃이 되었음에도 이를 깨닫지 못하고 있다면) 이는 장기 레이스에 빨간불이 켜진 것과 다름이 없다. 대다수 직장인은 번아웃이 정작 자기 이야기인지 모르고 있다가 몸과 마음이 피폐할 정도로 지친 뒤에야 자신의 삶에 균형이 필요함을 깨닫는다(109쪽의 문항들을 참고하여 당신의 번아웃 정도를 자가 진단해보라).

한국인은 일을 열심히 하는 것으로 유명한데, 반면에 한국의 생산성은 OECD 35개국 중 28위로 낮은 편이다.[79] 근로자 1명이 창출하는 시간당 부가가치(2015년 기준)를 비교해보면 OECD 평균이 46.7달러인데 비해 한국은 31.8달러에 그쳤다. 미국은 62.9달러, 독일은 59.0달러, 일본은 41.4달러이다. 쉬지 않고 오래 일하는 것이 무조건 정답은 아니라는 의미이다.

그렇다면 어떻게 해야 할까? 조금 더 똑똑하게 일할 필요가 있다. 진정으로 필요할 때, 진정으로 중요한 일에 집중하기 위해 각자가 자신의 에너지를 미리미리 잘 관리할 필요가 있다. 쉰다는 것, 잠시 스스로에게 여유를 주는 것은 결코 낭비가 아니다.

번아웃 증후군 자가 진단

※ 전혀 아니다(1점), 약간 그렇다(2점), 그냥 그렇다(3점), 많이 그렇다(4점), 아주 그렇다(5점). 합산하여 85점 만점인데, 65점 이상이면 위험하다는 신호, 곧 도움이 필요하다는 신호이다.

① 쉽게 피로를 느낀다.
② 하루가 끝나면 녹초가 된다.
③ "아파 보인다."라는 말을 자주 듣는다.
④ 일이 재미가 없다.
⑤ 점점 냉소적으로 변하고 있다.
⑥ 이유 없이 슬프다.
⑦ 물건을 잘 잃어버린다.
⑧ 짜증이 늘었다.
⑨ 화를 참을 수가 없다.
⑩ 주변 사람들에게 실망감을 느낀다.
⑪ 혼자 지내는 시간이 많아졌다.
⑫ 여가생활을 즐기지 못한다.
⑬ 만성피로, 두통, 소화불량이 늘었다.
⑭ 자주 한계를 느낀다.
⑮ 대체로 모든 일에 의욕이 없다.
⑯ 유머 감각이 사라졌다.
⑰ 주변 사람들과 대화를 나누는 게 힘들게 느껴진다.

자료: 한국산업안전보건공단 (2015).

리더십 가이드라인

'몰입'만큼 휴식과 재충전도 우리의 시간당 생산성을 높이는 데 필수 조건임을 관리자가 잘 이해하고 있다면 부서원들도 휴식의 중요성을 인식하고 필요할 때 편안한 마음으로 휴식을 취할 수 있을 것이다. 그렇다면 관리자는 부서원들을 어떻게 도와줄 수 있을까?

Tip ❶ 부서원들의 스트레스 수준 파악하기

관리자가 부서원들의 얼굴과 표정만 보고 스트레스 수준을 파악할 수 있다고 생각하는 것은 위험하다. 부서원들에게 지나가는 말로 "힘들지 않아?"라고 한번 물어보고는 그때 돌아온 대답으로 스트레스 수준을 판단하는 것도 마찬가지로 적절치 않다. 왜냐하면 직원 스스로도 자신의 스트레스 수준을 제대로 인식하지 못하고 있을 가능성이 높기 때문이다. 번아웃 증후군은 이미 스트레스가 심각하여 완전히 지쳐버린 상태이기 때문에, 번아웃이 되기 전에 스트레스 수준을 파악하여 조치를 취하는 것이 부서 전체의 에너지 관리에 효과적이다.

그런 점에서 관리자는 정기적으로 부서원들에게 스트레스 수준을 자가 진단하도록 권장할 필요가 있다.[80] 부서원 개개인의 스트레스

자가 진단 결과를 관리자가 반드시 상세히 알 필요는 없을 것이다. 하지만 부서원들에게 "스트레스 수준이 높은 것으로 나오면 그냥 지나치지 말고 나와 이야기해서 업무량 등을 함께 조정해보자."라고 제안해볼 필요는 있다. 직원들이 자연스럽게 자신의 스트레스 수준에 관심을 갖도록 유도하는 것이다. 스트레스 수준을 스스로 파악해야만 에너지 회복을 위한 노력도 적극적으로 해볼 수 있다.

2018년 1월에 발표된 예일대 연구에 따르면, 업무에 열정적인 고몰입 직원들의 20%가 매우 높은 스트레스와 불안감으로 고통받는 '고몰입-고스트레스군'인 것으로 나타났다. 이 직원들은 몰입도가 낮은 직원들에 비해 퇴직 의사 및 부정적 감정이 1.5배 이상 높았으며, 몰입도는 동일하게 높지만 스트레스는 낮은, 이른바 '고몰입-저스트레스군' 직원과 비교하면 퇴직 의사는 무려 2.4배, 부정적 감정은 2.3배 높았다. 제대로 된 스트레스 관리가 없다면, 업무몰입도가 높은 직원의 생산성을 떨어뜨릴 것이고 심지어 그들이 조직을 떠나게 할 수도 있다.[81]

---

* 연세대학교 의대에서 개발한 진단 도구로서 모두 7개의 하위 척도와 39개 문항으로 구성된 '스트레스반응척도'를 활용하면 좋다. 긴장(말하기 싫다. 머리가 무겁거나 아프다 등), 공격성(누군가를 때리고 싶다. 무엇인가를 부수고 싶다), 분노(누군가를 미워한다, 한 가지 생각에서 헤어나지 못한다), 우울(나는 아무 쓸모가 없는 사람이다, 안절부절못한다), 피로(일에 실수가 많다. 온몸에 힘이 빠진다), 좌절(만사가 귀찮다. 가슴이 두근거린다), 스트레스의 신체화(소화가 안 된다, 어지럽다) 등의 척도로 구성되어 있다.

Tip ❷ 워커홀릭 위험에 처한 부서원 관리하기

부서원 중 워커홀릭 위험에 놓인 경우가 있다면, 관리자가 혹시 자신이 부서원들에게 '워커홀릭=일 잘하는 사람, 일 열심히 하는 사람'이라는 잘못된 메시지를 무의식적으로 전달하고 있지 않은지 체크해 보아야 한다. 워커홀릭과 업무몰입은 분명 다르다. 따라서 관리자는 부서원들에게 이 둘을 반드시 구분해야 한다는 점을 강조하고, 퇴근 후에는 업무를 잊고 개인생활에 집중하는 것이 장기적으로 직장생활에 더 도움이 된다고 조언할 필요가 있다.

일시적으로는 워커홀릭이 성과를 잘 내는 듯 보일 수 있지만 장기적으로 보면 생산성이 떨어진다는 점도 부서원들에게 설명해줄 필요가 있다. 때때로 워커홀릭인 부서원은 가정생활을 포함해 개인생활에 문제가 있을 가능성도 있다. 개인생활의 문제 때문에 그 회피의 한 방편으로서 워커홀릭이 된 경우라면 심리상담사 등 전문가의 도움을 받도록 권유하는 것이 좋다.

Tip ❸ 근무시간 내 휴식시간 확보해주기

관리자는 부서원들이 업무수행에 따른 팽팽한 긴장감 속에서 온종일을 보내지 않도록 모니터링하고, 그때그때 적절한 휴식을 권장하여야 한다. 휴식을 어색해하는 부서원이 있다면 짧은 낮잠, 음악 감상, 산책, 명상, 차 마시기 등 다양한 방법을 제안하면 좋다. 이때 관리자 스스로 모범을 보이는 것이 가장 효과적이다. 이러한 '미니 휴식'을 취할 때는 머릿속에서 업무 관련 고민을 떨쳐낼 것을 당부해야 한다. 매일 20분 내외의 미니 휴식을 취할 때는 마음을 어지럽히는 생각이나 걱정을 떨쳐버리고 자신이 즐기는 일을 하는 것이 좋다.[82]

일부 부서원들은 사무실을 떠나서 휴식을 취하는 것을 불편해한다. 관리자가 언제 자신을 찾을지 모르니 근처에 있어야 한다고 생각하기 때문이다. 관리자가 휴식이 궁극적으로 생산성을 높이는 방법 중 하나라는 것을 부서원들에게 반복해서 주지시키고, 사무실 밖 야외, 휴게실, 카페 등 근무공간을 벗어나 쉬는 것을 권장한다면 부서원들이 좀 더 편안한 마음으로 휴식을 취할 수 있을 것이다.

'미래준비성 업무'에 투자하라

미래준비성 업무란 지금 당장 성과가 창출되는 업무는 아니지만 개인과 조직의 미래를 위해 현재에 꼭 수행해야 하는 업무이다. 미래준비성 업무는 장기 성과에 중요한 영향을 미치는 것이어서 일의 가치가 높으나 언제까지 꼭 수행해야 한다는 시간제한은 없다.

미래준비성 업무를 수행하기 위한 시간관리 방법은 '투자'이다. 누군가 강한 시간압박을 주지도 않고 긴급함도 없기 때문에 의도적으로 시간을 따로 떼놓지 않으면 이 업무는 잘해내기가 어렵다. 즉, 일종의 투자 개념으로 시간을 사용해야 한다. 최소한 개인 시간의 15% 정도는 미래준비성 업무에 할애할 수 있어야 한다. 그렇다면 미래준비성 업무에 어떻게 시간을 투자해야 할까?

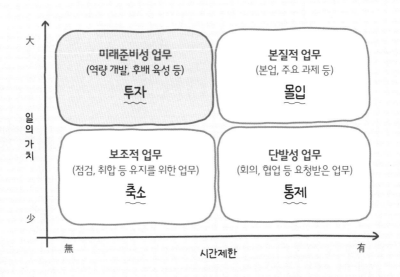

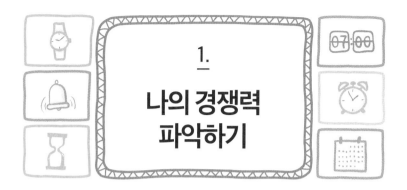

1.
나의 경쟁력
파악하기

강점으로 승부하기

경영학자 피터 드러커는 "사람은 강점을 통해서만 성과를 만들어낼 수 있다. 약점으로는 절대 우수한 성과를 낼 수 없다. (중략) 능력이 안 되는 일을 평범한 수준으로 끌어올리는 것은 우수한 능력을 월등한 수준으로 높이는 것에 비해 훨씬 많은 에너지와 힘이 든다."라며 강점의 중요성을 강조했다.[1] 훌륭한 성과를 내고 싶다면, 약점보다는 강점에 포커스를 맞추어야 한다는 이야기이다.

이른바 잘나가는 조직이 경쟁력 높은 분야에 인적·물적 자원을 집중 지원함으로써 보다 큰 성공을 이끌어내는 것도 바로 이러한 논리에 의거한다. 그렇다면 지금 우리의 모습은 어떠한가? 우리는 더 나은 성과를 내기 위해 강점 개발에 집중하고 있는가? 혹시 약점을 개선하는 데 매몰되어 있지는 않은가?

사례를 하나 들어서 이야기해보자. 김 대리는 대학에서 경영학을 전공했다. 아무래도 비전공자보다는 조직경영에 대한 이해도가 높은 편이며 업무수행력도 있다. 하지만 김 대리는 영어울렁증이 있다. 외국인이 회사에 어쩌다 한번 방문하면 슬쩍 발을 빼고 숨거나 멀리 가고 싶어진다. 요즘 젊은 친구들은 너나없이 영어를 잘하는 까닭에 괜실히 상사에게 눈치가 보이고 스스로도 무능력해 보여 기분이 편치 않다. 몇 년째 영어 회화 학원을 다니고 있으나 주변에 날고 기는 선후배들에 비하면 자신의 실력은 턱없이 부족함을 느낀다. 조직에서 필요한 어떤 일이든 최소한 평균 수준은 되어야 한다는 생각이 강박관념처럼 김 대리의 일상을 압박하고 있다.

결코 낯설지 않은 상황이다. 김 대리와 똑같은 고민을 갖고 있지는 않더라도 우리 모두 비슷한 걱정을 하면서 살고 있기 때문이다. 남들보다 나아야 한다고, 최소한 비슷해야 하고 평균은 되어야 한다며 스스로를 채찍질하는 사회에서 우리는 살아간다. 더욱이 상사들이나 동료들의 피드백은 나의 장점보다는 내가 앞으로 잘하기 위해 어떤 분야를 키워나가야 하는지, 곧 약점에 초점이 맞춰져 있다. 물론 잘한다는 평가를 듣는 부분은 그대로 유지하고, 부족하다 싶은 부분은 더 분발하라는 선의가 그 속에 숨어 있을지도 모른다. 하지만 한 번쯤 생각해볼 일이다. 나의 부족한 점을 메우고 채워나가다 보면 언젠가는 정말 눈에 띄는 뛰어난 성과를 낼 수 있을까? 이른바 몸값 높은 능력자가 될 수 있는 것일까?

부족함을 채우는 데 초점을 맞추어도, 쏟아붓는 시간과 노력에 비하여 그 결과가 미미하다는 것을 잘 알고 있으면서도, 우리는 부족하다는 소리는 절대 듣고 싶지 않아 목표 지점을 모르는 경주마처럼 그저 코앞만 보고 달려가는 삶을 살고 있다. 이는 아마도 주변의 평가와 압박을 무시하기 어렵기 때문일 것이다.

실제로 사람들은 긍정 피드백보다는 부정 피드백에 대해 훨씬 민감하다고 한다. 스탠퍼드 대학의 커뮤니케이션 교수 클리퍼드 나스(Clifford Nass)는 사람들은 긍정과 부정 피드백을 모두 들었을 때 부정 피드백을 더 강하고 더 자세하게 기억하는 경향이 있다고 말한다.[2] 이유인즉, "부정적인 감정은 일반적으로 더 많은 생각을 요구하고, 또 부정적 정보가 긍정적 정보보다 더욱 철저하게 처리되기 때문"이다. 그리고 긍정 피드백은 청자로 하여금 자신감과 자부심을 느끼게 하여 더 열심히 일하도록 이끄는 반면, 부정 피드백은 방어적 태도나 공격적 성향(다른 사람 혹은 상황 탓을 함)을 증가시키는 경향이 있다. 한편, 심리학자 톰 래스(Tom Rath)와 도널드 클리프턴(Donald Clifton)은 부정 피드백이 장기적으로 자신감을 떨어뜨리고 불안과 우울을 가중시키기도 한다고 설명한다.[3] 한마디로 말해, 부정 피드백은 청자에게 득보다 실이 많다.

이런 점에 주목한 미국 최대 전자상거래 업체 아마존(Amazon)은 2018년부터 새로운 방식의 성과 리뷰 시스템 '포르테(Forte)'를 도입했다. 이 시스템의 골자는 '부정' 피드백보다는 강점 위주로 업무성과를 평가하자는 것이다. 동료나 리더가 포르테 시스템을 통해 해당 직원을 평가하면, 리더는 이 피드백을 당사자에게 가감 없이 투명하게 공유해야 한다. 이때 중요한 것은 평가 내용이 고과로 연결되지 않는다는 점, 평가가 주로 강점 알리기와 직원의 성장에 포커스를 두고 있다는 점이다. 고과와 연결된 피드백은 직원들 간에 경쟁 구도를 형성함으로써 약점 위주로 작성될 수 있다. 그 문제점을 인식한 아마존의 새 업무평가 시스템은 그런 가능성을 아예 없애버린 것이다.

페이스북도 직원의 강점을 중요시하는 기업으로 알려져 있다. 2018년 미국의 유명 직장평가 사이트 '글래스도어(Glassdoor)'에서 뽑은 가장 일하기 좋은 직장 1위를 차지했던 페이스북은 사실 아마존보다 훨씬 앞서 2008년부터 강점 기반의 조직관리를 실천해왔다. 당시 페이스북의 인사 담당 부사장 로리 골러(Lori Goler)는 강점 기반 조직의 성공적 운영에 강한 신념을 갖고 있었다. 그녀는 미국의 매체 《비즈니스 인사이더》를 통해 "직원들이 잘하는 분야, 열정적으로 일할 수 있는 분야를 찾아 성장과 발전 기회를 제공하는 것이 조직을 성공으로 이끄는 길"이라며 강점 기반 조직관리에 대한 소신을 밝힌 바 있다.[4] 페이스북에서 인사팀의 주요 역할은 직원들의 약점을 찾아 교육하고 개조하는 것이 아니라, 이들이 가장 잘할 수 있는 일, 몰입할 수 있는 일을 찾아주고 그 분야에서 각자가 실력과 강점을 마음껏 발휘할 수 있도록 돕는 것이다.

강점에 초점을 맞추는 페이스북의 인사운영은 직원이 성과를 내지 못하는 이유가 무엇인지 고민할 때, 문제를 찾아내 해결하려는 전통적 방식이 아닌, 강점에 초점을 두고 변화를 꾀하고자 하는 조직강점 탐구(Appreciate Inquiry)와 맥을 같이한다. 조직강점 탐구의 기본 원리는 조직 내의 여러 강점이 조화롭게 어우러지고 직원들이 열정과 몰입을 보여주기만 한다면 조직구성원들의 약점은 전혀 중요하지 않다는 데 있다. 조직은 직원들의 다양한 강점이 발현되고 조화를 이룰 수 있도록 구조화하는 역할을 한다. 우리 기업들도 직원들의 강점을 찾아내고 육성할 시스템을 갖추고 있는지 되돌아볼 시점이다. 또한 직원들도 스스로를 빛내줄 강점을 찾고 개발하는 데 특별한 노력을 기울여야 할 것이다.

3가지 강점 발견법

누군가 '당신의 강점은 무엇입니까?'라고 묻는다면 과연 망설임 없이 대답할 수 있는가? 대다수 사람이 자신에 대해 잘 알고 있다고 생각하지만, 막상 무엇을 가장 잘할 수 있는가 하는 질문에는 선뜻 답하지 못한다. 아마도 스스로를 돌아보거나 깊이 성찰해볼 겨를도 없이 바쁜 일상을 영위하기 때문일 것이다.

또한 '나의 강점은 무엇인가?' 하며 골똘히 생각하는 것 자체가 마치 눈앞에 산더미 같은 일을 쌓아두고 우선순위를 정하거나 전략을 짜는 일만큼 혹은 그보다 더 부담스러운 일일 것이다. 그렇다 해도 스스로를 빛내줄 강점을 발견하는 일은 간과해서는 안 될 중요한 작업이디.

자신의 강점에 초점을 맞추어 최고의 효율성을 발휘할 때 몰입된 자아, 동기부여 된 자아를 만날 수 있기 때문이다.

이제, '내 생애 최고의 성취'를 맛보게 해줄 '나'의 강점을 찾아 떠나보자. 나 자신의 강점은 어떻게 찾을 수 있을까? 다음의 3가지 강점 발견법을 활용해보자.

첫째, 끊임없이 '나'에게 질문하라. 자기 자신이 어떤 일을 할 때 최고로 몰입하는지, 어떤 일을 가장 잘할 수 있는지, 또 무엇을 할 때 효율적으로 일하는지 자문해보라. 이러한 질문을 통해 스스로 발견하게 되는 어떤 일, 어떤 분야에서 당신은 강점을 가지고 있을 가능성이 높다.

스스로에게 질문을 던진다는 것은 현재 진행되는 상황을 '의식적으로 사고'하는 일이기에 상당한 에너지가 소모된다. 아울러 자신에 대해 사고하는 능력은 메타인지(Metacognition) 능력과도 관련된다. 메타인지란 '생각에 대한 생각' 혹은 '인식에 대한 인식'을 일컫는 말로, 고차인지라고도 하는 인간의 사고체계이다.[5] 자신이 무엇을 알고 무엇을 모르는지를 파악하는 능력, 어떤 일을 하는 데 얼마만큼의 노력과 시간이 들어가는지를 알아차리는 능력, 지식을 습득할 때 어떤 방법을 활용해야 효율적인지를 이해하는 능력 등이 모두 메타인지에 해당한다.

메타인지가 발달한 사람은 자신의 사고 프로세스에 대한 이해력이 뛰어나기에 학습 또는 업무에 필요한 능력이 무엇인지 잘 이해하고 계획할 수 있으며, 가장 효과적인 전략이 무엇인지를 파악해 선택하는 데도 탁월하다. 즉, 메타인지 능력은 강점 및 약점 파악에 유용한 사고체계이다.

메리엘런 웨이머(Maryellen Weimer) 같은 연구자는 메타인지 능력이 질문하는 습관을 통해 충분히 발전될 수 능력이라고 말한다.[6] 웨이머는 메타인지 능력을 발전시키기 위해 무언가를 배울 때마다 '나는 지금 무엇을 배우고 있는가?'와 '나는 지금 어떤 방법을 쓰고 있는가?' 등을 스스로에게 질문해볼 것을 제안한다.

스스로에게 끊임없이 질문을 던지는 일은 생각보다 쉽지 않다. 그러나 자신이 무슨 일을, 어떤 방식으로 하는지 되묻는 이러한 습관은 분명 자신의 강점을 파악하는 지름길이 될 수 있다. 예를 들어, 고객과 상담하는 것이 자신의 업무라면 '나는 상담을 잘하고 있는가?', '상담을 할 때 나만의 성공 전략이 있는가?', '고객이 나의 상담을 만족스러워한다고 생각하는가?', '나의 상담 기법은 효율적인가?' 등을 스스로에게 물어볼 수 있을 것이다. 업무 중 자신이 유능하다고 느낀다거나 업무에 대한 고객의 만족도가 높다면, 이를 당신의 강점으로 받아들여도 좋다.

둘째, 자신의 업무수행에 관하여 철저히 분석하라. 수행 중인 업무를 스스로 평가하고 분석해봄으로써 강점을 발견하라는 것이다. 이를 위해서는 예컨대 피터 드러커가 제안한 '피드백 분석법'이 좋은 방안으로 활용될 수 있다. 피드백 분석법은 '결과 예측-결과 비교-강점 발전'의 3단계 프로세스로 구성된다.

'결과 예측' 단계에서는 일을 시작할 때 예상되는 결과를 미리 예측하고 기록한다. 일을 끝냈을 때 어떠한 결과가 예상되는지 대략적으로 예측해보는 것이다. 예를 들어 어떤 사업을 새로 시작했다고 해보자. "6개월 후 혹은 1년 후 단골손님 50명을 확보할 수 있을 것이다." 혹은 "영업이익이 얼마 정도일 것이다." 등과 같은 예측을 해보는 단계이다.

'결과 비교' 단계에서는 실제 산출된 결과를 가지고 이전의 예측 결과와 비교해본다. 이 단계에서는 자신이 무엇을 잘했는지 또는 무엇을 못했는지, 잘했다면 왜 잘했고 못했다면 왜 못했는지를 분석한다. 예를 들어 확보된 단골손님이 애초 계획한 50명에 못 미친 40명이라면, 어떻게 40명의 단골손님을 확보할 수 있었는지, 왜 나머지 10명은 확보하지 못했는지 짚어보며 셀프 피드백을 해보는 것이다.

'강점 발전'의 단계에서는 파악된 강점을 발전시키는 노력이 필요하다. '결과 비교' 단계에서 파악된 강점을 더 발전시켜 자기만의 특장점으로 확장시키라는 것이다. 예를 들어, 단골손님 40명을 성공적으로 확보하는 데 도움이 되었던 전략·태도·기술 등을 더욱 개발하고 확장시키는 추가적 노력을 행하는 단계이다.

이처럼 '결과 예측-결과 비교-강점 발전'의 단계를 밟아가는 '피드백 분석법'은 일을 할 때의 성향과 태도를 철저히 분석함으로써 강점 발견을 해보는 방안이다.

셋째, 심리검사를 활용하라. 적성검사, 성격검사, 흥미검사 등 다양한 심리검사가 강점을 파악하는 데 도움이 될 수 있다. 심리검사는 단순히 잘할 수 있는 분야가 무엇인가 하는 것에서 한발 더 나아가 자신이 흥미를 갖는 분야가 무엇인지, 자신의 성격특성이 맡은 직무나 소속 조직을 더 발전시키는 데 적합한지 등을 파악할 수 있게 해준다. 즉, 개인의 능력, 정서, 태도, 대인관계, 동기부여 등과 관련해 전반적 특성을 알 수 있으므로 강점 발견에 좋은 도구일 수 있다.

'강점 발견'에 특화된 성격검사 도구가 시중에서 판매되고 있으니 이를 활용해보는 것도 좋겠다. 예컨대 유명한 조사기관 갤럽(Gallup)이 개발한 강점 파악 검사인 'CliftonStrengths'(과거에는 'StrengthsFinder'라는 이름으로 활용)가 있다. 이 검사는 도널드 클리프턴이 개발한 것으로 사람들이 저마다 가진 독특한 강점이 무엇인지 알 수 있게 돕는다.[7]

177개의 자기보고식 문항으로 구성된 이 검사는 34개의 성격 특성(공감, 공정성, 미래지향, 배움, 분석, 사교성, 성취, 연결성, 적응, 전략, 주도성, 체계, 커뮤니케이션, 포용 등)에 대해 묻는다. 그리고 이러한 질문에 대한 응답을 바탕으로 피검사자가 어떠한 성격적 강점을 가지고 있는지 분석해주는데, 34개 성격특성 중 피검사자를 가장 잘 설명하는 5개 테마에 대해 설명하는 리포트가 제공된다. 이 리포트에는 안정적으로 유지되는 강점 영역은 무엇인지, 개발 잠재력이 높은 강점은 무엇인지 등에 대한 설명이 자세히 기술되어 있다. 또한 34개 성격특성에 대한 분석을 바탕으로 피검사자를 4개 유형, 즉 실행형(Executing), 영향형(Influencing), 관계형성형(Relationship Building), 전략사고형(Strategic Thinking)으로 분류하며, 자신의 강점을 어떻게 잘 발휘할 수 있는지에 대해 설명해준다.

검사는 온라인상으로 치러지며, 검사시간은 대략 35~45분 정도 소요되고, 50달러 정도(약 5만 5,000원)의 비용이 든다. 시간과 비용이 들지만 자신의 성격적 강점을 이해하고 잘 활용하는 데 도움이 되는 도구이다.

이 밖에도 펜실베이니아 대학 심리학과의 마틴 셀리그먼(Martin E. P. Seligman) 교수가 웹사이트에서 'VIA Survey of Character Strengths'라는 일종의 성격검사 도구를 무료로 제공하고 있다.[*] CliftonStrengths 검사와 비슷하게 성격특성에서 나타나는 강점을 측정하는 도구로, 240개의 자기보고식 문항으로 구성되어 있다. 문항들은 24개의 강점특성(호기심, 용기, 끈기, 정직성, 친절, 팀워크, 공정성, 리더십 등)을 측정하는데, 피검사자가 응답을 하면 이를 분석해 4가지 강점을 알려준다.

강점 발전시키기

"너의 재능을 숨기지 말아라. 재능은 쓰라고 있는 것이다. 그늘 속 해시계가 무슨 소용인가." 벤저민 프랭클린의 말이다. 각자 가지고 있는 강점을 마음껏 발휘할 것을 강조한 말일 것이다. 과연 우리는 강점을 얼마나 잘 활용하고 있을까? 훌륭한 성과를 내기 위해 강점을 최대한으로 활용하고 있는가? 만약 '나는 이미 강점을 발견했다.'라고 생각한다면, 다음에 제시하는 몇 가지 전략을 통해 그 강점을 더욱 발전

---

[*] 〈https://www.authentichappiness.sas.upenn.edu/testcenter〉.

시킬 수 있을 것이다.

첫 번째 전략은 강점을 꿈꾸고, 구체화하고, 직접 실행해보는 것이다. 너무나 당연한 말처럼 보이지만, 많은 사람이 이 단계를 차례로 밟아가고 완성하는 데 실패한다. 꿈꾸는 단계에서, 혹은 아이디어를 구체화하는 단계에서, 혹은 실행을 앞둔 단계에서 의지가 꺾이곤 한다. 페이팔(Pay Pal)의 창업자 피터 틸(Peter Thiel)은 저서 《제로 투 원(Zero to One)》에서 목표가 생겼다면 기다릴 필요가 없고, 그것을 즉각적으로 이루기 위해 노력해야 한다고 설명한다. 그저 거창하고 장대

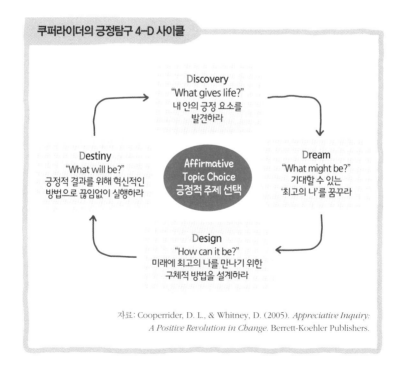

쿠퍼라이더의 긍정탐구 4-D 사이클

Discovery
"What gives life?"
내 안의 긍정 요소를
발견하라

Dream
"What might be?"
기대할 수 있는
'최고의 나'를 꿈꾸라

Affirmative
Topic Choice
긍정적 주제 선택

Destiny
"What will be?"
긍정적 결과를 위해 혁신적인
방법으로 끊임없이 실행하라

Design
"How can it be?"
미래에 최고의 나를 만나기 위한
구체적 방법을 설계하라

자료: Cooperrider, D. L., & Whitney, D. (2005). *Appreciative Inquiry: A Positive Revolution in Change*. Berrett-Koehler Publishers.

한 계획을 짜기만 할 뿐 정작 실행에 옮기는 노력이 없다면 그 무엇도 시작되지 않을 것이라는 이야기다. 조직 긍정탐구의 대가 데이비드 쿠퍼라이더(David Cooperrider) 교수는 강점을 잘 살리기 위해 필요한 과정을 4단계로 이루어진 '긍정탐구 4-D 사이클(Appreciative Inquiry 4-D Cycle)'로 설명하는데, '발견하기(Discovery) - 꿈꾸기(Dream) - 계획하기(Design) - 결과(Destiny)'가 바로 그것이다.[8]

쿠퍼라이더는 강점을 활용해 좋은 성과를 내려면 긍정탐구 인터뷰 등을 통한 강점 발견이 맨 먼저 해야 할 일이라고 설명한다(발견하기). 앞서 설명한 강점 발견법도 이 단계에서 활용될 수 있을 것이다. 그런 다음에는, 긍정적 변화를 기대하고 꿈꾸어야 한다(꿈꾸기). 원하는 미래에 대해 상상해보고 미리 스토리를 써보는 것이다. 예를 들어, 아이를 키운 주부의 경험과 관찰을 바탕으로 육아 관련 상담이나 컨설팅을 해주는 육아 전문가를 꿈꾸고 있다면, 그 내용을 스토리를 짜듯 써볼 수 있다. 그리고 나면 이제 아이디어를 구체화해야 한다(계획하기). 선호하는 미래 이미지를 만들어가기 위해 실질적으로 무엇이 요구되는지 살피라는 것이다. 육아 전문가를 생각하고 있다면 어디서 무엇부터 시작하면 되는지, 그 일에 필요한 자격증이 무엇인지, 어떤 방법이 있는지 뚜렷한 분석이 필요하다는 것이다. 마지막은 발견하고, 꿈꾸고, 계획한 것들이 결과로 나타나는 단계이다. 이 단계에서는 꿈꾸는 미래 이미지를 현실로 만들기 위해 혁신적인 방법을 지속적으로 찾아야 한다. 육아 전문가 자격증을 획득하기 위해 해야 할 일들을 구체화한다든지, 육아 컨설팅 회사의 창업을 위해 자금을 구할 방법을 찾아낸다든지 하는 일이 바로 이 단계에서 할 일이다. 즉, 계획 달성을 위해 차례차례 해야 할 일들을 실행해나가는 단계라 할 수 있다. 실행을 통해 다시 발견 혹은 발전된 강점은 선순환 과정을 거쳐 더욱 훌륭한 성과를 이끈다. 쿠퍼라이더의 긍정탐구는 강점을 개발하는 과정의 전체 흐름을 잡기에 매우 유용한 방법으로 논리가 단순해 누구나 쉽게 적용해볼 수 있다.

두 번째 전략은 올바른 노력을 기울여야 한다는 것이다. 앞뒤 안 재고 무조건 열심히, 그저 성실하게 임하기보다는 '올바른' 노력을 기울이라는 것이다. 그렇다면 올바른 노력이란 무엇인가?

심리학자 안데르스 에릭슨(Anders Ericson)과 로버트 풀(Robert Pool)은 저서 《1만 시간의 재발견(Peak)》에서 각 분야 최고의 실력자들이 어떻게 훌륭한 성과를 거두었는지를 다양한 사례로 설명했다.[9] 그는 성공한 사람들은 누구나 치열하게 노력했으나 그 노력이 '단순히 시간만 투입하는' 노력은 아니었다고, 그것은 올바른 노력이었다고 말한다. 그가 이야기한 올바른 노력이란 '집중-피드백-수정'을 반복적이고 의식적으로 연습함으로써 이루어지는데, 우선 자신이 잘할 수 있는 일에 집중하고, 자신을 되돌아보고 객관적으로 인식하며, 노력이 필요한 부분이 있다면 이를 수정해나가는 것을 가리킨다.

여기에서 노력은 자신의 컴포트 존(Comfort Zone, 편안함과 안전함을 느끼는 과제 수준)을 조금 넘어서는 어느 지점에서 시작하는 것이 좋다. 실력에 비해 너무 쉽다거나 너무 어려운 과제는 흥미를 떨어뜨리거나 시작하기도 전에 사기를 꺾어버리기 때문이다. 그에 비해 컴포트 존을 조금 넘어서는 과제를 수행할 때 사람들은 도전의식을 가지며, 성공하기 위한 노력을 지속할 수 있다. 한편, 노력이 향하는 목표들은 되도록 구체적으로 기술되어야 한다. 그래야 자신의 성과가 어느 수준까지 도달했는지, 성취하지 못한 부분이 정확히 어디인지 인지하기가 쉽다.

'올바른 노력'에서 무엇보다 중요한 요소는 집중의 질이다. 에릭슨은 "70%의 집중력으로 장시간 연습하는 것보다 100%의 집중력으로 단시간 연습하는 편이 낫다."라며 노력시간의 길이가 성과를 보장하지 않음을 강조한다. 절대적인 시간의 길이보다 시간을 어떻게 활용하는지가 훨씬 중요하며 집중하지 않고 보낸 시간은 올바른 노력을 들인 것이 아니라고 말한다.

다음으로, 노력을 통해 결과물을 얻었다면 그 결과물에 대해 해당 분야의 전문가로부터 피드백을 받는 것이 좋다. 피드백을 주는 사람은 아무래도 해당 직무에 대한 이해도가 높은 사람이 적합할 것이다. 이들이 우리가 스스로 업무수행 과정을 모니터하고 바로잡을 방법을 찾는 데 도움을 줄 수 있기 때문이다. 그런데 피드백 해줄 전문가가 많지 않은 경우에는 스스로에게 질문을 던져보고 답을 생각해보는 시간을 갖는 것도 의미 있는 피드백 작업이라 할 수 있다. 예를 들어, 자신의 업무에 필요한 다양한 시도를 해보고 스스로에게 '나는 무엇을 했는가', '그 일에 필요한 어떤 조치를 취했는가', '어떤 방법이 비효율적이었는가', '더 나은 방법은 없었는가' 등을 질문하고 정리해둠으로써 나중에 발생할 실수를 줄이고 발전적인 성과도 이루어낼 수 있다.

종합해보면, 내재적 동기(흥미, 열정 등)를 불러일으키는 다소 도전적인 과제를 선택하고, 고도의 집중력을 쏟아 일을 해내고, 수행한 일에 대한 피드백을 수집하며, 피드백에 근거해 개선이 필요한 경우 그다음 단계의 노력을 다시 시작하는 것이 올바른 노력이다.

세 번째 전략은 장점을 조합하라는 것이다. 독보적 재능을 타고났다면 좋았겠지만, 대다수 직장인들은 자신이 평범한 수준의 역량을 갖고 있다고 느낀다. 강점을 살려 성공하라는 말을 듣는다면 아마 많은 사람이 "전 강점이랄 게 없어서……" 하며 주눅이 들고 왠지 모르게 초라해지는 기분이 들 것이다. 흔히 강점은 천부적 재능을 가리킨다고 생각하기 때문이다. 하지만 나만의 고유한 장점들을 잘 조합해본다면 어떨까? 《딜버트의 법칙(The Dilbert Principle)》을 저술한 스콧 애덤스(Scott Adams)는 《비즈니스 인사이더》 인터뷰를 통해 강점 극대화를 위해 꼭 '완벽한 재능'이 필요한 것은 아니라고 말한다.[10] 몇몇 스포츠 선수나 음악가처럼 특출한 재능을 타고났다면 물론 그 분야에 모든 에너지를 쏟아야 할지도 모르지만 대부분은 그렇지 않다는 것이다. 그러므로 평범한 우리에게는 조금 다른 방식의 강점 전략이 필요하다고 애덤스는 강조한다.

예를 들자면, 상위 장점을 여러 개 조합하는 것이다. 상위 25%에 들 정도의 재능이 2~3가지 있다면, 이를 조합해 강력한 나만의 강점으로 재탄생시키는 것이 가능하다는 이야기다. 실제로 그는 자신이 가진 적당한 수준의 예술가적 재능과 유머러스한 성격을 잘 활용해 전 세계 200개국의 신문에 만화를 연재하는 성공적인 만화가가 될 수 있었다고 회고한다. 자신이 가진 능력이 그리 대단하고 독보적이지는 않을 수 있으나, 자신의 재능을 잘 조합하면 누구보다 강력한 강점을 만들어낼 수 있다는 것이다. 자, 이제 "내게는 강점이 없어."라고 말하는 대신, 잘할 수 있는 일과 자신만이 가진 몇 가지 특성을 찾아내 누구에게도 뒤지지 않을 강점으로 만들어보는 것은 어떨까?

리더십 가이드라인

    부서원의 강점을 객관적으로 관찰할 수 있는 위치에 있는 사람이 바로 관리자이다. 어쩌면 부서원 자신보다 관리자가 더 잘 알 수도 있다. 평소 부서원들의 강점을 잘 파악하여 적합한 업무를 부여하고, 각각의 부서원들이 최고 역량을 발휘하도록 하는 것은 관리자의 중요한 역할 중 하나이다. 하지만 관리자 또한 바쁜 업무를 수행해야 하기 때문에 그 와중에 부서원들의 강점을 파악하고 지원하는 일까지 하기가 쉽지는 않다. 그러므로 효과적인 조직관리 노하우가 필요하다.

Tip ❶ 부서원과 함께 강점을 찾고자 의식적으로 노력하기

    관리자는 일반적으로 부서원들보다 해당 직무 분야에서 더 많은 경험을 쌓았을 테고 더 많은 지식을 갖고 있을 것이다. 그러다 보니 부서원의 지식수준이나 업무성과에 대해서는 부족함을 느끼기 쉽고, 이 때문에 부서원의 강점보다는 약점이나 개선점이 먼저 눈에 들어올 수도 있다.

    부서원의 강점 발굴을 위해 관리자가 맨 처음에 해야 할 일은 부서원의 행동과 성과를 면밀하게 살피는 일이다. 저 부서원은 어떤 업무를 할 때 가장 높은 성과를 보이는지, 전반적으로 역량이 다소 부족한 부서원이라면 어떤 업무에서 비교적 양호한 결과를 내는지 등 각 개인의 역량과 상황을 고려하는 상대적 관점에서 부서원의 강점을 파악해야 한다. 물론 그러려면 관리자 스스로 적지 않은 시간과 노력을 투입해야 하며, 부서원에 대한 관심도 늘 유지해야 할 것이다.

  그 다음, 부서원도 강점 발굴에 동참하도록 이끌어야 한다. 부서원이 적다면 관리자 혼자 부서원들을 관찰하고 강점을 찾아낼 수도 있겠지만 부서원의 수가 많아질수록 관리자도 시간적·정신적 한계에 직면할 것이다. 이런 곤경을 피하려면 평소 부서원들 스스로 다른 동료들의 강점을 발굴하고자 관심을 기울이는 문화를 조성해두어야 한다. 먼저 관리자는 부서원 면담 시 자신의 의견, 평가결과만 일방적으로 전달하는 것이 아니라 부서원들이 각자 자신의 적성과 강점을 이야기할 수 있도록 기회를 주어야 한다. 더불어 본인이 강점을 인식하지 못하고 있는 경우에는 면담 전에 그 강점을 구체화하여 관리자와 소통할 수 있도록 준비시켜야 한다. 나아가 본인뿐 아니라 같은 업무를 수행하는 동료나 후배들이 가진 강점이나 적성에 대한 개인적 의견을 이야기하도록 한다면 더 효율적이고 객관적으로 부서원들을 파악할수 있을 것이다.

Tip ❷ 부정적 피드백을 효과적으로 전달하기

  부서원들은 긍정적 피드백보다 부정적 피드백에 더 민감하다. 그러므로 부서원들이 자신의 강점에 집중하도록 만들려면, 부정적 피드백을 오해 없이 받아들이도록 세심하게 배려하며 전달하는 것이 중요하다. 이를 위해 관리자는 부정적 피드백을 효과적으로 전달하는 다음 3가지 방법을 기억할 필요가 있다.[11]

첫째, 부정적 피드백이라 할지라도 그것이 부서원 개인의 성장을 위한 긍정적 의도에 따른 것임을 미리 고지할 필요가 있다. 개인의 역량에 대한 비난이나 질책이 피드백의 목적이 아니고 부서원의 업무 개선이 그 목적임을 명확히 전달해야 한다.

둘째, 사람을 겨냥한 비판이나 부정적 피드백보다는 문제점에 집중하여 그것에 대해서만 객관적으로 말해야 한다. 같은 피드백을 하더라도 "왜 이리 업무속도가 느려터졌는가?" 하면서 업무를 수행한 사람을 비난하기보다는 "업무가 늦어져 이런 문제가 발생했네." 하는 식으로 사실에 대해서만 객관적으로 말하는 것이 효과적인 피드백이다.

셋째, 부서원이 방어적 태도를 드러낼 수 있는 부적절한 단어는 사용하지 말아야 한다. 예를 들어, "한 번도 제때 출근한 적이 없어.", "언제나 고객에게 불친절해."라는 말에서 '한 번도', '언제나' 같은 용어는 적절하지 않다. 이런 극단적 용어는 부서원들로 하여금 자신의 잘못을 인정하고 돌아보게 만들기보다는 도리어 자신의 행위를 부정하거나 변명하게 만들 수 있기 때문이다.

2.
역량 개발하기

'성장 마인드셋'의 힘

"열심히 하면 누구라도 성공할 수 있다." 중국 최고의 부자이자,
2017년에는《포천》지 선정 세계에서 가장 위대한 지도자 50인 중 2위
에 선정된 마윈(馬雲) 회장이 미국 CNBC와의 인터뷰에서 한 말이
다.[12] 마윈은 사실 특출나게 공부를 잘하지도 못했고 특별히 훌륭한
교육을 받은 적도 없다. 하버드 대학 입시를 열 차례나 낙방했고, 간
신히 항저우 사범대학에 입학해 영어교육학을 전공했다. 취직을 위해
30개 기업에 지원서를 내밀었으나 모두 낙방하여 가까스로 얻은 직
업이 영어강사였다. 이후 벤처 사업에도 뛰어들었으나 녹록하지는 않
았다.

사업가로 성공하기 전 마윈의 인생은 평범하다 못해 암울하기까지 했다. 하지만 그가 보여준 삶의 태도는 전혀 평범하지 않았다. 기어코 자신이 하고 싶은 일을 찾아 성공하겠다는 집념과, 꿈을 이루겠다는 열망은 다른 누구보다 끈질겼고, 거대했다. 누구라도 좌절하고 포기할 만한 상황에서도 그는 포기하지 않았고, 현실에 적당히 타협하는 일도 없었다. 결국 이러한 태도가 그에게 엄청난 부를 안겨준 온라인 상거래 업체 '알리바바' 왕국을 세우는 데 기초가 되었다. 마윈은 '거절과 실패가 자신을 오래 낙담시키도록 내버려두지 않겠다.'라는 신념으로 결코 포기하지 않았다고 회고한다.

　평범하다 못해 우울해 보이기까지 했던 보잘것없는 인생을 마윈은 어떻게 멋지게 역전시킬 수 있었을까? 마윈에게는 바로 이런 믿음이 있었다. "우리는 결국 해낼 거야. 우리는 젊기 때문에, 우리는 절대 포기하지 않을 것이기 때문에." 이 믿음이 알리바바 왕국이라는 거대한 열매의 씨앗이 되었다. 반복되는 실패에도 해낼 수 있다는 그의 꿋꿋한 믿음, 과연 그 정체는 무엇이었을까? 그것이 바로 성장 마인드셋의 힘이다.

　'성장 마인드셋(Growth Mindset)'이란 한 사람의 재능이나 능력이 고정된 것이 아니라 변화되고 개발될 수 있다고 믿는 것을 가리킨다.[13] 미국의 심리학자 캐럴 드웩(Carol Dweck) 교수가 제안한 용어로 '이 사람은 이건 잘하고 저건 잘하지 못해.'라는 식으로 단정 짓는 '고정 마인드셋(Fixed Mindset)'에 대비되는 용어다.

　고정 마인드셋은 타고난 재능에 초점이 맞춰져 있고 타고난 재능이 변화하는 데는 한계가 있다고 보는 반면, 성장 마인드셋은 재능이란 '개발할 수 있는 것'이라고 보는 입장이다. 성장 마인드셋을 가진 사람은 능력을 개발 가능한 요소로 보기 때문에 당장은 부족해 보여도 도전과 실패를 통해 학습함으로써 결국에는 성장과 성취가 가능하다고 믿는다. 수행한 결과가 당장은 마음에 들지 않더라도 과정을 거치면서 학습한 부분에 초점을 맞추기 때문에 실패에서 쉽게 벗어나며 다시 새로이 도전한다. 반대로 고정 마인드셋을 지닌 사람은 수행한 결과가 완벽하지 않을 때 수치스럽게 여기는 경향이 있어서 자신의 불완전함을 숨기려 하며 실패할 것 같은 도전은 아예 시작도 하지 않는다.

드웩 교수는 고정 마인드셋을 가진 사람보다는 성장 마인드셋을 가진 사람이 성공할 확률이 더 높다고 말한다. 실제로 드웩 교수는 고정 마인드셋을 가진 사람과 성장 마인드셋을 가진 사람을 대상으로 심리학 실험을 실시했고, 몇 가지 과제를 통해 '노력'을 바라보는 그들의 생각을 분석했다. 다소 도전적인 과제를 주고 두 그룹에 해결하도록 요청했을 때, 고정 마인드셋을 지닌 그룹은 문제의 답을 맞히는 것과 자신이 맞다고 증명하는 것, 즉 자신의 능력을 입증하는 데 보다 치중한 반면, 성장 마인드셋을 가진 그룹은 문제를 분석하여 어떻게 해결할지에 집중하며 설령 문제의 답을 맞히지 못하더라도 실패 자체보다는 성공하기 위해 무엇이 필요한지에 집중했다고 한다.

과연 진실은 무엇일까? 주변의 뛰어난 영재에 관한 얘기를 들어보면 재능이나 능력이 계발되고 발달될 수 있다는 믿음은 그저 헛된 희

망이 아닌가 싶기도 하다. 그런데 최근 뇌의 뛰어난 가소성(可塑性)에 관한 다양한 연구결과는 재능은 타고나는 것이라고 굳게 믿는 우리에게 시사하는 바가 크다. 뇌의 가소성이란 뇌세포와 뇌 부위가 유동적으로 변형이 가능하다고 보는 개념으로, 뇌가 충분히 변화 가능함을 의미한다.

사실 오래전부터 알려진 뇌에 관한 일반적 상식으로는 뇌세포와 시냅스(신경세포들 간의 연결고리)는 어릴 때(보통 3세 이전) 이미 거의 다 형성되며, 이후에는 큰 변화 없이 유지된다는 것이다. 그러나 최근 발표된 연구들에 따르면 뇌는 평생에 걸쳐 변화한다고 한다.[14] 우리의 뇌는 변화에 유연해 어떤 경험을 하느냐에 따라 달라지며, 계속해서 성장할 수도 있다는 것이다. 특히 연습과 훈련은 뇌의 연결성을 높일 뿐만 아니라 연결을 더욱 견고하게 만들 수 있다니 놀랍고 반가운 결과가 아닐 수 없다. 우리가 취하는 행동이나 전략 세우기 행동, 질문하기, 연습하기, 영양 상태, 수면 습관이 모두 우리의 뇌 성장에 영향을 끼친다는 것이다.

실제로 드웩 교수는 뇌가 더 발전할 수 있다는 점을 실험으로 입증해 보이기도 하였다.[15] 드웩 교수는 실험에 자원한 학생 참가자들에게 "너희가 무언가 새롭고 어려운 것을 배우기 위해 노력할 때 점점 똑똑해진다."라고 지속적으로 말해주면서 그들이 더욱더 노력하도록 자극을 주었다고 한다. 이후, 놀랍게도 노력하도록 자극을 받은 집단은 그렇지 않은 집단에 비해 강하고 새로운 뇌세포 간 연결고리들을 유의미한 수준으로 만들어냈다고 밝혔다. 드웩 교수는 우리가 마음속에 어떤 관점을 받아들이냐에 따라 우리의 삶은 바뀔 수 있다고 말한다. 즉, 고정 마인드셋을 버리고 성장 마인드셋을 가질 때 더 나은 '나'로 살아갈 가능성이 크다는 말이다.

그렇다면, 성장 마인드셋을 갖기 위해서는 어떻게 해야 할까? 우선, '나'의 재능이 충분히 변화할 수 있으며 또 새로 개발될 수 있다는 믿음을 가져야 한다. 어려서부터 한 분야에 천재성을 보인 예술가, 운동선수, 과학자 등의 이야기를 접하면서 사실 우리는 재능이 개발될 수 있다는 믿음이 과연 옳은가 하고 의심을 품을지도 모른다. 무의식중에 '쟤는 저렇게 타고난 거야.' 하는 인식을 고정시키는 것이다. 또 상당한 노력을 기울였음에도 여전히 다른 누군가보다 뒤떨어진다는 생각을 하게 되면 '아무리 해도 안 돼.' 하고 포기해버린다. 하지만 아인슈타인이 물리학에 대한 열정과 노력 없이 과연 그토록 위대한 과학자가 될 수 있었을까? 모차르트가 그저 천재성만으로 시대를 대표하는 음악가 자리에 오른 것이었을까?

물론 과학과 음악에 대한 이들의 재능은 분명 탁월한 수준을 보였을지 모른다. 하지만 그들은 자신이 좋아하고 잘하는 분야에서 지속적으로 엄청난 열정과 노력을 기울였다. 단순히 우리가 '타고난 재능'이라 말하기 어려울 정도로 말이다. 어쩌면 우리는 미디어가 우상화한 그들의 재능을 수동적으로 동경하고 선망하는 데 익숙해져 있는 것인지도 모른다. 그 때문에 그들이 남몰래 쏟은 노력을 외면하고, '내가 저들보다 부족한 것은 타고난 재능이 부족해서야. 어쩔 수 없어.'라고 핑계를 대고 있는지도 모른다. 이제 우리 자신에게 당당하게 말해보

자. "우리의 재능과 스킬이 점점 발전하고 있다…… 노력하면 할수록 우리는 분명 더욱 훌륭한 사람이 될 것이다."

다음으로, 실패에 대한 관점을 바꾸어야 한다. 고정 마인드셋을 지닌 사람과 성장 마인드셋을 지닌 사람은 '실패를 바라보는 관점'이 완전히 다르다. 고정 마인드셋을 가진 사람에게 낮은 평가, 경쟁에서의 도태, 상대의 거절이나 거부는 '실패 혹은 능력 부족'을 의미한다. 반면 성장 마인드셋을 가진 사람에게는 성공을 위한 하나의 과정으로 여겨질 뿐이다. 고정 마인드셋을 가진 사람은 자신의 무능이 알려지는 것을 원치 않기 때문에 도전이나 위험을 회피하고, 노력이 필요 없는 성공만을 선호한다. 그러므로 자신의 잠재력을 발휘할 기회는 점점 줄어들게 된다.

반면에 성장 마인드셋을 가진 사람은 도전이 잠재력을 발휘할 기회를 증가시킨다고 믿으며, 따라서 위험을 회피하지 않는다. 어쩌다 실패를 한다 하더라도 여전히 그들은 무엇인가 배웠고, 경험 자체가 교훈이었다고 생각한다. 이들은 거듭 도전하되 이전의 실수를 되풀이하지 않으면서 성공에 조금씩 가까워지는 선순환을 겪는다. 바로 이러한 '성공의 선순환'이 성장 마인드셋을 가진 사람을 성공으로 이끄는 비결이다. 실패는 결과 개선을 위해 조금 더 노력이 필요하다는 신호일 뿐이라는 사실을 잊지 않는 것이 중요하다.

마지막으로, 과감히 도전하고 실행해야 한다. 드웩 교수는 저서 《마인드셋(Mindset)》에서 마인드셋 관점을 기초로 내가 해야 할 일, 내가 발전시키고 싶은 분야나 배워보고 싶은 분야를 먼저 파악하라고 충고

한다. 내가 잘하는 장점 분야가 될 수도 있고, 내 업무에 필요하거나 도움이 되는 다른 영역이 될 수도 있다. 이전에 해결하지 못하고 남겨둔 과제가 있다면 그 과제를 우선적으로 파악해보는 것도 좋을 것이다. 예를 들어, 나의 전문 분야를 익명의 청취자에게 가르쳐주는 강사로서 파워 유튜버가 되고자 한다면, 내가 우선 해야 할 일은 '고객 타깃팅하기'가 될 수도 있고, '유튜브 동영상을 제작해 반응을 파악해보는 것'이 될 수도 있다. 이 과정을 통해 무엇을 배울 수 있는지도 생각해보면 좋다. 핵심은 성장 마인드셋을 갖기 위해 망설이지 말고 당장이라도 자신의 성장을 위한 무엇인가를 시작하고 도전하라는 것이다.

일을 통한 성장

2019년 20대 이상 직장인을 대상으로 매일경제와 한국리서치가 주관한 설문조사에 따르면,[16] 2030 밀레니얼세대 직장인들이 가장 중요하게 생각하는 가치는 일에서 오는 보람과 자부심인 것으로 나타났다. 밀레니얼세대를 동기부여 하기 위해서는 물질적 보상이나 권력보다 일할 기회의 제공, 일을 잘해낼 수 있는 분위기나 환경의 조성이 더 중요할 수 있다는 것이다. 글로벌 기업들은 이미 오래전부터 성장문화를 강조해왔다. 마이크로소프트의 CEO 사티아 나델라(Satya Nadella)는 직원의 성장을 도와 최고의 능력을 이끌어내는 것이 리더의 역할이라며, 직원의 성장을 강조한다. 또한 미국 최대의 컴퓨터 제조업체 IBM과 최대의 가전 업체 GE 또한 성장문화를 강조하며 직원 한 사람 한 사람의 성장에 초점을 맞추는 인사전략을 펼치고 있다.

하지만 회사 내에서 자신의 능력을 마음껏 펼치며 성장을 이어가는 일이 가능하다고 믿는 직원이 썩 많은 것 같지는 않다. 조직에서는 자신이 잘할 수 있는 일 혹은 자신이 하고 싶어하는 일만 부여하지 않기 때문이다. 틈틈이 시간을 내서 취미활동이나 원하는 공부를 하면서 자신이 생각하는 성장을 도모하는 이들도 있기는 하다. 하지만 바쁜 일상 속에서 따로 시간을 내서 무언가에 도전하기가 결코 쉬운 일은 아니다. 그렇다면 현실적으로는 아무래도 조직에서 맡은 바 업무를 수행하면서 자신의 강점을 키우고 조직 내부에서 개발 가능한 역량에 주력하는 것이 합리적일 것이다.

실제로 조직 교육과 훈련에 관한 많은 연구가 별도의 시간을 내어 교육을 하고 훈련을 하는 것은 실효성이 거의 없음을 지적해왔다. 교육을 실시한다 해도 몰입도가 떨어졌고, 업무와 연결시킬 수 없어 실효성이 적었던 것이다.[17] 이런 차원에서 제안된 모델이 70:20:10 학습 모델이다.[18] 업무로 70%, 동료와의 상호작용을 통해 20%, 개별 교육을 통해 10%를 학습하도록 하라는 것이다. 따로 시간을 내서 교육하는 것이 아니라 업무 그 자체를 통해 성장과 개발이 이루어져야 한다는 의미이다. 바꾸어 말하면, 조직 내 업무와 관계 속에서 90%를 학습하고, 10%만 개별적인 노력으로 채우라는 것이다.

70:20:10 학습 모델에서 말하는 '우리를 성장시키는 업무경험'(70% 차지)이란 난이도가 있는 도전적 과제에 참여하는 일일 수도 있고, 기

존에 수행하던 것과는 전혀 다른 새로운 직무를 부여받는 일일 수도 있다. 또 '동료와의 상호작용을 통한 학습'(20% 차지)이란 동료나 상사의 직무 피드백이나 멘토링을 통해 이루어질 수도 있고, 주변 인맥과의 네트워킹을 통해 가능한 일일 수도 있다. 그리고 '개별 교육'(10% 차지)은 관련 도서를 읽거나 컨퍼런스에 참석하거나 사설 학원 등에 다니는 것을 말한다. 그렇다면 이 모델을 우리의 현재 상황에 맞게 적용하고 싶다면 어떻게 해야 할까?

첫째, 개발하고자 하는 스킬 영역을 생각해보자. 내가 이번 분기나 반기에, 혹은 올해 안에 개발하고자 하는 스킬이 정해졌다면, 그 스킬을 키우기 위한 방법은 구체적으로 무엇이 있을지 생각해보는 것이다. 예를 들어 발표 스킬을 개선하고자 한다면, 우선 회사에서 발표 기회를 자주 만들고, 자신의 수준을 체크하고, 개선 포인트를 스스로 확인하거나 주변 동료로부터 피드백을 받아보는 것도 한 방법이 될 수 있다. 발표 기회가 많지 않은 업무를 맡았다면 상사에게 간단한 업데이트 발표를 준비해보겠다고 자발적으로 제안해보는 것도 좋다. 발표 기회가 종종 있는 경우라면, 자신의 발표를 녹음하거나 영상으로 촬영해 리뷰해보는 것도 방법이다. 발표하는 모습을 직접 확인해보면 어떤 점에서 더 노력이 필요한지 파악할 수 있다.

이 밖에, 스스로 강연 자리를 만들어보는 방법도 있다. 사내 신입 인력 교육 프로그램이 있다면 이 자리에서 강연을 하겠다고 나서볼 수도 있고, 자신의 전문 분야에 대해 주변 커뮤니티에 강연을 제공하겠다고 자원하는 것도 스킬 개선에 좋은 방법이다.

둘째, 주변의 동료에게 개발하고자 하는 스킬에 관한 피드백을 요청할 수 있다. 멘토링 등을 통해 자신의 업무와 스킬 개선에 대해 대화하고 피드백을 주고받는 것이 개인의 성장에 도움이 되기 때문에, 최근 조직에서 가장 추천하는 방법이기도 하다. 실제로 성공한 많은 이들이 자신의 성공 뒤에 수많은 멘토의 도움이 있었다고 고백하기도 한다.[19] 예를 들어, 애플의 전 CEO이자 공동 창립자인 스티브 잡스는 빌 캠벨(Bill Campbell)*을, 페이스북의 CEO 마크 저커버그는 스티브 잡스를, MS의 첫 CEO이자 공동 창립자인 빌 게이츠는 워런 버핏을 멘토로 삼았다고 한다.[20] 이렇듯 글로벌 기업의 성공한 CEO들이 멘토를 두었던 것은 멘토의 존재가 그들을 안전지대에서 벗어나 도전하게 하는 챌린저였으며, 자존감과 자신감을 유지시키는 독려자였고, 지식을 나누고 성장시키는 코치였기 때문이다.

사실 이들의 멘토처럼 모든 멘토가 유명 인사일 필요는 없다. 그저 현재 자신의 직무 관련 고민을 함께해주는 대상이면 된다. 이해관계를 떠나 더 편하고 진솔한 관계로 소통할 수 있고, 관심 있는 직무나 스킬에 대한 정보와 경험을 나눌 수 있는 사이면 충분하다. 다만, 가능하다면 '나'의 부족한 경험과 시야를 보완해줄 수 있는 멘토를 찾는 것이 좋다.

---

* 구글, 애플, 아마존 등 실리콘밸리의 수많은 기업가들에게 충고를 아끼지 않았던 '실리콘밸리의 위대한 스승'이라 불리는 인물로, 애플 이사와 컬럼비아 대학교 이사회 의장 등을 역임하였다.

이제 주변을 돌아보라. 내가 존경하며 배우고 싶은 사람, 객관적 시선으로 따뜻하게 조언해줄 수 있고 부족한 부분을 보완해줄 사람이 있는지 찾아보자. 그가 우리의 성장동력이 되어줄지도 모른다. 만약 현재의 소속 팀이 아닌 다른 팀 혹은 다른 부서에 멘토로 삼고 싶은 사람이 있다면 이들에게 적극 연락하여 멘토로 청해볼 수 있을 것이다. 내가 관심을 가진 분야에 전문성을 갖춘 사람이 동료 중에 있다면 우선 그들에게 도움을 구하는 것도 한 방법이 될 수 있다. 주변에 도움을 줄 수 있는 사람이 없다면 적임자를 알고 소개해줄 수 있는 사람이라도 괜찮다.

이들과의 네트워킹을 만드는 일이 우리 자신의 스킬을 성장시키는 데 분명 도움이 될 것이다. 앞서 든 예를 다시 들어보자면, 발표 기술을 키우고 싶은 사람은 발표 경험이 다양한 사람들을 더 자주 만나 그들로부터 경험을 듣고 배울 수 있다. 이들이 우리보다 앞서 다양한 상황을 접하면서 실수의 경험과 성공적 발표를 반복하며 많은 노하우를 쌓았을 것이기 때문이다. 이런 다양한 노하우를 직접 듣고 어떻게 하면 나만의 스킬을 발전시킬 수 있을지 조언을 얻는 것은 매우 유익한 접근법이다. 또한 자신에게 강연이나 발표 경험이 전무하다 하더라도 그런 자리에 익숙한 사람, 그런 상황을 자주 접한 사람을 찾아가 어떤 발표가 가장 인상에 남았는지, 어떻게 하면 좋은 발표가 될 것 같은지 조언을 들을 수 있을 것이다. 어쩌면 그가 능숙한 발표자 지인을 연결해줄 수도 있는 일이다.

한편, 자신의 발표에 대한 솔직한 피드백을 구하는 것도 스킬 개선에 매우 중요한 요소이다. 발표를 한 뒤 동료에게 발표 음성부터 제스처, 말투, 시작과 맺음 등에 대해 자세히 묻고 기록해두는 것이 좋다. 이들이 내가 파악하지 못한 장단점까지 객관적으로 말해줄 수 있기 때문이다.

셋째, 교육을 제공하는 온라인·오프라인 기관을 탐색해보는 것도 방법이다. 직원의 성장과 교육에 관심을 기울이는 회사들은 도움이 될 만한 다양한 교육기회를 사내 프로그램의 형태로 제공하고 있다. 이러한 사내 교육 프로그램 여부를 확인해 적극 활용한다면 역량을 넓히는 데 큰 도움이 될 것이다. 하지만 적당한 사내 교육 프로그램이 없는 경우도 있다. 일반적으로 기업은 업무와 직접적 관련이 있는 내용 위주로 교육을 제공하기 때문에, 예컨대 발표 스킬 개선 프로그램 같은 것은 따로 두지 않을 것이다. 이런 경우에는 스피치 학원의 도움을 받아도 될 것이고, 발표 스킬에 관한 책이나 영상물(유튜브나 팟캐스트 등)을 활용하는 방법을 쓸 수도 있겠다. 직장 근무 중 교육기관을 찾아다니기란 쉬운 일이 아닐 터이니 회사에서 제공하는 프로그램 가운데 자신이 원하는 교육 프로그램이 없다면, 온라인으로 제공되는 영상들을 적극 활용해보는 것도 좋다.

요즘에는 교육 아이템을 담은 좋은 영상을 접할 기회가 많은데, 이를테면 '코세라(Coursera)' 같은 온라인 교육 서비스가 있다. 미국에서 시작된 유명한 온라인 교육 프로그램으로, 2012년 스탠퍼드 대학의 앤드루 응(Andrew Ng) 교수와 대프니 콜러(Daphne Koller) 교수가 일반인들에게 "최고의 강의를 무료로 제공하겠다."라는 취지로 개발한

서비스이다.[*] 컴퓨터 과학 및 데이터 과학 분야 교수들이 시작한 이
교육 서비스는 비즈니스, 예술, 인문학, 사회학, 수학 등 다양한 분야
에서 서비스를 제공한다. 코세라 외에도 유다시티(Udacity)^{**}나 에드
엑스(edx)^{***} 등의 교육 플랫폼이 있으니 전문적 교육 자료로서 활용
하면 좋다.

위험을 감수하지 않는 것이 곧 실패

픽사(Pixar Animation Studios)의 창업주 에드윈 캐트멀(Edwin
Catmull)은 영화 제작자들에게 이런 말을 하곤 했다. "처음부터 완벽
한 영화는 단 하나도 없었다." 영화를 만들면서 수없이 많은 실수와
실패를 거듭했고, 실수와 실패를 수정하면서 좋은 영화가 완성될 수
있었다는 이야기이다.

최근 유명 대학이나 사업주는 인력 채용 시에 이런 질문을 자주 던
진다고 한다. "당신의 실패 경험에 대해서 말해주시겠어요?" 입사 지
원자들이 실패를 경험할 때 어떠한 감정을 느꼈고 또 어떠한 방법으
로 극복하는지 그 태도와 생각을 들어보고자 하는 것이다. 또 몇 년

---

* 2020년 현재 약 190개 대학과 제휴해 3,900개가 넘는 강의를 제공하고 있다. 코세라 홈페이
　지 〈https://www.coursera.org/〉.

** 유다시티 홈페이지 〈https://www.udacity.com〉.

*** 에드엑스 홈페이지 〈https://www.edx.org/〉.

전부터 하버드 경영대학원에서는 입학 지원자들에게 자신의 실패 경험을 적어서 제출하도록 하고 있다. 심지어 어떤 유명 대학들은 강의시간에 실패를 '학습'시킨다고 한다. 강의시간에 보여준 '참여'나 '발언' 여부로 성적을 평가하고, 교수에게 엉뚱하고 바보 같은 질문도 과감히 던질 것을 권장한다. 실패에 익숙해지라는 취지이다.

왜 그들은 이런 방법까지 써가며 '실패'를 독려하는 것일까? 이것은 학생들이 실패를 무릅쓰고라도 도전하도록 동기부여하기 위함이다. 우수 대학에 입학하는 사람들, 이후 대기업에 취업한 사람들 중에는 이전에 실패 경험이 없는 경우가 많다. 완벽한 학점과 스펙으로 무장한 이들이 대다수이다. 최고의 대학에서 실패 독려 교육을 시키는 것은 실패를 겪어보지 않은 이들이 앞으로 실패 상황에서 실패를 어떻게 받아들이며 대응해야 하는지를 연습시킴으로써, 실패에 대한 면역력을 길러주기 위함이다. 실패 경험을 통해 내성을 길러 나중에 커다란 어려움이 닥쳐도 견딜 수 있는 밑거름으로 활용하고 성공해내라는 것이다.

좋은 실패와 나쁜 실패

그런데 이때 '실패'는 무조건 좋은 것일까? 어떤 종류의 실패이든 다 괜찮은 것일까? 무조건 저질러보는 게 중요하고, 그랬다면 실패해도 된다는 말일까? 전직 구글 X(Google X)의 수장 에릭 아스트로 텔러(Eric 'Astro' Teller)는 실패를 이렇게 정의한다. "진짜 실패는 시도해보고 효과가 없다는 걸 알고 있으면서도 반복하는 것이다." 바꾸어 말하면, '실패를 통해 아무것도 배우지 않는 것이 진짜 실패'이며. 모든 실패가 옳은 것이 아니고, 옳지 않은 실패를 학습할 이유는 없다는 것이다. 실패에서 무엇을 배웠는가, 어떤 교훈을 얻었느냐가 실패 자체보다 중요하다는 것이다.[21]

하버드 대학의 에이미 에드먼슨(Amy Edmondson) 또한 세상에는 좋은 실패와 나쁜 실패가 있다고 설명한다.[22] 에드먼슨은 실패를 다음과 같이 3가지 유형으로 분류했다.

하나는 '예방 가능한 실패(Preventable Failure)'로, 충분히 피할 수 있음에도 불구하고 부주의나 스킬 부족, 의도적 일탈로 인해 실패하는 경우를 이른다. 루틴한 제조현장에서 발생하는 불량품, 매뉴얼을 따르지 않아 일어나는 기계 오작동이 여기에 해당한다. 에드먼슨이 말하는 가장 나쁜 실패이다.

다음은 '복합적 실패(Complexity-Related Failure)'로, 개인의 실수나 부주의, 일탈 상황은 없지만 내외부 환경이 워낙 복잡하고 모호해 불가피하게 일어나는 실패이다. 예상치 못한 기계 시스템 오류가 여기 해당한다. 1986년 발사된 지 73초 만에 공중에서 폭발한 우주 왕복선 챌린저호가 바로 이 '복합적 실패'의 대표적 예라 하겠다.

마지막으로, '똑똑한 실패(Intelligent Failure)'가 있다. '창조적 실패'라고도 불리는 이 실패는 새로운 도전으로 원치 않는 결과를 얻는 경우를 말한다. 즉, 이전에 가보지 않은 길을 시도하는 혁신의 과정에서 발생한 실패를 이른다. 에드먼슨은 앞선 2가지 실패는 작든 크든 철저하게 신경 쓴다면 피할 수 있는 유형이며, 그래서 가급적 피해야 하지만, '똑똑한 실패'는 '새로운 도전의 결과'이기 때문에 얼마든지 시도해도 괜찮은, 용인되는 실패라고 설명한다.

실패내성을 키워라

한편 많은 사람들이 실패의 중요성에 공감하면서도 두려움 없이 과감히 실패를 맞닥뜨릴 마음의 준비는 되어 있지 않은 것이 현실이다. 실패를 슬기롭게 받아들일 수 있으려면 어떤 마음가짐과 자세가 필요한가?

실패와 관련된 연구에 따르면, 실패내성이 강한 사람일수록 실패에 더 잘 견딘다고 한다. 심리학에서 '실패내성'이란 '실패에 대해 건설적인 태도로 반응하는 경향성을 의미'한다. 그리고 실패 내성은 한 개인의 '회복탄력성(Resilience)*'에 달려 있다고 한다.[23] 인간은 역경과 어려움을 이겨낼 잠재적 힘, 즉 회복탄력성을 갖고 있다. 회복탄력성은 다른 말로 하면 '마음의 근력'이라 부를 수도 있는데, 이 마음의 근력 상태에 따라 실패를 견디는 힘이 달라질 수 있다는 것이다. 사람마다 고통이나 시련을 견뎌낼 수 있는 무게는 다르지만, 꾸준한 운동과 단련을 통해 몸의 근력을 키우듯이 마음의 근력도 키울 수 있다. 즉, 회복탄력성을 키워 실패내성을 기르면 우리는 실패를 조금 더 긍정적 경험으로 인식하고 가뿐히 넘길 수 있게 된다. 그렇다면 어떻게 회복

---

* 제자리로 되돌아오는 힘을 이르는 말로, 심리학에서는 주로 역경과 어려움을 이겨내고 도약
  의 발판이 되기도 하는 긍정의 힘을 가리킨다.

탄력성을 증진시킬 수 있을까?

첫째, 회복탄력성을 증진시키기 위해서는 긍정적 정서가 필요하다. 회복탄력성이 높은 사람은 자기조절 능력과 대인관계 능력이 뛰어나며, 이 능력을 가진 사람들은 긍정적 정서가 발달되어 있다고 한다. 미국의 UC 버클리 대학 뇌 과학 연구소(GGSC: Greater Good Science Center at UC Berkeley)에 따르면, 사람의 뇌는 부정적 감정을 처리하는 부분과 긍정적 감정을 처리하는 부분이 다르고, 이들 정서를 처리할 때 분비되는 신경전달물질도 다르다고 한다. 긍정적 정서를 발달시키고 낙관적인 사람이 되려면 부정적 정서의 정보처리를 담당하는 루트를 약화시키고, 긍정적 정서의 정보처리 루트를 강화시켜야 한다. 즉, 긍정적 정보처리 루트를 강화하기 위한 노력과 습관이 필요하다는 것이다.

하버드 대학의 심리학과 교수 대니얼 길버트(Daniel Gilbert)는 부정적 사건이든 긍정적 사건이든 우리에게 발생한 일은 초반에는 심한 긍정 혹은 부정의 정서를 불러일으키지만 이러한 정서는 생각보다 빠른 시간 안에 원래의 감정 상태로 되돌아오게 되어 있다고 말한다. 즉, 아무리 즐거운 일이 발생한다 해도 혹은 아무리 불행한 일이 발생한다 해도 그 감정은 오래가지 않아 원래의 평정 상태로 돌아온다는 것이다. 그러니 인생을 살면서 겪는 수많은 사건에 일희일비(一喜一悲)할 필요가 없다는 말이다.

물론 감정이 원래의 상태를 되찾는다 해도 사람마다 보유한 기본적인 감정 상태는 다를 수 있다. 어떤 사람은 다른 사람보다 행복감을 더 많이 느끼고, 어떤 사람은 불행한 정서를 더 많이 경험할 것이다. 행복감이라는 것은 50% 정도는 타고나는 감정이기 때문이라고 한다.[24] 하지만 타고난 정서가 긍정적이지 않은 사람이라 해서 좌절할 필요는 없다. 역으로 생각해보면, 타고난 50%를 제외한 나머지 50%의 행복감은 여전히 노력 여하에 따라 획득할 수 있다는 의미이기 때문이다. 아침에 눈을 떠 회사를 갈 때 "아, 오늘도 힘들겠다."라고 말하기보다는 "오늘 하루도 무사히 지나가면 어제보다 조금 더 발전된 내가 있겠구나." 혹은 "신이 나에게 오늘도 일할 수 있는 건강함을 주었구나." 하고 감사하는 마음을 가져보자. 뇌에 긍정적 사고의 습관을 붙이면 긍정적 정서를 처리하는 루트가 더욱 발달하여 회복탄력성이 증진될 것이다.

둘째, 운동을 통해 불행감, 즉 우울감의 정도를 낮추어 긍정적인 뇌를 만들어보자. 운동을 하면 비만이나 당뇨, 고혈압 예방에 좋을 뿐 아니라 뇌 건강, 정신건강에도 도움을 준다고 한다.[25] 혈액순환을 향상시켜 스트레스를 줄여주고 사고능력을 개선시키는 효과도 있다. 또한 우울증과 불안장애를 낮추기 때문에 정신과에서도 수술 치료, 약물 치료, 식이요법과 함께 운동을 병행하도록 권고하는 경우가 많다. 많은 정신과 질환 중 우울과 불안장애는 인지의 왜곡을 통해 우리에게 일어나는 많은 사건을 부정적으로 인식하게 만드는데, 운동은 그러한 우울감의 정도를 낮추는 데 굉장히 좋은 방법이라는 것이다.

이에 최근에는 가벼운 우울증을 앓고 있는 경우에는 중독성 강한 항우울제 대신 운동을 처방하는 경우가 점점 증가하고 있다. 2008년 영국 정신건강재단(MHF: Mental Health Foundation)의 보고에 따르면 가벼운 우울증을 치료하기 위해 약 22%의 의사들이 항우울제 대신 운동을 처방했으며, 우울증 치료 요법으로서 운동의 효과를 긍정적으로 평가한 의사가 61%로 매우 높은 것으로 나타났다.[26] 그렇다면 직장인들도 스스로 자신에게 맞는 운동 계획을 짜고, 행복 수준을 높이고, 긍정적인 뇌를 만들면 회복탄력성 또한 더 높일 수 있을 것이다.

회복탄력성의 관점에서 보면, 실패를 경험하지 못한 사람을 채용하기 꺼리는 최근의 기업 트렌드를 쉽게 이해할 수 있다. 특히 미국 기업들은 실패를 한 번이라도 겪어본 사람을 선호하는데, 실패내성이 높은 사람의 경우 위험을 마다하지 않고 끊임없이 새로운 것을 시도하기 때문이라고 한다. 명문대를 다니며 최고 학점을 받고도 졸업 후 취업이 어려울까 고민하는 미국 대학생의 사정을 충분히 이해할 수 있는 대목이다. 이런 점에서 볼 때, 실패는 두려워하며 무조건 피해야 할 것이 아니다. 실패 상황을 적극적으로 받아들여 회복탄력성이 높은 긍정적 뇌를 만들고 끊임없이 '진화하고 성장하는 나'가 되어보는 것이 어떨까?

리더십 가이드라인

　부서원의 역량을 키우기 위해 관리자가 해줄 수 있는 가장 큰 지원은 바로 업무에 대한 정확한 피드백이다. 올바른 방식으로 업무를 실행하고 있는지, 올바르지 않다면 어떻게 수정해야 하는지를 구체적으로 알려준다면 부서원은 보다 효과적으로 자신이 수행 중인 업무를 통해 역량을 성장시킬 수 있다.

Tip ❶ 일대일 수시 피드백을 활성화하기

　'피드백'이라고 하면 일반적으로 '평가 피드백'을 떠올리는 경우가 많다. 하지만 평가 피드백은 대체로 연 1회 혹은 반기 1회 등 회사의 평가 주기에 맞춰 간헐적으로 이루어진다. 이 정도의 피드백만으로는 부서원이 잘못된 방향으로 업무를 진행하고 있어도 중간에 수정할 기회를 얻지 못한다.

　그래서 최근에는 많은 글로벌 기업이 관리자와 부서원의 일대일 수시 피드백 방식으로 평가 피드백을 전환하고 있다. 예를 들어 페이스북은 가능한 한 주 1회 관리자 피드백을 진행하도록 권장하고 있으며 관리자가 3주 이상 직원 면담을 하지 않을 경우, 이유를 불문하고 관리자의 코칭 역량이 부족한 것으로 간주한다.

마이크로소프트(MS) 사도 일대일 피드백을 'Connect Conversation'
이라고 명명하고 업무성과, 발전계획, 개선사항에 대하여 주 1회, 혹
은 격주 1회 피드백을 부서원에게 전하도록 권장한다. 또한 업무의 진
척도, 성과 등 기존 업무 진행사항에 대한 피드백뿐 아니라 향후 경력
성장경로 등 미래 지향적 코칭도 반드시 같이 실시하도록 하고 있다.

물론 관리자 입장에서 생각하면, 여러 부서원을 일일이 만나 업무진
행과 경력 관련 피드백을 주기가 부담스러울 수 있다. 이런 부담감에
서 벗어나려면 먼저 피드백에 대한 인식 전환이 필요하다. 일대일 수
시 피드백은 기존 평가 시즌에 진행하는 피드백처럼 면담 시 많은 시
간이 소요되는 것도 아니며 꼭 대면으로 진행할 필요도 없다. 5분 내
외의 간단한 미팅도 좋고, 더 손쉽게는 메신저 대화를 통해서도 일대
일 수시 피드백은 진행될 수 있다.

수시 피드백은 부서원이 관리자의 생각과 다른 방향으로 업무를 진
행할 때 이를 빨리 인지하고 수정할 수 있게 하므로 부서 전체의 업무
성과에도 긍정적 영향을 미친다. 부서원도 업무역량을 효과적으로 향
상시킬 수 있다는 점에서 매우 유용하다.

Tip ❷ 부서원이 피드백 과정의 주체가 되도록 만들기

업무를 수행하는 주체는 부서원이다. 아무리 관리자가 일대일 수시
피드백을 한다고 해도 이는 그저 부서원의 업무수행을 지원해주는 개

넘이기 때문에 피드백을 준비하는 과정은 온전히 부서원의 몫이다. 즉, 부서원이 주체가 되어야 한다. 부서원은 관리자의 피드백 내용을 통해서도 성장할 수 있지만 피드백을 받기 전에 부서원 스스로 본인의 업무목표 및 진행상황, 고충 등을 정리하고 재구성하는 과정을 통해서도 성장할 수 있다.

구글의 경우, 관리자와의 평가 피드백 전에 다음 3가지 내용을 부서원이 준비하고 피드백 면담에 임하도록 권장한다고 한다.

첫 번째는 업무의 진행상황을 정리하는 것(What I've been working on)이다. 수행 중인 업무의 추진방향과 진행상황을 체크하여 부서장과 공유하고 개선사항이 있는지 피드백을 받으면 된다.

두 번째는 완료된 과제를 보고하는 것(What I've done, accomplished)이다. 완료된 과제에 대해서는 최종 평가 의견을 구체적으로 받을 수 있고 향후 유사 과제를 진행할 때 요구되는 개선점을 부서장으로부터 듣게 된다.

세 번째는 고충을 알리고 지원사항을 요청하는 것(What blocks my work)이다. 업무추진상 어려움을 겪거나 지원이 필요한 사항이 무엇인지 관리자와 이야기하며 도움을 청하는 것이다.

이러한 내용을 미리 준비하는 과정을 통해 부서원들은 자신이 지금까지 무엇을 했고, 현재 무엇을 하고 있으며, 향후 개선이 필요한 점은 무엇인지 생각을 정리할 수 있게 되고, 그러면서 역량을 키울 수 있다.

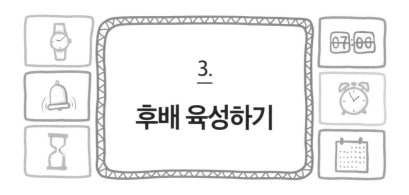

3.
후배 육성하기

내가 왜 내 업무시간을 쪼개 후배를 가르쳐야 하나?

경력 6년차 영업직 이 대리는 요즘 업무시간 내내 정신이 없다. 중요한 프로젝트에 투입되면서 업무량이 늘어난 데다 이번에 입사한 신입사원의 멘토 역할까지 담당하게 되었기 때문이다. 높은 경쟁률을 뚫고 입사한 인력인 만큼 외국어나 문서 작성 역량은 갖추고 있지만 막상 실무로 들어가면 거래선에 메일 쓰는 법부터 사내 시스템 입력 작업까지 일일이 설명을 해주어야 한다. 처음에는 회사에서 반강제로 부여한 역할이기도 하고, 또 자신의 신입사원 때가 생각나 시간을 내서 가르쳤지만 이 대리 본인의 업무납기가 점점 다가오니 업무 관련 문서나 매뉴얼 파일을 넘겨주며 읽어보라고 하는 정도 외에는 신경을 쓰지 못하고 있다. 그렇다고 신입사원에게 업무시간 이후에 일을 가르쳐줄 테니 저녁에 남으라고 할 수도 없는 노릇이고, 무엇보다 이 대리 본인도 개인 시간까지 희생해가며 후배를 가르쳐야 하는지 의문이 든다.

결국 멘토링은 몇 개월 지나 흐지부지되었고 신입사원이 하반기 공채 시즌에 다른 회사로 이직하는 바람에 이 대리에게 "멘토는 도대체 무엇을 했나요?"라는 부서장의 질책이 돌아올 뿐이었다.

개인의 관점에서 '미래준비성 업무' 중 가장 동기부여 되지 않는 부분이 바로 후배 육성이다. 이렇게 후배 육성이 동기부여가 되지 않는 것은 우선, 직장 선후배에 대한 인식과 역할이 예전과는 많이 달라졌기 때문이다. 과거 조직에는 일종의 도제식 사수/부사수 개념이 있었다. 선후배 문화가 강력하던 시절, 후배를 받아 일을 가르치는 것은 선배로서 당연한 의무로 인식되었고 이 역할을 하지 않을 경우 조직 내에서 "후배 교육을 어떻게 하는 거냐?" 하며 압박을 받았다. 후배 직원 또한 보직자가 아니더라도 나보다 연차가 높은 선배의 업무지시나 자료 요청이 있을 경우 그가 누구든 일단 따르고 본인 업무 이외의 추가적인 일이라도 자연스럽게 받아들였다.

하지만 이러한 선후배 문화는 이제 수평적인 방향으로 바뀌고 있다. 과거 '사원-대리-과장-차장-부장'의 전통적 직급체계를 1~2단계로 축소 통합하고 나아가 모든 직원을 '프로', '님' 등의 호칭으로 부름으로써 조직 내 소통을 활성화하고 각 개인에게 더 많은 권한과 책임을 부여하는 방향으로 가고 있다. 이런 변화의 바람은 호칭 없이 서로를 영문 이름으로 부르며 일하는 인터넷 서비스 기반 기업이나 스타트업에서 더욱 두드러진다. 직원들이 각각의 독립된 업무 담당자로서 일하기 때문에 선배 직원이 후배에게 업무를 가르쳐야 한다는 의무감도, 후배 직원이 업무를 배워야 한다는 강박감도 약화되었다.

후배 육성이 동기부여가 되지 않는 두 번째 이유는 업무 중 여유시간 감소에서 찾을 수 있다. 최근 대졸 인력의 높은 취업난에서 알 수 있듯 저성장기에 진입한 국내의 많은 기업은 비용 효율화를 위해 채용 규모를 줄이며 조직 규모를 기존과 동일하게 유지하거나 축소하고 있다. 또한 인력 재배치와 업무 재분배 등을 통해 인력운영의 효율을 극대화하고자 노력하고 있다. 그 결과 개인별 업무량과 업무에 대한 압박감이 증가하고 '후배 육성'과 같이 본인의 성과와 직결되지 않는 일에 신경 쓸 시간적·정신적 여유는 더욱 부족하게 되었다.

후배 육성은 결국 나의 성장을 위한 사전작업

근무환경이 이렇게 달라졌다고는 해도, 개인이 지속적으로 후배 육성에 관심을 가져야 하는 이유가 없지는 않다. 왜냐하면 후배 육성이 바로 나의 직무전환, 나아가 나의 경력성장과 밀접하게 연결되기 때문이다.

과거, 국내 기업들이 고성장을 거듭하던 시기에 개인의 경력성장은 곧 승진과 동일하게 인식되었고, 따라서 직무전환의 중요성이 그다

160

지 대두되지 않았다. 하지만 2010년 이후 우리나라의 경제성장률이 2~3%대에 머무는 저성장기로 진입하면서 국내 기업들의 성장도 정체되었고, 이에 따라 예전처럼 한 조직에서 오래 근무하며 임원까지 승진하는 경력 사다리(Career Ladder)의 기회를 잡을 수 있는 사람은 소수에 불과하게 되었다. 이런 상황에서 승진의 기회를 잡지 못한 대다수 직원들은 경력 사다리를 타고 올라가는 성장 대신 정글짐을 타듯 한 분야에서 상하좌우로 다양한 경험을 쌓으며 성장하는 것을 대안으로 생각하게 되었다.

이에 따라 예전에 비해 조직 내 직무전환의 니즈가 증가하고 있는 상황이며 이런 성향은 신세대로 갈수록 더 크게 나타나고 있다. 2018년 삼성경제연구소에서 실시한 세대별 인식 차이에 대한 설문조사 결과에 따르면 1990년대에 태어난 Z세대는 2년 주기의 직무전환을 가장 선호(43%)하는 것으로 나타났다.[27] 이에 반해 밀레니얼세대(36%), X세대(41%)가 3년 주기 직무전환을 선호했고, 베이비부머 세대는 4년 이상(49%)의 직무전환 주기를 가장 바람직하다고 생각하는 것으로 나타났다.

하지만 개인들의 생각과는 달리 부서장들은 자신이 조직을 이끌어가는 동안 오랜 직무경험을 가진 담당자가 연속성 있게 업무를 수행해주기를 원한다. 왜냐하면 부서장에게 담당자 변경은 회피하고 싶은 위험요인이기 때문이다. 그러므로 직장에서 부서장의 직무전환에 대한 우려를 불식시키고 다양한 직무경험의 기회를 얻고자 한다면 잘 훈련된 후임자를 사전에 양성해놓는 일이 매우 중요하다.

맞춤형으로 후배 육성하기

자신의 업무를 뒤이어 맡아줄 적임자를 여러 후배들 가운데 찾아내어 효과적으로 양성할 방법은 무엇일까? 우선 가장 이상적인 후임자 양성법은 리더에게서 공식적으로 업무 후임자를 배정받아 양성하는 것이다. 이 경우 비공식적 후배 양성에 비해 상대적으로 후임자를 동기부여 하기에 용이하며 업무시간 중에도 눈치 보는 일 없이 후배 육성에 시간을 할애할 수 있다. 그렇지만 제한된 시간 속에서 기존 업무와 병행하며 후배를 가르치기란 결코 쉬운 일이 아니기에 좀 더 효과적인 후임자 양성법을 찾아낼 필요가 있다.

후임자를 양성하려면 먼저 후배의 업무에 대한 상황과 역량을 이해하고 이에 따라 육성 방법을 달리하는 것이 중요하다. 이를 위한 방법 중 널리 알려진 것으로 '허시−블랜차드의 상황대응 리더십 모델 (Hersey−Blanchard Situational Leadership Model)'이 있다.[28] 이 모델에서는 리더가 취해야 할 행동을 '관계적 행동'과 '과업적 행동' 2가지로 나누고 그 정도에 따라 4가지 유형의 리더십 모델을 제시한다. 그리고 조직이 처한 상황적 요인들, 특히 부하직원의 역량과 동기부여 수준을 고려하여 이 4가지 유형 중에서 적합한 리더십 모델을 적용할 것을 주장한다. 예를 들어, 역량이 부족하고 동기부여 수준도 낮은 경우 '지시형' 리더십이 적합하며, 역량은 높지만 동기부여 수준은 낮은 경우에는 '지지형' 리더십이 적합하다는 것이다. 상황대응 리더십 모델에서 설명하는 4가지 유형을 토대로 후임자 양성법을 보다 자세히 살펴보자.

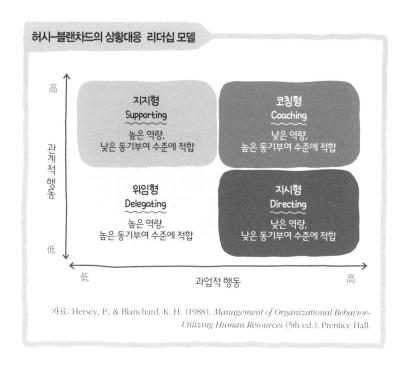

허시-블랜차드의 상황대응 리더십 모델

관계적 행동 (高 ~ 低) / 과업적 행동 (低 ~ 高)

지지형
Supporting
높은 역량,
낮은 동기부여 수준에 적합

코칭형
Coaching
낮은 역량,
높은 동기부여 수준에 적합

위임형
Delegating
높은 역량,
높은 동기부여 수준에 적합

지시형
Directing
낮은 역량,
낮은 동기부여 수준에 적합

자료: Hersey, P., & Blanchard, K. H. (1988). *Management of Organizational Behavior–Utilizing Human Resources* (5th ed.). Prentice Hall.

지시형

후배의 업무역량도 부족하고 동기부여도 안 된 경우라면 일단 지시하는 방식으로 양성해야 한다. 해당 업무를 받을 의지와 역량이 모두 부족하기 때문에 업무시간 중 업무습득시간을 필수로 배정하고, 업무지시를 할 때 구체적인 납기와 명확한 기대수준을 제시해야 한다. 또한 부족한 역량을 향상시켜야 하는 만큼 업무는 가급적 작은 단위로 나누어 지시하며 납기는 짧게 주어 업무시간 중 가능한 한 많은 업무지시와 피드백을 반복해야 한다.

또한 이런 성향의 후배는 새로운 업무를 맡은 것에 대한 거부감이나 두려움을 가지고 있을 가능성이 높다. 하버드 대학 테레사 애머빌(Teresa Amabile) 교수는 사람들은 본인의 목표가 너무 크고 무겁게 느껴지면 달성하지 못할 것이라는 두려움부터 느끼기 때문에, 업무의 목표를 여러 단계로 나누어 보다 손쉽게 중간목표를 달성하여 작은 성공(Small Win)을 경험하며 자신감을 가질 수 있게 지도하는 것이 필요하다고 이야기한 바 있다.[29]

코칭형

업무를 배우고자 하는 마음은 갖춘 상태이지만 업무역량은 다소 부족하다면, 세세하고 구체적인 업무코칭을 통해 후배의 역량을 향상시킬 수 있다. 이 경우 효과적 코칭을 위해서는 선배가 후배의 관점에서 공감해주는 마음가짐이 중요하다. 하지만 일반적으로 선배들은 업무코칭 시 자신이 현재 보유한 업무지식 수준과 이해도를 기준으로 코칭하기 십상이다. 마이클 크라우스(Michael W. Kraus) 교수의 연구에 따르면, 고직급자가 저직급자보다 일반적으로 공감능력이 낮은 것으로 나타났다고 한다.[30] 예컨대, 선배들은 시선을 맞추며 상대방의 말에 집중하는 편이 아니고 이야기 중간에 끼어드는 경우도 빈번한 반면, 후배들은 선배의 눈 주위 근육의 움직임만 보고도 감정 변화를 인식할 정도로 공감능력이 높다는 의미이다.

만약 이런 성향이 코칭에 반영된다면, 선배는 업무와 관련된 기초적인 용어의 약자나 사내 업무시스템의 메뉴 구성조차 익숙하지 않은 후배에게 고난이도 업무지식을 단기간에 쏟아내는 경우가 발생하게

제2장 '미래준비성 업무'에 투자하라

된다. 하지만 정작 선배들은 자신들이 그렇게 하고 있는지조차 인식하지 못한다. 오히려 코칭을 끝내며 "어때? 그리 어렵진 않지?", "요즘 후배님들은 다들 똑똑하니까 금방 이해할 수 있을 거야." "어렵게 보여도 실제로 해보면 금방 할 수 있어."라고 말하는 등 후배의 반응을 살피기보다는 자신의 기준으로 판단하고 이야기하는 경우가 많다.

반면 이때 후배들은 선배의 표정 하나하나에 민감하게 반응하며 선배의 기대에 부응하기 위해 노력하는 것이 일반적이다. 다시 말해, "하나도 모르겠어요." "이런 것 말고 기초적인 것부터 천천히 설명해주시면 안 될까요?"라고 반문하지 못하고 결국 선배가 코칭을 마치고 자리를 떠나면 혼자 남아 그 내용을 이해해보려고 필요 이상 많은 시간을 투자하게 된다.

결국 이런 일이 반복되다 보면 후배들은 쉽게 번아웃 되고 동기부여 저하로 다시 '지시형' 단계로 이동하기 쉽다. 이를 방지하려면 선배들이 코칭 시 공감능력을 향상시킬 필요가 있다. 비유컨대 어린아이에게 가르친다는 생각으로 자신에게는 너무나 쉽고 기본적인 일일지라도 하나하나 짚어가며 코칭하고 진행상황마다 후배의 생각을 확인하며 눈빛이나 표정 같은 비언어적 소통에도 주의를 기울여야 한다.

업무코칭과 관련해 이런 공감능력을 강조하면 일부 사람들은 '우리가 이렇게까지 노력해가면서 가르쳐야 하나?'라는 생각을 가질 수도 있다. 하지만 지금 후배를 제대로 코칭하지 못하면 향후 자신에게 새로운 업무가 주어지기 힘들며, 만약 자신이 하던 업무를 후배에게 넘겼다 하더라도 그의 업무 미숙으로 인해 자신이 다시 예전 업무로 돌아가게 될 수도 있다는 사실을 명심해야 할 것이다.

지지형

업무역량은 뛰어난 후배인데 업무수행에 대해 동기부여가 되지 않은 경우로, 먼저 후배가 일의 의미와 가치를 인식할 수 있도록 지원해야 한다. 보아스 샤미르(Boas Shamir)와 로버트 하우스(Robert House) 교수의 연구결과에 따르면, 상급자로부터 일의 의미를 전달받은 부서원들은 조직의 목표와 비전에 대해 긍정적으로 받아들여 업무몰입도가 높아지고 성과도 향상된다고 한다.[31] 그렇다면 구체적으로 어떻게 해야 후배가 일의 의미를 느끼며 동기부여 될 수 있을까? 미시간 대학의 킴 캐머런(Kim Cameron) 교수는 일의 의미가 높아지는 4가지 상황을 이야기한다.[32]

① **자신의 일이 중요한 가치(Value)와 연결되어 있다고 느낄 때**
  – 건강, 환경 등 보편적 가치에 기여한다고 느낄 때 의미감 강화

② **자신의 일이 중요한 영향력(Impact)을 미칠 때**
  – 동료나 조직에 기여한다고 느낄 때 의미감 강화

③ **자신의 일이 관계구축(Relationship)에 긍정적 영향을 미칠 때**
  – 다른 사람에게 도움을 주고 좋은 관계를 맺을 때 의미감 강화

④ **자신의 일이 다른 사람의 행복(Well-being)에 기여할 때**
  – 혜택을 입은 사람과 직접 대면할 경우 의미감이 더욱 강화

직무별·세부 업무별 특성에 따라 일의 의미감을 느낄 수 있는 상황이 다르다. 그러므로 선배들은 자신의 과거 업무수행 경험을 바탕으로 위 4가지 중 가장 효과적이라 판단되는 경우를 활용하여 후배에게 일의 의미를 일깨워준다면 더 쉽게 업무수행에 대한 동기부여를 할 수 있을 것이다.

위임형

후임자 육성에 있어 모든 선배가 가장 원하는 경우로, 후배의 업무 역량은 물론 일에 대한 동기부여도 높다. 이럴 때는 선배가 업무수행 과정에 사사건건이 관여하기보다는 큰 방향을 제시해주거나 중요한 이슈가 발생할 때에만 챙겨주고 일반적 업무는 최대한 위임하여 자율권을 보장해줄 필요가 있다. 효과적 업무위임을 위해서는 다음 3가지를 주의해야 한다.[33]

첫째, 위임 범위의 명확화이다. 많은 경우 업무위임이라고 하면 "그냥 내가 신경 안 쓰게 잘 알아서 해." "문제만 생기게 하지 마"라는 식으로 모호한 태도로 접근하기 쉽다. 이 경우 혹 문제가 발생하면 후배는 자신이 결정할 수 있는 사항인지 판단하기가 어렵고 자칫하면 선배가 업무에 대해 책임을 회피하려는 것으로 비칠 수 있다. 그러므로 성공적인 업무위임을 위해서는 후배가 어느 수준까지 자율권을 갖는지, 업무위임 후 원하는 아웃풋의 이미지는 어떤 것인지 등을 명확히 설명해주어야 한다.

둘째, 위임받은 직무를 수행하는 데 필요한 정보와 자원을 지원해주어야 한다. 후배가 해당 업무에 집중할 수 있도록 업무시간을 할애해 주고 단발성 업무나 몰입을 저해하는 일이 부여되지 않도록 선제적으로 막아주면서 우산 역할을 해주어야 한다.

셋째, 책임의 공유이다. 업무위임은 자신이 해당 업무에서 완전히 해방된다는 의미가 아니다. 후배에게 위임했다고 해서 문제가 발생했을 때 방관적 태도를 보인다면 후배 역시 업무에서 동기부여 되기가 힘들 것이다. 공식적 업무전환이 확정되기 전까지는 선배도 업무책임에서 자유로울 수 없고 모든 결과에 대해 같이 책임을 져야 한다는 점을 잊어서는 안 된다.

리더십 가이드라인

주어진 근무시간 내에 본인의 업무를 수행함과 동시에 후배에게 새로운 지식과 경험을 전달하는 것은 베테랑에게도 쉬운 일은 아니다. 하지만 후배 육성은 누군가는 반드시 해야 하며, 단기적 성과는 기대하기 어렵지만 조직 전체의 역량 향상을 위해서 꼭 필요한 일이다. 관리자는 본인은 물론 부서원들도 후배 육성의 가치를 인식하고 실행할 수 있도록 지속적인 안내와 지원을 해주어야 한다.

Tip ❶ 후배 육성에 대한 가치를 인식시키기

부서원들은 조직의 관점보다는 각 개인의 담당 업무와 그 성과에 몰입하여 업무를 진행하기 쉽다. 그렇기 때문에 부서장은 조직 전체의 성과 및 역량 향상의 관점에서 '후배 육성의 가치'를 부서원들에게 인식시킬 필요가 있다. 우선 정기적으로 실시하는 직원 피드백 항목에 '후배 육성'을 추가해야 한다. 이를 통해 부서원들이 후배 육성을 시간이 나면 하는 '부가적 업무'가 아닌 '내가 해야 할 중요한 역할'이라는 인식을 가지도록 해야 한다. 또한 신규 인력 전입, 업무전환 등으로 집중적 후배 육성이 필요한 경우에는 실질적 지원도 병행해야 한다. 담당 직원이 후배 육성에 시간을 더 투입할 수 있도록 단발성 업무를 막아주거나 일시적으로 업무량을 조정해주는 것이 좋은 예이다.

Tip ❷ '탤런트 호더'가 아닌지 점검하기

부서 내의 긴급한 업무나 단기 성과를 이유로 부서원들의 직무전환을 막고 우수한 인력을 부서 내에 쌓아두는 관리자를 일컬어 '탤런트 호더(Talent Hoarder)'라고 부른다. 관리자가 탤런트 호더이면 직원들은 후배 육성 및 역량 개발 의욕이 떨어질 수밖에 없다.

혹 자신이 '탤런트 호더'에 해당하는 것은 아닌지 다음에 제시한 5가지 특징을 잘 살펴보라. 또한 부서 내에 장기간 동일 직무만을 수행하고 있는 사람은 없는지, 자신이 부서원들에게 교육기회를 주기 위해 노력하고 있는지 등을 스스로 점검해볼 필요가 있다.

'탤런트 호더'의 5가지 특징

① 부서이동이 부서원들에게 발전기회(승진, 경력 개발)가 되더라도 다른 부서로 옮기지 못하도록 한다.
② 부서에 새로운 사람을 뽑지 않는다.
③ 부서에서 나가는 사람이 없는 것을 자랑으로 여긴다.
④ 훌륭한 부서원을 부서 외부에서 알아볼까 봐 그 부서원의 재능을 숨긴다.
⑤ 부서원들이 능력을 개발해 다른 부서나 다른 회사로 이동할까 우려되어 교육기회를 주지 않는다.

자료: Matuson, R. (2015. 3. 17.). "5 Signs You've Become A Talent Hoarder". *Forbes.*

Tip ❸ 부서원의 직무전환 니즈 파악하기

부서원을 적정한 시기에 새로운 직무로 전환시키는 것은 부서원의 경력 개발뿐 아니라 조직 내 후배 육성을 촉진시켜 조직 전체의 역량도 향상시킨다. 그래서 글로벌 기업들이 동일 직무를 일정 기간 수행한 직원들에게는 다양한 직무전환 기회를 제공하는 제도를 운영하고 있다. 페이스북의 경우 '해커먼스(Hackamonth)'라는 제도를 통해 1년 이상 동일 직무 수행 시 당사자가 원하는 업무를 한 달간 경험할 수 있도록 기회를 제공하며, GE나 IBM 같은 미국의 전통 기업들도 짧게는 1년, 길게는 18개월간 동일 업무 수행 시 업무전환 기회를 제공하고 있다.

적정한 직무전환 주기는 산업별로 상이하며 같은 산업 내에서도 직무의 특성, 세대, 개인의 성향에 따라 다르게 나타난다. 예를 들어, 직무를 전환한 지 1년밖에 안 되었다 하더라도 기술이 빠르게 변하고 다양한 경험이 필요한 시점이라면 직무전환의 필요성이 커진다. 반면, 동일 직무를 3년 이상 수행했다 하더라도 역량축적이 필요하거나 본인이 해당 분야의 전문가로 성장하기를 원할 경우에는 해당 부서에서 더 오랜 기간 경험을 쌓을 수 있도록 배려하는 것이 좋다. 이를 위해 관리자는 부서원과 지속적으로 소통하고 그의 경력성장을 지원하기 위해 노력해야 할 것이다.

4.
상호 학습하기

나의 역량을 효과적으로 개발하는 방법: 동료학습

직장에서의 역량 개발이라고 하면 사람들은 회사에서 제공하는 교육 과정이나 양성 프로그램에 참여하는 것을 떠올린다. 하지만 이런 교육과정은 입과 자격이 되는 일부 직원이나 부서장의 승인을 받은 직원에게만 제한적으로 주어진다. 더욱이 이러한 교육과정이 개설되기까지는 교육수요 조사, 강사 섭외 등 오랜 시간이 소요되기 때문에 직원들이 원하는 시점과 교육 시점에 차이가 발생할 수 있다. 또한 부서장의 승인을 얻어 교육과정에 입과하더라도 이후 긴급업무 대응, 중요 회의 참석 등으로 정해진 교육시간에 참석하지 못하는 경우도 생긴다. 교육업체 콜렉티브 캠퍼스(Collective Campus)의 CEO 스티브 글라베스키(Steve Glaveski)는《하버드 비즈니스 리뷰》기고를 통해 오늘날 기업들의 교육 프로그램 운영에 다음과 같은 3가지 문제점이 있다고 지적했다.[34]

첫째, 교육이 필요한 시점에 교육기회가 제공되지 않는다. 사람들은 자신이 배워야겠다는 필요성을 느낄 때 가장 적극적으로 학습한다. 또한 배운 내용을 실제 업무에 적용해보고 피드백을 받을 때 학습효과가 가장 크다. 그렇지만 회사의 교육 프로그램은 이런 개인의 학습의지 여부, 업무일정과는 무관하게 교육부서에서 정한 연간 계획에 따라 진행된다.

둘째, 개인이 원하는 것과는 다른 것을 배우고 있다. 직원들은 자신의 업무에 직접적으로 도움이 되거나 자신이 관심을 가진 분야에 대해 교육받기를 원한다. 하지만 교육부서는 경영진 혹은 회사 정책상 중요하다고 생각되는 공통 분야를 중심으로 교육과정을 개설한다. 그 결과 직원들은 '비즈니스 대화법', '갈등 상황 해결법'과 같이 개인의 요구와는 거리가 있는 공통 교육과정에 주로 참여하게 된다.

마지막으로, 교육 후 학습내용이 빠른 속도로 직원들의 기억에서 잊힌다. 독일의 심리학자 헤르만 에빙하우스(Hermann Ebbinghaus)의 연구결과에 따르면 지식을 습득한 뒤 사용하지 않으면 6일 이내에 그 75%가 기억에서 사라진다고 한다.[35] 이처럼 본인의 업무와 연계되지 않는 지식은 교육을 수료했다 하더라도 교육의 효과가 그 이후까지 지속되기 어렵다는 의미이다.

이같은 문제점으로 인해 최근에는 '동료학습(Peer-to-Peer Learning)'

이라는 역량 개발 방법이 주목받고 있다. 동료학습은 전문지식을 보유한 직원인 '강사(Facilitator)'와, 해당 지식을 배우고자 하는 직원인 '참가자(Volunteer)' 간에 자발적으로 진행되는 양방향 상호 학습활동이다.[36] 동료학습은 단순한 정보전달을 넘어 강사를 포함한 참가자 간의 지식, 아이디어 및 경험을 공유하는 상호 의존적 학습활동이다. 이런 동료학습은 점심시간을 이용해 부서원끼리 지식을 공유하는 런치 앤 런(Lunch & Learn) 방식의 소모임부터 사내 교육 과정의 일환으로 회사의 지원을 받아 전사적으로 수강생을 모집하는 프로그램까지 다양한 방식으로 운영될 수 있다.

동료학습을 활성화해 운영 중인 대표적 기업은 구글이다. 구글은 업무 관련 지식뿐 아니라 다양한 주제에 대해 임직원 누구나 스스로 강의를 개설하고 참여할 수 있는 사내 동료학습 프로그램인 G2G(Googler to Googler)를 운영하고 있다.[37] G2G는 전적으로 직원의 자발적 참여와 지식공유에 대한 열정을 기반으로 운영된다. 그럼에도 구글의 전체 교육 프로그램의 약 80%가 G2G 방식으로 진행될 정도로 활성화되어 있다. 'G2Ger'라고 불리는 6,000명 이상의 강사들이 동료들의 학습을 위해 자신의 시간을 할애하여 강의를 진행하고 있다.

구글의 동료학습은 교육과정의 내용이나 교육만족도 측면에서도 높은 수준을 유지하고 있다. 구글의 자체 조사에 따르면 G2G 프로그램의 만족도는 5점 만점에 평균 4.6점으로 매우 높다. 구글 내부에서 큰 호응을 얻은 G2G 프로그램의 경우는 해당 강사가 사외에서 아이템을 사업화하여 운영한 사례도 있다. 2013년부터 '마음챙김(Mindfulness)'이라는 명상 프로그램을 개설한 소프트웨어(SW) 엔지니어 출신의 차드 멩 탄(Chade Meng Tan)은, 사내에서 명상 수업을 개설하여 큰 호응을 얻자 사외에 '내면검색리더십연구소(Search Inside Yourself Leadership Institute)'를 설립하였다.[38]

내가 배우고자 하는 분야의 동료학습 만들기

구글이 성공적으로 활용하고 있는 이 '동료학습'은 국내 기업에서 일하는 부서장이나 직원들에게는 다소 생소한 개념이다. 또한 시간적 제한 속에서 업무와 병행하며 내가 배우고자 하는 지식의 전문가를 찾고 그의 자발적 참여로 지식을 전수받기란 쉬운 일이 아니다. 그렇기 때문에 동료학습을 성공적으로 진행하려면 어떤 분야에서 수준 있는 지식을 전달해줄 적합한 강사를 발굴하는 것이 관건이며, 그들을 동기부여할 수 있는 방안을 고민해야 한다.

나의 업무와 관련된 분야에 집중하라

동료학습이 활성화된 구글의 경우 명상이나 스포츠 등 업무와 무관한 분야에서도 근무시간 중 동료학습이 진행되고 있다. 하지만 이것은 미국의 업무성과 기반 평가문화와 '사무직의 근로시간 규제 적용 제외(White Collar Exemption)'* 제도가 뒷받침되었기에 가능한 일이다.

근로시간 제한이 있는 경우라면, 동료학습을 효율적으로 시행하기 위해 아무래도 업무와 관련된 분야에 초점을 맞추는 것이 현실적 대안일 것이다. 업무와 연관된 분야로 동료학습을 진행하면 사내 전문가를 비교적 쉽게 찾아낼 수 있다는 것이 장점이다. 부서 내 선배나 동료의 경우 동일한 경력경로(Career Path)상에 있어 필요한 지식이나 경험을 가지고 있을 가능성이 높고, 강의를 요청했을 때 승낙해줄 가능성 또한 높기 때문이다. 미국의 교육 및 자격인증 업체 디그리드(Degreed)의 설문조사에 따르면, 실제로 직원의 55%가 새로운 기술을 배우고자 할 때 주변 동료에게 먼저 문의한다는 결과가 있다.[39]

강사에게 보상을 제공하라

바쁜 업무시간 중 타인에게 지식을 전달해주기 위해 시간을 할애하는 것은 때로 귀찮고 피하고 싶은 일일 것이다. 그렇기 때문에 내가 원하는 전문가를 강사로 섭외하기 위해서는 적정한 보상을 제공해주어야 한다. 하지만 동료학습의 전제가 강사의 자발적 참여인 만큼 그것이 반드시 금전적 보상일 필요는 없다.

자신을 위해 소중한 시간을 내준 강사에 대한 감사와 인정을 표현하는 것이 무엇보다 먼저이다. 강사에 대한 정중한 태도, 감사 메일 등 개인적 감사 표현도 효과적이지만 회사 차원에서 공식적으로 진행하

---

* 미국 공정근로기준법(FLSA: Fair Labor Standards Act)에 의거하면, 주당 684달러 혹은 연간 3만 5,568달러 이상의 소득을 가진 근로자의 경우 근무시간이 아니라 성과를 기준으로 임금을 지급한다. 이에 따라 대상 인력에 대해서는 초과근로가 발생해도 임금을 지급하지 않는다.

는 '감사 캠페인'이나 '칭찬 릴레이'가 있다면 이를 활용해 공개적으로 칭찬과 인정을 표현할 수 있다. 이렇게 하면 강사가 동료학습 활동에 대해 공개적 인정을 받을 수 있어 더 효과적으로 동기부여 될 수 있을 것이다.

그리고 동료학습을 마치고 나서 강사의 업무를 지원해주거나 강사가 개인 사정으로 부재할 때 업무대행 역할을 수행해준다면, 그 또한 동료학습에 대한 보상이 될 수 있다. 또한 강사가 해당 분야의 심화과정 학습 혹은 자격시험 등을 준비할 때 학습 파트너로서 윈윈 관계를 유지하는 것도 바람직하다.

기존에 운영 중인 소모임이나 부서장에게 도움을 받아라

내가 배우고 싶은 분야의 전문가를 조직 내에서 발견하거나 강의를 요청할 네트워크를 가지고 있다면 좋겠지만 그렇지 않은 경우가 더 많다. 그렇다면 사내에서 운영 중인 스터디 모임이나 커뮤니티가 있는지를 확인해보고 거기에 먼저 가입하는 것도 '동료학습'의 한 방법이다. 또는 부서장에게 지원을 요청하여 부서 내 학습 소모임을 개설한 뒤 참여자들의 네트워크 역량을 활용하여 적합한 강사를 찾아보거나 발굴하는 것도 가능하다. 물론 이 경우에는 동료학습 주제가 부서 내 업무와 직·간접적으로 연관이 있어야 한다.

동료학습 강사를 위한 시간관리 노하우

|

누군가 나의 역량을 인정해주고 배움을 청하는 것은 기쁜 일이 아닐 수 없다. 하지만 근무시간에는 한계가 존재하기에 나의 시간을 최대한 쓸모 있게 투자하면서 강의 효과도 극대화하는 시간관리 노하우가 필요하다.

나에게도 도움이 되는 영역을 선택하라

흔히 동료학습의 효과는 강의를 듣는 참가자에게만 나타난다고 생각하기 쉽다. 하지만 강사 자신도 누군가를 가르치는 바로 그 일을 통해 지식의 넓이를 확장할 수 있다. 영국의 심리학자 크리스천 재럿(Christian Jarrett)에 따르면, 교육 진행자도 강의 진행을 통해 해당 분야에 대한 이해도 및 학습능력이 향상된다고 한다.[40] 이는 강사가 강의 자료를 만들거나 내용을 설명하는 과정에서 자신이 보유한 지식을 구조화하는 작업을 하게 되기 때문이다. 이른바 '가르침을 통한 학습(Learning by Teaching)' 효과로, 다음과 같은 실험을 통해 메타인지의 관점에서도 그 효과가 입증되었다.[41]

재럿은 실험에 참여하여 관찰 대상이 되는 학생들을 두 그룹으로 나눈 뒤 내용이 동일한 글을 공통적으로 제시했다. 그런 다음, 첫 번째 그룹에는 "일정 시간 뒤 해당 글에 대한 시험을 보겠다."라고 알려주었다. 이와 달리 두 번째 그룹에는 "일정 시간 뒤 이 내용을 다른 학생에게 가르쳐야 하니 준비하라."라고 안내하였다. 얼마간의 시간이 지나 두 그룹을 대상으로 동일한 내용에 관한 시험을 실시했다. 그 결과 다른 사람을 가르치려고 준비했던 두 번째 그룹이 더 높은 점수를 받은 것으로 나타났다.

이 결과는 무엇을 의미할까? 재럿은 두 번째 그룹이 '학생'의 관점이 아닌 '선생님'의 관점으로 자신을 바라보고 준비했기 때문에 더 높은 점수를 받은 것이라고 분석했다. 누군가에게 가르치고자 마음을 먹는 순간 해당 지식에서 핵심 부분을 파악하고 각 내용별로 중요성을 정리한 후 이를 어떻게 연결해 전달할지 생각했기 때문에 보유 지식이 보다 구조화되었으리라는 것이다. 이처럼 동료학습 강의를 통해 누군가를 가르치는 것은 자신의 역량을 강화하는 데에도 큰 도움이 된다.

동료학습 강의를 통해 얻을 수 있는 또 다른 보상은 바로 조직 내에서 전문가로서 인정받게 된다는 사실이다. 내가 동료학습 강의를 통해 지식을 나누어줄 수 있는 분야가 조직 내에서 주목받고 있는 분야이거나 많은 사람이 배우기를 원하는 분야라면 더욱 좋다. 이는 개인의 입장에서 같은 시간을 투자하고도 더 많은 인정을 받을 방법이기도 하다. 또한 회사 차원에서도 조직 내에 필요한 지식을 우선적으로 전파하는 것인 만큼 개인과 조직 모두에 이로운 선택이다.

강의 전 적정한 인원 규모와 교육범위를 정의하라

단기간 일회성으로 진행되는 동료학습이라면 참가자의 니즈에 따라 일대일로 진행하더라도 별 문제가 없을 것이다. 하지만 강사가 시간을 많이 투자해야 하고 강의가 장기간 진행되어야 한다면, 효율적인 시간 활용을 위해 적정 인원을 모집해 운영할 필요가 있다. 또한 강의의 목적과 교육범위, 횟수 등을 사전에 확정하여 강의가 계획과 다르게 늘어나는 것을 방지해야 한다. 이는 장기적 관점에서 강사가 동료학습에 대한 부담이나 회의를 느끼지 않고 강의를 운영하기 위해 반드시 필요한 사전작업이다.

참가자와 함께 운영원칙을 정하라

동료학습의 강사와 참가자는 모두 자신의 바쁜 업무시간을 할애하여 이 교육에 참여하는 것이다. 그런 만큼 구성원이 서로를 신뢰하고 적극적으로 참여하는 문화를 만들어 교육효과를 높이려는 노력이 매우 중요하다.

디그리드의 창립자 데이비드 블레이크(David Blake)도 《하버드 비즈

동료학습 구성원 간 운영원칙(예시)

① 우리는 조직 내 직급이나 나이 등과 관계없이 상호 존중하는 호칭과 언어를 사용한다.
② 다른 사람의 의견에 피드백을 할 때 상대를 폄하하거나 조롱하는 발언을 하지 않는다.
③ 강사/참여자 모두 교육 시작시간을 반드시 준수하며 불참할 경우, 최소 3일 전에 알린다.
④ 우리는 항상 다른 사람의 입장에서 공감해주려고 노력한다.

제2장 '미래준비성 업무'에 투자하라

니스 리뷰》 기고를 통해 성공적인 동료학습을 위해서는 안전한 환경 조성(Build a safe environment)이 필요하다고 언급했다.[42] 이를 위해서는 동료학습 시작 시 모두가 공감할 수 있는 운영원칙을 만들어 지켜야 한다.

동료학습에 한발 더 다가서기

지금까지 동료학습에 대한 개념, 구글의 활성화 사례 그리고 참여자와 강사가 알아야 할 동료학습 시간관리 노하우 등을 살펴보았다. 하지만 동료학습에 대해 여전히 회의적인 생각이 들 수 있다. "구글은 세계적인 대기업이고 사내에 우수 인력도 많으니 가능한 것 아닌가요?"라고 되묻거나 "저는 누군가를 가르칠 만한 역량을 가지고 있지 못합니다."라고 말할 수 있다.

하지만 글로벌 일류기업 구글도 동료학습에 대한 직원들의 인식을 바꾸고 활성화시키기까지는 수많은 시행착오를 겪었다고 한다. 그럼에도 구글이 동료학습 프로그램을 성공시킬 수 있었던 것은 조직 내에 동료학습에 대한 3가지 믿음이 있었기 때문이라고 한다. 직원 모두가 학습할 권리를 갖는다는 믿음과, 교육이 일부 담당자의 역할이 아닌 모두의 책임이라는 믿음, 또 직원들 모두가 학습을 제공할 만한 역량이 있다는 믿음이 바로 그것이다.

우리는 주어진 시간 안에서 본연의 업무를 수행함과 동시에 장기적

구글의 동료학습에 대한 3가지 믿음

① 모든 직원은 지역, 역할, 근속 등에 관계없이 '학습할 권리'를 가지고 있다.

② 교육이란 교육 전담부서가 담당해야 할 책임이 아니라 조직 전체가 책임져야 할 일이다.

③ 직원들은 조직의 학습문화를 성장시켜나갈 만큼 충분히 현명하고 역량이 있으며 동기부여가 되어 있다고 믿는다.

자료: 구글 리워크 홈페이지 〈https://rework.withgoogle.com/〉.

으로는 개인의 역량도 향상시켜야 한다. 그러려면 하루 중 가장 많은 시간을 같이 보내는 직장 동료를 믿고 서로의 전문역량을 공유함으로써 윈윈하는 조직문화를 만들어나가야 할 것이다.

리더십 가이드라인

　직원들이 동료학습을 통해 지식을 공유하고 함께 성장하는 문화를 만드는 것은 조직경쟁력 강화에도 긍정적 영향을 미친다. 하지만 정작 관리자가 동료학습의 긍정적 효과를 알고 있음에도 이것을 어떻게 장려해야 할지, 담당 업무의 수행과는 어떻게 균형을 맞춰야 할지 모르는 경우가 많다. 조직 내 동료학습을 장려하고 함께 성장하는 문화를 만들고 싶다면 다음 3가지를 우선적으로 실천해보라.

Tip ❶ 부서장이 몸소 보여주기

　부서원들에게 소규모 스터디나 독서토론 등 동료와 함께 학습하도록 독려하는 것도 좋지만, 가장 효과적인 방법은 관리자가 학습에 참여하는 것이다. 관리자가 먼저 학습한 내용을 부서원들과 공유하거나 직접 강의하는 자리를 만드는 것도 좋다. 대다수 부서원이 느끼는 동료학습의 부담감 중 하나는 업무시간 중에 따로 시간을 내야 한다는 점이다. 만약 관리자가 동료학습에 함께한다거나 적극적으로 독려하는 모습을 보인다면 부서원들도 업무시간이라는 압박감에서 벗어나 학습에 참여할 수 있을 것이다.

Tip ❷ 점심시간을 학습시간으로 활용하도록 지원하기

부서원들이 모여서 하는 '학습회' 같은 경우, 서로 다른 업무를 하는 부서원들이 시간을 맞춰 함께하기란 쉬운 일이 아니다. 따라서 점심시간을 활용하도록 권하는 것도 좋은 방법이다. 이때 학습을 하면서 점심을 같이할 수 있도록 부서 경비를 제공해주는 것도 좋다. 이 경우 직원들은 관리자가 동료학습을 적극적으로 지원한다는 인식을 갖게 되고 점심시간도 알차게 활용할 수 있어 일석이조의 효과를 거둘 수 있다. IBM, 인텔 등 글로벌 기업에서는 이미 런치 앤 런(Lunch & Learn), 브라운 백 런치(Brown Bag Lunch) 등 점심시간을 활용한 소규모 학습회가 활성화되어 있다.

Tip ❸ 부서원의 경력개발 관점에서 지속적 피드백 제공하기

HR 전문가 조시 버신(Josh Bersin)이 700개 조직을 대상으로 진행한 연구에 따르면, 직원들은 주당 평균 24분만을 교육에 투자하는 것으로 나타났다.[43] 이 같은 결과가 보여주듯 자신의 시간을 쪼개 역량 개발에 투자하는 것은 쉽지 않다. 또한 많은 부서원이 눈앞에 닥친 업무를 처리하는 데 몰입하다 보면 자신이 어떤 부분에서 역량 강화가 필요한지 객관적으로 돌아볼 여유가 없다.

따라서 관리자는 각 부서원들의 전반적 경력개발 관점에서 그의 강점은 무엇이고, 어떤 부분의 역량을 강화해야 하는지 지속적으로 피드백을 해주어야 한다. 관리자의 피드백에 따라 부서원들이 역량 개발의 필요성을 인식하여 더 적극적으로 역량 개발에 시간을 할애하게 될 것이다.

관리자의 말과 행동에는 부서원을 움직이는 힘이 있다. 관리자가 동료학습에 지속적 관심을 가지고 진심으로 지원해준다면 부서원들도 적극적 참여로 응답해줄 것이다.

제3장

'단발성 업무'를 통제하라

단발성 업무란 본업은 아니지만 개인의 직무, 역할, 조직 내 관계로 인해 누군가의 요청을 받아 수행하는 업무를 말한다. 주로 다른 부서나 동료의 본질적 업무를 일시적으로 도와주는 형태로 나타난다. 단발성 업무 자체가 직접적으로 성과를 창출하는 것은 아니기 때문에 일의 가치는 상대적으로 낮으나 요청받는 업무라는 특성상 시간제한을 가진다.

단발성 업무를 수행하기 위한 시간관리 방법은 '통제'이다. 단발성 업무가 발생했을 때에는 납기를 고려하며 진행하되 본업, 즉 본질적 업무의 생산성을 훼손하지 않도록 통제해야 한다. 중간에 끼어들어 빠른 납기를 요구하는 단발성 업무 때문에 나의 본질적 업무에 투입할 시간이 희생되어서는 안 된다. 단발성 업무는 가능하면 전체 업무시간의 약 10% 내외에 그치도록 통제하는 것이 바람직하다. 그렇다면 단발성 업무를 잘 통제하는 방법은 무엇일까?

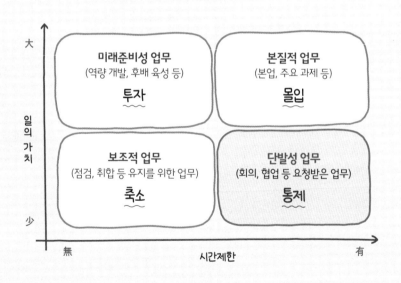

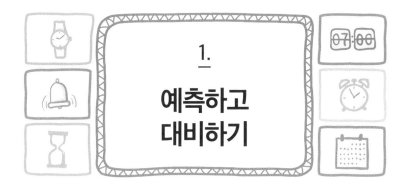

1.
예측하고
대비하기

단발성 업무에 상시 노출되어 있는 현대 직장인

페이스북 CEO 마크 저커버그는 별도의 사무실 없이 직원들과 함께 개방된 공간에서 업무를 본다. "사람들이 서로 가까이에서 일하며 업무에 대해 공유하고 대화할 수 있는 개방적인 일터는 더 나은 협업을 가능하게 한다. 그것이 최고의 서비스를 구축하는 원동력이다."라는 것이 저커버그의 생각이다.[1] 그가 직원들과 격의 없이 만나 문제를 함께 해결하는 모습은 실리콘밸리에서 페이스북이 차지하는 위상만큼이나 이미 유명하다. 소통과 협업이 끊임없이 이뤄지는 용광로 같은 페이스북의 조직 분위기는 수많은 기업의 벤치마킹 대상이 되었으며, 개방형 업무문화를 도입하는 데 촉매제가 되고 있다.

하지만 민첩하고 화려한 그 겉모습 뒤에 놓인 직원들의 현실은 녹록하지 않다. 예상치 못한 업무요청에 노출되는 빈도가 크게 늘어났기 때문이다. 개방된 공간에서 근무하는 직원은 간단한 업무 질문에 대한 답변이나 회의 참석을 요청받는 빈도가 각자의 사무실에서 일하는 직원보다 29% 많았다. 이에 따라 피로감과 스트레스성 질환을 호소하는 경우도 증가했으며 특히 집중력 저하로 업무상 실수 확률도 2배 상승하는 것으로 밝혀졌다.[2]

이메일, 메신저 등 온라인 커뮤니케이션 기술의 발전과 점차 수평적 조직문화로 변화하는 21세기형 사무공간이 개개인의 스케줄을 점점 더 예측하기 어렵도록 만들고 있다. 이로 인해 직장인들은 스스로 시간을 통제할 수 있는 권한을 잃은 것 같다는 느낌을 받고 있다.[3]

무턱대고 단발성 업무를 하면 생기는 일들

오늘 하루 일과 중에 단발성 업무가 얼마나 있었는지 한번 돌아보자. 타 부서의 업무협조 요청 회의에 소집되어 참석한 일, 상사의 업무 관련 문의와 자료 요청에 대응한 일 등이 떠오를 것이다. 다음 주까지 마감해야 할 업무를 어떻게 진행할지 한창 고민 중인데, 업무협조 요청 메시지가 화면에 나타나 당황스럽게 만들기도 한다. 물론 대다수 사람들은 이때도 웃는 모양의 이모티콘을 보내며 상냥하게 응대한다. 하지만 그것도 정도껏이지, 끝도 없이 이어지는 남의 일만 마냥 처리해줄 수는 없는 노릇이다. 개인의 '에너지'는 한정적이기 때문이다.

특히 그날그날 일과를 돌아볼 때 이런 일로 시간을 많이 사용했다고 생각된다면 단발성 업무에 대한 점검을 고려해봐야 한다. 만약 본인이 평소 단발성 업무를 얼마나 많이 혹은 자주 하고 있는지 측정하지도, 관리하지도 못하고 있다면 다음과 같은 피해를 면하기 어렵다.

첫째, 본질적 업무의 양적·질적 저하이다. 단발성 업무가 통제되지 않고 많아질수록 본업에 집중할 시간은 줄어들 수밖에 없다. 시간이 부족해져 납기 준수와 성과에 압박을 받다 보면, 업무수행에 있어 새로운 시도를 펼치기보다는 어쩔 수 없이 본인이 기존에 지니고 있던 일반적 지식에만 의존하게 된다. 즉, 본질적 업무를 더 잘하기 위해 장기적 관점에서 시간을 투자한다든지, 좀 더 대담하고 창의적인 발상을 하기가 힘들어진다.[4] 단발성 업무에 할애한 양적 시간 그 자체에 비해 본업이 받은 손해가 상상 이상으로 클 수 있는 것이다.

둘째, 몰입 저하를 초래한다. 몰입은 수면과 비슷하다. 7시간 동안 자는 것을 30분씩 나눠 모두 7시간을 잔다고 해보자. 과연 수면의 질이 똑같을까? 이런 조각 잠으로는 절대 동일한 수준의 회복력을 얻을 수 없다. 단발성 업무는 기존 업무를 중단했다가 다시 시작하게 만든다. 다시 기존 업무에 몰입하기 위해서는 약 20분 정도의 시간이 그때그때 추가로 필요하다는 관련 보고도 있다.[5] 만약 단발성 업무가 발생할 때마다 즉각 대응을 하고 있다면 몰입 저하는 더욱 심각해진다. 매번 타의에 의해 잠에서 깨어나는 것과 유사한 상황이 되는 것이다.

단발성 업무를 통제하지 않으면 본업에 방해를 받게 되어 몰입이 자

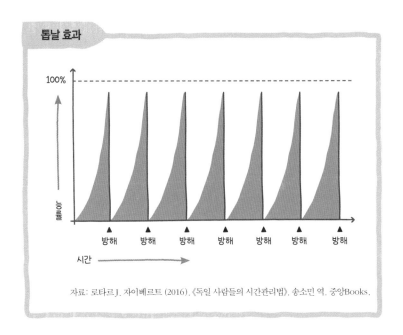

톱날 효과

100%

느낌점늘

방해 방해 방해 방해 방해 방해 방해

시간 ⟶

자료: 로타르 J. 자이베르트 (2016).《독일 사람들의 시간관리법》. 송소민 역. 중앙Books.

꾸 끊기는데, 이러한 현상을 그래프로 나타내면 그 모양이 톱날 같다
고 해서 '톱날 효과(Saw-Blade Effect)'라고 불린다.[6] 이는 단발성 업무
로 사용한 총 시간이 얼마 되지 않을지라도 발생 빈도에 따라 본질적
업무에 큰 차질을 빚을 수 있음을 보여준다.

셋째, 업무의욕을 떨어뜨린다. 비공식적으로 이루어지는 많은 단발
성 업무는 마치 하루를 열심히 일한 것처럼 만들어주지만 과연 얼마
나 높은 가치를 창출했는가 하는 측면에서 보면 좋은 점수를 주기 어
렵다. 본질적 업무에 써야 할 시간을 쪼개 단발성 업무를 처리했음에
도 그에 준하는 보상이나 대체할 시간을 제공받을 가능성은 낮기 때

문이다. 특히 단발적 업무가 발생할 때마다 열심히 하다 보면 본인이 예상한 것보다 더 오랫동안 더 많은 일을 하게 된다. 이렇게 투입한 노력에 비해 돌아오는 가치가 적거나, 본인의 예상보다 더 많은 일을 하는 상황이 장기적으로 지속된다면 자기 스스로 업무역량을 의심하게 되고 의욕마저 잃게 된다. 이것이 바로 '번아웃 증후군'의 대표 증상 중 하나이다.[7]

단발성 업무를 측정하고 관리하기

단발성 업무를 제대로 통제하고 관리하려면 먼저 단발성 업무를 유형별로 나누어 자신이 특정 유형의 일을 얼마나 수행했는지 측정해볼 필요가 있다. 실리콘밸리의 인사관리 전문가인 패트릭 에버스(Patrick Ewers)는 업무 사이클에 따라 짧게는 3일, 또는 일주일 동안 매일 발생한 단발성 업무를 육하원칙에 따라 작성해보라고 권한다. 작성이 완료되면 내용을 고려하여 '긴급성'과 '유효성'으로 단발성 업무를 구분한다. '긴급성'의 경우 자신이 원하는 만큼 미룰 수 없는 경우에는 '긴급'으로, 그렇지 않다면 '일반'으로 둔다. '유효성'은 본인이 반드시 해야 하는 일인지를 따져보는 것으로, 상황상 본인이 수행하기 어렵거나 다른 사람이 수행하는 것이 더 효과적이라고 생각되면 유효하지 않다고 판단한다.[8] 마지막으로 해당 업무를 수행한 시간을 기록한다. 기록이 모두 수집되었다면 다음과 같은 방법으로 단발성 업무를 관리할 수 있다.

첫째, 긴급하지 않거나 유효하지 않은 단발성 업무를 통제한다. 본인도 모르게 긴급하지도 않은 업무를 빨리, 다른 사람이 해도 될 일을 도맡아서 하느라 많은 시간을 보내고 있지는 않은가? 측정된 결과를 토대로 '긴급'이 아닌 업무는 수행시간을 조정하고, 유효하지 않은 업무는 위임하거나 참여를 줄이는 것이 바람직하다.

둘째, 긴급하며 유효한 단발성 업무가 너무 많다면 그 점을 직무 관련자들에게 알리고 조정한다. 긴급하고 유효한 단발성 업무가 너무 많은 시간을 차지한다면 이를 혼자 해결하기는 어렵다. 뾰족한 수가 없어 자신의 본질적 업무에 지장을 주거나 초과근무로 이를 보충하

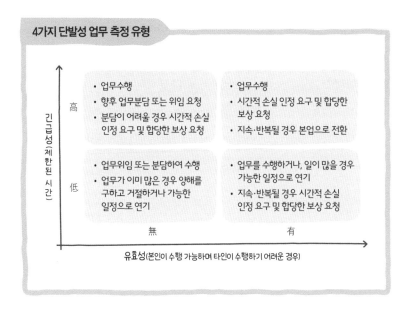

4가지 단발성 업무 측정 유형

긴급성(제한된 시간)

高
- 업무수행
- 향후 업무분담 또는 위임 요청
- 분담이 어려울 경우 시간적 손실 인정 요구 및 합당한 보상 요청

- 업무수행
- 시간적 손실 인정 요구 및 합당한 보상 요청
- 지속·반복될 경우 본업으로 전환

低
- 업무위임 또는 분담하여 수행
- 업무가 이미 많은 경우 양해를 구하고 거절하거나 가능한 일정으로 연기

- 업무를 수행하거나, 일이 많을 경우 가능한 일정으로 연기
- 지속·반복될 경우 시간적 손실 인정 요구 및 합당한 보상 요청

無　　　　　　　　　有

유효성(본인이 수행 가능하며 타인이 수행하기 어려운 경우)

고 있지는 않은가? 긴급하고 유효하다고 판단되는 단발성 업무를 조정하려면 이해관계에 놓인 상사나 동료와의 협의가 긴요하다. 본인의 업무 과부하를 알리고 조정 요청을 하자. 만약 여러 제약으로 인해 업무조정이 어렵다면, 최소한 그 일에 대한 보상이나 인정을 받을 수 있는 환경이라도 조성해야 한다.

셋째, 단발성 업무를 처리하는 시간을 관리한다. 개인마다 '가장 몰입이 잘되는 시간'이라는 것이 있으므로 이 시간에는 자신의 본질적 업무를 수행하는 것이 바람직하다. 작성된 기록을 통해 단발성 업무가 언제 주로 발생하는지와 그 일을 처리하는 시간대를 확인해보자.

집중시간대 단발성 업무 관리의 예

개선 전 단발성 업무 기록				개선 후 단발성 업무 기록			
업무시간		요청 발생	업무수행	업무시간		요청 발생	업무수행
9시				9시			
10시	집중 근무	★(긴급, 유효)	★	10시	집중 근무	★(긴급, 유효)	★
11시		●(일반, 유효)	●	11시		●(일반, 유효)	
12시				12시			
13시				13시			●
14시	집중 근무	☆(긴급, 유효×)	☆	14시	집중 근무	☆(긴급, 유효×)	
15시		○(일반, 유효×)	○	15시		○(일반, 유효×)	
16시				16시			☆
17시				17시			○

○(일반, 유효×) 업무는 위임, 연기 가능

만약 자신의 업무몰입도가 높은 시간대에 빈번하게 단발성 업무를 처리하고 있다면 이는 조정이 필요하다. 매우 긴급한 단발성 업무라면 어쩔 수 없겠지만, 그렇지 않은 업무는 조금 미루어도 큰 지장은 없을

도요타의 빨셈식 시간관리

도요타는 직원들이 보다 효율적으로 근무시간을 사용하도록 돕기 위해 하루 업무시간을 다음과 같이 스스로 측정하여 개선해보도록 권장하고 있다.

- **1단계: 업무시간과 업무내용을 5분 단위로 적어본다.**

- **2단계: 기록한 작업을 주업무, 보조업무, 불필요한 업무로 구분한다.**

  그날의 일과를 세밀하게 적어보는 활동만으로도 무의식중에 낭비하고 있던 시간이나 부수적 업무가 얼마나 많았는지 파악할 수 있다. 또한 작업의 표준 소요시간을 알면 계획을 세우기도 그만큼 쉽다.

- **3단계: 불필요한 업무라면 다음과 같은 낭비 요소를 찾아내 제거한다.**

  도요타에서는 대표적으로 3가지 낭비를 정해 금기시한다. 첫째, 자료를 보기 좋게 하기 위해 공을 들이는 '가공의 낭비'. 둘째, 다음 작업을 하기 위해 답변을 기다려야 하는 '대기의 낭비'. 셋째, 데이터에 오류가 있어 수정하는 '수정의 낭비'이다. 이 외에도 운반이나 동작의 낭비도 제거해야 할 요소이다.

- **4단계: 타인과 공유가 가능한 공통 업무를 구분한다.**

  특정 사람, 시간, 장소에서만 할 수 있는 고유 업무 외에 다른 사람도 할 수 있는 공통 업무라면 그것을 공유함으로써 시간을 단축할 수 있다.

자료: "「トヨタ式」タイムマネジメント ムダな仕事時間を徹底的にカイゼンする"
(2017. 4.). *Nikkei Trendy*.

것이다. 따라서 본질적 업무를 수행하기 위한 소중한 덩어리 시간을 지켜내는 것이 옳다. 물론 상대방에게 단발성 업무를 요청할 때에도 가급적이면 상대방의 집중시간대를 방해하지 않는 매너를 갖추어야 할 것이다.

다만 단발성 업무 측정을 일기 쓰듯 날마다 해야 하는 것은 아니다. 듀크 대학 조던 에트킨(Jordan Etkin) 교수의 연구에 따르면 과도한 측정 행위는 장기적 측면에서는 도리어 재미와 동기를 유의미하게 저하시키고 결국 측정을 영구히 중단하는 원인으로 작용하기도 하기 때문이다.[9] 이 측정의 목적은 단발성 업무의 유형을 쉽게 판단하여 의사결정을 잘하는 능력을 기르는 것이다. 평소 무엇인가를 기록하는 습관을 갖지 않은 사람이라면 한두 번씩 일정 기간 단발성 업무를 측정해 보는 것만으로도 충분히 긍정적 효과를 얻을 수 있다.

예측하고 대비하여 시간통제감 찾기

일반적으로 향후 업무를 계획할 때는 예상 가능한 본질적 업무 또는 미래준비성 업무를 주로 고려하여 일정표를 빈틈없이 채우게 된다. 하지만 이렇게 일정대로 업무를 진행하다 보면 시간 부족을 느끼게 되는 경우가 많을 것이다. 열심히 일을 하는데도 불구하고 시간 부족에 허덕이다 보면 자신의 능력이 부족한 것은 아닌지, 스스로 시간관리를 잘못하는 것은 아닌지 자책과 무기력증에 빠지기도 한다.

그럴수록 자신의 업무시간이 어떻게 사용되었는지를 좀 더 정확하게 인지하여 대비해야 한다. 앞서 언급한 방법으로 단발성 업무의 양과 그 유형을 측정하였다면, 이제는 향후 예상되는 단발성 업무 및 그에 할애되는 시간을 전체 업무일과 설계 시 고려해보자. 만약 측정 당시 공교롭게도 단발성 업무가 별로 없었다면 단발성 업무가 많다고 느낀 날의 업무량을 감안하여 의식적으로 예측치에 반영하는 것이 바람직하다. 이후 동일한 직무를 지속적으로 수행하고 있더라도 조직이나 근무환경의 변화로 인해 단발성 업무의 양이 급격히 증가하거나 줄어들 수 있으니 예측했던 시간을 과도하게 벗어난 날이 많아질 경우 재측정을 해볼 것을 권한다.

물론 예측만 가지고 발생하지도 않은 일을 감안하여 시간을 미리 떼어놓는다는 것은 현실적으로 어려운 일이다. 하지만 이렇게 자신의 시간사용을 미리 예측하고 대비하는 것만으로도 '시간통제감 (Perceived Control of Time)'을 느낄 수 있다. 시간통제감이란 스스로 시간을 제어할 수 있다는 믿음이다. 쉽게 말해, 해야 할 일을 정리해 메모하거나 계획표를 작성했을 때 느끼는 긍정적 감정이다.

이와 관련해 네덜란드 아인트호벤 대학의 클래센스(Brigitte J. C. Claessens) 박사는 위와 같은 계획 방법이 시간통제감을 높이는 효과가 있음을 입증하였다. 즉, 향후 업무상황을 미리 예측하여 대비하고 업무시간을 측정하는 행위가 시간통제감을 높여준다는 것이다. 또한 시간통제감의 증가는 업무긴장도, 심리적 불안감을 완화시키는 동시에 업무만족과 성과에도 긍정적 영향을 미쳤다.[10]

이제라도 '단발성 업무'를 위한 시간을 미리 염두에 두고 일과를 시작해보면 어떨까? 그리고 단발성 업무가 발생하면 이를 꼼꼼히 메모로 남겨보자. 단발성 업무가 발생할 것을 미리 예상하고 대비하는 마음가짐만으로도 시간통제감이 상승하여 심리적 안정감을 얻을 수 있다고 하니까 말이다. 꼭 측정해보기를 권한다.

리더십 가이드라인

관리자가 부서원들의 본질적 업무를 관리하기는 상대적으로 용이하지만 단발성 업무의 경우 그 건수나 양이 얼마나 되는지 제대로 파악하기조차 쉽지 않다. 부서원들이 단발성 업무에도 적절히 대응하면서 본질적 업무에 몰입할 수 있도록 하려면 어떤 측면에서 지원을 해주어야 할까? 긴급하게 요청되는 부서 내 단발성 업무를 관리자가 적절히 파악하여 부서원들에게 효과적으로 배분하는 요령은 무엇일까?

Tip ❶ 부서원들의 시간통제감 높여주기

단발성 업무가 많이 발생하여 부서원들의 업무몰입이 방해받고 있는데도 관리자가 이를 간과한다면 부서 전체의 생산성에 치명적일 수 있다. 부서원들이 단발성 업무를 스스로 통제하지 못하는 경우, 업무몰입이 중간중간 끊기는 현상이 지속, 반복되어 부서 전체의 몰입 수준을 저하시킬 것이다.

이를 방지하려면 우선, 부서원들이 단발성 업무에 대한 통제력을 스스로 가질 수 있도록 관리자부터 이 문제에 관심을 보여야 한다. 예를 들어, 단발성 업무의 양, 긴급성 및 유효성을 부서원들이 체크하고 측정하도록 관리자가 독려해보자. 그리고 그 결과를 토대로 단발성 업무가 과도하게 부여된 직원의 업무를 다른 직원에게 배분하는 등의 피드백을 해줄 수 있다면 더 좋을 것이다. 주의할 점은 단발성 업무를 기록하거나 조사하는 작업이 부서원들에게 또 하나의 업무로 인식될 수 있다는 것이다. 그러므로 단발성 업무 측정은 업무방식 개선 및 효율적 시간관리를 위한 것임을 이해시키고 충분한 공감을 얻는 과정이 선행되어야 한다.

또한 관리자는 부서원들이 서로의 집중근무시간을 저해하지 않으면서 단발성 업무를 수행할 수 있도록 배려하는 문화를 조성해야 한다. 정말 긴급한 단발성 업무가 아니라면, 집중근무시간을 피해서 업무를 수행하도록 해야 한다는 것이다. 더불어 부서원들이 각자의 집중근무시간대를 공유하여 가급적 그 시간에는 서로를 방해하지 않도록 배려하는 분위기를 정착시키는 것이 바람직하다.

마지막으로, 실제로는 단발성 업무를 가장 많이 요청하는 사람이 대개 관리자인 경우가 많다. 단발성 업무를 지시할 때는 지시받는 직원의 업무량이 현재 어떤지를 먼저 파악해야 한다. 이 과정을 거치지 않는다면 부서원을 동기부여 하는 것뿐 아니라 신뢰 형성에도 부정적 영향을 끼칠 것이기 때문이다.

Tip ❷ 타 부서의 업무진척도를 공유하여 단발성 업무 예측하기

단발성 업무는 부서 내부만큼 외부에서 요구되는 경우도 많다. 그리고 관리자들은 타 부서의 업무내용 및 진행상황에 대해 부서원들보다 더 많은 정보를 공유하고 있다. 실제로, 미국의 3대 경영 컨설턴트 중 하나인 베인앤컴퍼니(Bain & Company)가 미국 17개 대기업 부서장들의 업무시간을 분석해본 결과, 1주에 약 8시간 정도는 타 부서와의 협업을 위한 이메일을 주고받는 데 쓰는 것으로 나타났으며, 업무시간의 절반 이상을 협업 관련 미팅 참석에 쓰는 것으로 조사되었다.[11]

그렇다면 관리자는 이러한 소통과정을 통해 자신의 부서에 요청될 가능성이 있는 단발성 업무가 무엇인지 어느 정도 예상할 수 있다. 이를 부서 전체의 업무계획 수립 시에 반영하여 전체 부서원들의 업무할당 및 인적자원 활용 계획을 보다 효과적으로 수립해야 한다. 더불어 부서원들이 단발성 업무에 대비하고 통제력을 가질 수 있도록 업무계획을 부서원들과 사전에 공유하는 것이 바람직하다.

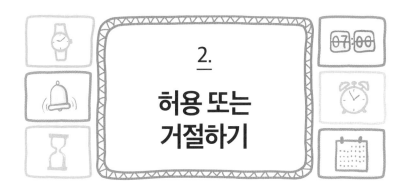

2.
허용 또는
거절하기

항상 "Yes"라고 말하지는 않는가?

"Yes"라고 대답하는 습관에 빠져들기는 너무나 쉽다. 인간관계를 중시하고 사회성이 좋은 사람(People Pleaser)일수록 더욱 그러하다. 친구의 부탁 하나를 들어주고 나면, 갑자기 가족이 무엇인가를 부탁하고, 급한 일이라며 도움을 청하는 동료의 말을 거절하기도 쉽지 않다. 그러다 보니 정작 3일 전이 데드라인이었던 자신의 본업 프로젝트는 마감을 미루는 지경에 처하기도 한다. 만일 이런 상황이 왠지 익숙한 이야기로 들린다면 당신 역시 무의식적으로 "Yes"라고 답하는 사람일 수 있다.

페이스북의 COO 셰릴 샌드버그(Sheryl Sandberg)도 비슷한 고충을 토로한 적이 있다. 《포브스》 지와의 인터뷰에서 샌드버그는 페이스북에 처음 입사한 후 밤낮없이 일했던 경험을 언급했다.[12] 그녀 또한 초기에는 여러 사람의 단발성 업무 지원 요청에 응하느라 정작 중요한 업무에는 집중하기가 어려웠다면서 이를 극복하기 위한 방안으로 거절하기, 즉 "No"라고 대답하는 방법을 연습해야 했다고 고백했다.

그런데 주요 업무에 집중하고 생산성 향상을 위해 거절하는 습관을 기른다고 해서 문제가 해결될까? 간단해 보이지만, 실은 어려운 문제이다. 특히 회사에서는 더욱더 그렇다. 직장인에게 주어진 근무시간은 제한이 있고 각자 해야 할 주요 업무의 양도 만만치 않다. 그럼에도 불구하고 협업을 해야 하는 상황에서 단발성 업무를 계속 거절하는 것도 바람직하지는 않다.

미국 명문대를 졸업한 빅데이터 분석가 박 대리의 사례를 한번 살펴보자. 그는 사내에 몇 안 되는 빅데이터 분석가로서 주요 업무 분야인 빅데이터뿐 아니라 영어 실력까지 뛰어난 인재이다. 모든 업무에 적극적으로 임하는 박 대리는 빅데이터 관련 프로젝트가 있을 때마다 동료들의 러브콜을 받는다. 문제는 빅데이터 분석뿐 아니라 통역, 번역, 글로벌 벤치마킹 등 영어 구사 능력이 필요한 단발성 업무가 발생할 때마다 모두들 박 대리에게 도움을 요청한다는 점이다.

얼마 전에도 박 대리는 주요 프로젝트 마감이 닥친 탓에 한창 바쁘게 일하던 중이었는데, 갑작스럽게 매우 중요한 일이라며 20장 분량의 논문 번역을 부탁받았다. 평소 같으면 충분히 지원해줄 만한 일이지만, 빠듯한 일정 때문에 그는 고민하기 시작했다. 이 일을 맡으면 그는 한꺼번에 2가지 이상의 작업을 병행해야 하고 분명 스트레스를 느껴 업무관리가 쉽지 않을 것이라 생각했다. 그렇게 되면 나중에 동료들에게 무책임한 사람이라는 평가를 듣게 될 것이 분명했다. 그렇다고 무턱대고 안 된다고 말하자니 마음이 불편하다. 만약 박 대리와 같은 상황에 처한다면 어떻게 행동해야 할까?

단발성 업무의 일정 조율

|

단발성 업무를 요청받으면 우선은 업무의 성격부터 파악하여 분류하는 것이 중요하다. 업무의 시급성과 소요시간에 따라 해당 업무가 급하게 처리해야 할 일인지, 아니면 시간이 그리 오래 걸리지 않는 일인지, 혹은 급하지는 않지만 오랜 시간에 걸쳐 잘 해결해야 하는 일인지를 먼저 확인한 뒤 일정에 따라 업무를 진행하는 것이 필요하다. 이를 토대로 지원해야 하는 단발성 업무가 본질적 업무에 얼마나 영향을 미칠지도 반드시 점검해봐야 한다.

이 과정이 끝나면 지원을 요청한 사람에게 본인의 타임라인을 공유하여 언제까지 단발성 업무를 처리할 수 있는지 전달하고 서로 조율하는 과정을 거친다. 조율과 소통은 대부분의 경우 회사 업무의 핵심이다. 커리어 코치 데브라 위트먼(Debra Wheatman)은 업무를 부탁하는 입장에서는 타임라인이 불분명하면 재촉하게 되기가 쉽기 때문에 현실적으로 실현 가능한 기한을 되도록 분명하게 제시하는 것이 효과적이라고 주장했다.[13] 업무완성을 위해 상대를 기다리게 하는 것만큼이나 기다리는 일도 초조하고 괴롭기는 마찬가지이기 때문이다.

단발성 업무를 처리하는 방법은 크게 3가지 전략으로 분류할 수 있는데, 이는 앞서 언급한 업무성격과 업무시간의 조정 가능 여부에 따른 구분이다.

"Yes" 후 바로 시작할 수 있는 것 처리하기

우선 요청된 단발성 업무가 비록 마감시간은 촉박하지만 개인의 본질적 업무를 크게 분산시키지 않는 간단한 일이라면 요청을 허용하고 곧바로 처리해주는 것이 좋다. 예를 들어, 동료가 요청한 자료 공유하기, 관련 부서 담당자의 연락처 알려주기 혹은 소개하기 등이 이런 경우에 속한다. "10분 정도면 끝낼 수 있는 일인가?" "나의 다른 업무에 지장을 주지 않는가?" "지금 당장 처리할 수 있는 자원(Resource)이 내게 있는가?"를 자문해본 후 그렇다고 생각되면 곧바로 실행하길 바란다. 금방 털어낼 수 있는 일을 미루면 나중에는 귀찮고 하기 싫은 일이 되어 도리어 부담이기 때문이다.

이를테면, 예전에 수행한 프로젝트의 자료를 공유해달라는 요청을 받았다고 해보자. 요청한 사람의 설명을 듣고 바로 실행하면 5분이면 해결되었을 일인데, 틈이 나면 하겠다는 생각에서 며칠 뒤로 미루면 애초 5분이면 할 수 있는 일이 15분 이상이 소요되는 일로 바뀔 수 있다. 요청 업무를 다시 떠올려야 하고, 할 일을 숙지해야 하며, 본인이 가지고 있는 자료가 정확한 자료인지 확인해야 하고, 이메일을 작성 해야 하는 등 좀 더 복잡해지기 때문이다. 최악의 경우 요청한 사람에 게 다시 연락해 설명을 들어야 할지도 모른다.

행동경제학자 조지 로웬스타인(George Loewenstein)은 이와 관련하여 다음과 같이 이야기한다. 사람들은 자신의 현재 상황에 비추어 미래에도 비슷한 상황일 것이라고 예측하지만, 사실 누구도 자신이 어떤 경험을 하게 될지 정확히 알지 못한다.[14] 즉, 시간관리 측면에서 보면 우리는 현재의 5분이 미래의 5분과 같을 것이라 생각하지만 오판일 수 있다. 따라서 지금 자신이 단발성 업무를 처리하기 위해 가용 가능한 단 몇 분이 미래에도 같은 수준으로 가능하다고 확단할 수 없기 때문에 이러한 간단한 업무들은 요청받는 즉시 최대한 빠르게 처리하는 것이 현명하다.

"Yes" 후 똑똑하게 미루기
|

그런데 만일 요청된 단발성 업무가 주요 업무 혹은 현재 업무량에 영향을 줄 만큼 개인의 노력(Input)을 요구하는 일이라면 이야기가 달라진다. 앞서 소개한 박 대리의 상황이 이를 잘 보여주는 사례이다. 이 같은 경우라면 우리는 먼저 단발성 업무를 수행하는 데 쓸 수 있도록 주어진 시간이 얼마나 되는지 확인해야 한다. 만약 마감시간이 넉

넉하게 잡혀 있거나 요청자와의 합의에 따라 그 기한을 여유롭게 잡을 수 있는 상황이라면, 일단 요청을 승낙하되 단발성 업무 처리 자체는 잠시 미룰 것을 제안한다.

사실 '미루다'라는 말에는 부정적 뉘앙스가 많다. 우리는 할 일을 뒤로 미루는 것은 옳지 않다고 학습해왔다. 어릴 적 읽은 이솝우화 속 〈개미와 베짱이〉에서도 성실하고 부지런한 개미와 달리 베짱이의 최후는 끔찍했다. 게으름을 피우거나 할 일을 나중으로 미루는 습관은 반드시 버려야 하는 것으로 배웠다. 그럼에도 우리의 초등학생 시절 여름방학을 떠올려보면 개학 직전까지 숙제를 미루고 미루다 결국 부모님에게 야단을 맞고 나서야 시작하지 않았던가. 그때마다 속으로 다시는 숙제를 미루지 않고 제때 하겠다고 다짐하곤 했을 것이다.

학술적으로도 '미루는 행동(Procrastination: 지연행동)'은 개인의 이런 게으름에서 비롯되고 '자기조절 전략의 실패'로 인해 현재 해야 하는 생산적인 일을 비생산적인 일로 대체하거나 지연시키는 행동이라고 정의한다.[15] 즉, '미루는 행동'을 긍정적으로 보기보다는 아무래도 부정적으로 보는 시선이 강하다.[16] 심지어 2018년에는 습관적으로 일을 미루는 사람은 보통 사람과는 뇌의 구조 자체가 다르다는 연구결과까지 발표되었다.[17] 이 연구는 MRI로 두뇌 활동을 관찰·분석하였는데, 일을 뒤로 미루는 습관이 있는 사람들은 곧바로 결정하고 일을 추진하는 의지가 약하고, 이러한 행동은 뇌의 편도체 크기와 대상피질 연결과 관련이 있다는 것이다. 즉, 행동 통제를 관장하는 뇌의 기능이 약하거나 크기에 이상이 있는 경우 미루는 행동을 더 많이 보인다는 주장이다. 그러나 최근 학계는 '미루는 행동'을 조금 다른 시선으로 바라보기 시작하였다. 만약 '미루는 행동'이 잘 정의되고 구조화되어 있다면, 다시 말해 계획되어 있었던 행위라면, 그것은 게으름이 아니라 업무생산성을 높이는 방법일 수 있다는 것이다.

샤마(Sharma) 연구팀이 100명의 대학생을 대상으로 조사 연구한 결과를 보아도, '게으름을 피우는 미루는 행동'과 계획을 통한 '목적을 가진 미루는 행동'을 하는 사람들의 의도와 동기는 달랐으며 그 결과 또한 차이가 있었다.[18] 결국 계획에 따라 미루는 행동을 하는 학생들은 완벽주의 경향이 있거나 좀 더 흥미로운 일에 집중하기 위한 시간관리 의도가 분명했다. '목적을 가진 미루는 행동'은 업무성과를 방해하는 행동(Success Killer)이 아니라 인내심을 요구하는 일로서 결국 성과를 이끌어내는 행동(Virtue of Success)인 것이다.[19]

단발성 업무를 처리할 때도 바로 이런 원리를 적용해볼 수 있다. 시간제한이 있어 지금 당장 해야 하는 긴급한 일이 아니라면 계획을 세우고 의도적으로 '똑똑하게 미루는' 것이 좋다. 현재 주요 업무를 처리하고 나서 요청된 단발성 업무를 진행해도 크게 무리가 없다면 과감하게 단발성 업무를 뒤로 미루라. 단, 이때 기억해야 할 사항이 2가지 있다.

첫째, '똑똑한 미루기'는 단순히 미루는 행위와는 전혀 다르다는 것을 반드시 인지해야 한다. 단발성 업무를 미룰 때는 그 시간 동안 주요 업무에 집중하겠다는 태도가 바탕에 있음을 잊지 말아야 한다. 다시 박 대리의 사례 속으로 가보자. 만일 박 대리가 논문 20장 번역 요청을 미루고는, 자신의 본질적 업무에 몰입하지도 않고 썩 중요하지 않은 자료 검색을 하거나 이메일 작성을 하고 있다면, 이는 결코 똑똑한 미루기가 아니다. 그저 늑장 부리기 혹은 하기 싫은 업무에 대한 회피라고 볼 수밖에 없다. 반대로 박 대리가 번역 업무를 미루는 대신 그 시간에 빅데이터 프로젝트의 마감시한에 맞추기 위해 추가 분석을 실시하거나 관련 보고서를 작성하는 중이라면 이는 똑똑한 미루기를 통한 의도적 지연행동으로 해석된다. 이처럼 단발성 업무를 미룰 때에는 반드시 자신의 본질적 업무에 몰입하려는 의도가 있어야만 한다. 더불어 또 다른 단발성 업무 혹은 보조적 업무가 본질적 업무를 방해하지 않도록 업무와 시간을 의식적으로 선택하고 통제해야 한다.

둘째, 시간배분을 잘 고려해야 한다. 단발성 업무가 한 번에 고도의 집중을 요구하는 일인지, 자투리 시간을 활용하여 여러 차례에 걸쳐 수행해도 무리가 없는 일인지에 따라 그 단발성 업무를 처리할 시간을 계획할 수 있다. 예를 들어, 요청받은 단발성 업무가 엑셀 작업을 활용한 통계 분석과 같이 업무의 흐름이 끊기면 집중도와 효율이 떨어지는 경우라면 덩어리 시간을 확보해 완수할 것을 권장한다. 반면, 논문 번역이나 도서 내용 요약과 같이 20분 내지 길게는 1시간 정도만 할애하여 영역별 혹은 챕터별 완성이 가능하다면 틈나는 시간을 활용해보자. 업무와 업무 사이, 긴 회의가 끝난 직후, 혹은 점심시간 직후 등 틈틈이 조금씩 완수해나간다면 성공적으로 단발성 업무를 수행할 수 있을 것이다.

"No"라고 말하면서도 좋은 관계 유지하기

단발성 업무를 대응하는 마지막 전략은 바로 거절하기(No)이다. 요청된 단발성 업무를 도저히 수행할 수 없는 상황, 즉 자신의 주요 업무가 바쁜 시기에 단발성 업무 요청이 온 경우다. 단발성 업무의 데드라인이 촉박한 데다 자신이 당장 수행해야 하는 업무량이 적지 않은 때라면 공손히 거절하는 것이 적절하다. 거절하기를 좋아하거나 그 일을 가볍게 생각할 사람은 많지 않다. 반면, 잘 거절하는 법을 깨우친 사람도 매우 드물다.

대학을 갓 졸업하고 한 연구기관에서 사회생활을 시작한 김 연구원의 사례를 한번 살펴보자. 하루는 임원 한 분이 갑자기 단발성 업무에 대한 지원 요청을 했는데 개인적으로도 마감해야 할 작업이 산적한 데다 이미 맡고 있는 일들과도 일정이 겹쳐 도저히 수행이 어려운 상황이었다. 고민하던 김 연구원은 선배 연구원에게 요청받은 업무를 대신 처리해줄 수 있는지 물었다. 모두가 바쁜 시기였던지라 선배 연구원이 속한 팀도 손이 모자란 듯했다. "우리도 다음 주까지 3개 과제를 마감해야 해서 일정이 너무 바쁜 상황이야. 도움이 못 돼서 미안해. 다음에는 꼭 도움을 줄 수 있었으면 좋겠다." 상대방으로부터 거절을 당할 경우 우리는 보통 요청을 들어주지 않았다는 것에 대해 실망하기 마련이다. 하지만 김 연구원은 전혀 실망감을 느끼지 않았고 쉽게 수긍할 수 있었다. 오히려 그렇게 멋지게 거절할 수 있는 선배의 역량에 놀랐다.

잘 알려진 바와 같이, 공손하게 거절하는 법의 기본은 'Yes-No-Yes' 순의 대화 기법이다. 작가이자 협상가로 알려진 윌리엄 유리 (William Ury)는 《No, 이기는 협상의 출발점(*The Power of a Positive No*)》에서 좋은 거절(Positive No)이란 No에서 시작해서 No로 끝나는 것이 아닌, Yes에서 시작하고 Yes로 맺는 것이라고 조언한다.[20] 그 순서는 다음과 같다.

우선 해야 하는 일은 내가 가지고 있는 업무의 우선순위, 가치에 대해 "Yes"를 하는 것이다. 개인 스스로 분명한 우선순위를 갖고 있다면 상대가 요청하는 단발성 업무에 대하여 "Yes" 혹은 "No"라고 답하기가 수월해진다. 그렇기 때문에 가장 중요한 것은 자기 스스로 업무의 우선순위를 세워 주요 업무와 그렇지 않은 업무를 선명하게 구분할 수 있어야 한다는 점이다. 그다음, 이제 "No"라고 거절을 해야만 한다면 상대에게 지금은 어렵다고 분명하게 전달해야 한다. 여기서 중요한 점은 거절이 그 사람에 대한 거절이 아닌 해당 업무, 즉 단발성 업무 요청에 대한 거절임을 제대로 알려야 한다는 것이다. 그래야 서로 감정적 불편 없이 상대가 나의 거절을 수용할 수 있다. 그렇다면 마지막 단계의 "Yes"는 어떤 의미일까? 이번 요청은 어렵지만 다음번 요청이 올 때는 꼭 도움을 주도록 노력하겠다는 긍정적 태도로 대화를 끝내야 한다는 의미이다. 앞의 사례에서 선배 연구원의 말도 자세히 살펴보면 윌리엄 유리의 거절하는 방법을 따르고 있다.

'Yes-No-Yes' 기법에 몇 가지 팁(Tip)을 추가하면 보다 효과적이다. 첫 번째 팁은 '본인의 업무에 대한 간결한 설명을 덧붙이는 것'이다. 대부분의 사람들은 보통 상대가 어떤 결정을 내렸느냐보다는 왜 그런 결정을 내렸는지에 더 관심이 많다. 무슨 업무가 어느 정도 있고, 언제까지 마쳐야 하는지, "지금 하고 있는 무슨무슨 업무를 이번 주에는 반드시 마쳐야 해서 그 전에는 다른 업무요청을 대응하는 데 무리가 있습니다."라고 설명함으로써 상대에게 정중히 상황을 이해시키는 것이 좋다.

두 번째 팁은 거절 시에는 잠시라도 고심하는 모습을 보여야 한다는 것이다. 누군가의 요청을 거절할 때 분명하게 자기 뜻을 밝히는 것은 좋지만, 지나치게 냉정해 보이지 않도록 주의해야 한다. 단발성 업무를 부탁한다는 말이 떨어지자마자 "지금은 바빠서 안 돼요!"라고 쉽게 대답해버리면 관계가 나빠지는 것은 물론이고 본인의 사내 평판에도 좋지 않은 영향을 끼치게 된다. 어느 정도 고심하는 태도로 차후 발생할 수 있는 불필요한 갈등을 줄이고 상대를 존중하는 모습을 보이는 것이 좋다. 장기적 관점에서 볼 때 우리도 상대에게 언젠가는 단발성 업무를 요청해야만 하는 상황에 처할 수 있기에 누구와도 항상 협조적 관계를 유지하고자 노력해야 한다.

리더십 가이드라인

단발성 업무는 다른 업무에 비해 일정이 촉박한 경우가 많다. 관리자로서 조직이나 팀 전체의 효율을 유지하면서도 단발성 업무로 인해 팀워크가 저해되지 않도록 하려면 부서원들을 구체적으로 어떻게 도와주어야 할까?

Tip ❶ 긴급성에 따라 다른 업무일정 조정하기

관리자는 단발성 업무의 중요성과 긴급성에 대한 판단을 부서원들에게 맡겨두기만 해서는 안 된다. 자칫 부서원들이 단발성 업무에 매몰되어 주요 업무를 놓치거나, 급하게 처리해야 하는 단발성 업무를 아무도 수행하지 않는 난처한 상황이 발생할 수도 있기 때문이다. 따라서 관리자는 부서원의 업무활동과 과제의 기한 등을 파악하여 단발성 업무가 발생할 때마다 적절하게 조율해주어야 한다.

만일 중요하고 긴급한 단발성 업무를 우선적으로 처리해야 하는 경우라면, 관리자는 먼저 단발성 업무의 시급성 및 투입해야 하는 인력 정도를 파악해야 한다. 이를 토대로 단발성 업무를 수행해야 할 부서원들이 대략 결정되면, 그들의 기존 업무납기와 업무량을 파악하여 단발성 업무의 수행 가능성을 정확히 판단하여야 한다.

이때 반드시 명심해야 할 점은 관리자가 독단적으로 결정하여 일방적으로 업무지시를 하면 안 된다는 것이다. 그런 방식보다는 해당 부서원과 단발성 업무의 목표를 명확히 공유한 다음, 요구되는 투입시간과 자원에 대해 구체적으로 논의하는 것이 좋다. 이를 통해 해당 부서원이 단발성 업무를 즉시 수행할지, 미룰지를 조율하며 일정을 조정해나가야 한다.

Tip ❷ "No"라고 말할 수 있는 부서 분위기 구축하기

단발성 업무에 대해 많은 사람이 속으로는 "No"라고 말하면서도 대답은 "Yes"라고 말하며 수긍하는 경우가 많다. "Yes"라고 답하는 것에는 물론 다양한 이유가 있겠지만 그중 하나는 상하관계가 분명한 조직의 분위기나 환경에서 기인할 것이다.

관리자는 부서원들이 단발성 업무에 매몰되지 않도록 필요할 때는 "No"라고 말할 수 있는 분위기를 앞장서 조성해야 한다. 물론 단발성 업무를 무조건 거절하라고 조언하라는 것은 아니다. 자신이 해당 단발성 업무에 기여할 부분이 없다고 판단되거나 자신보다 더 적절한 사람이 있다고 생각될 경우에는 예의를 갖추어 거절할 수 있도록 이끌어주라는 뜻이다. 정당한 상황에서 거절한 것이라면, 팀워크를 저해하거나 조직의 전체 성과에 부정적 영향을 주는 사람이라는 인상이 남지 않도록 돕는 것도 관리자의 몫이라 할 수 있다.

반대로 부서원의 업무요청이 거절을 당하는 경우에도 상대방이 정당한 사유로 거절한 것이라면 해당 업무요청을 거절한 것이지 당사자 자신을 거절한 것이 아님을 상기시키고 거기에 감정적으로 대응하지 않도록 관리해야 한다. 그리고 그 부서원이 다른 적임자를 찾아 신속하게 단발성 업무를 요청할 수 있도록 지원해주는 실질적 노력이 필요하다.

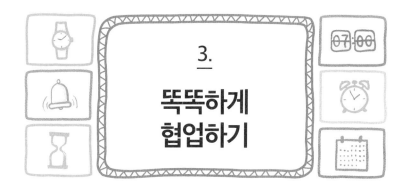

3.

똑똑하게
협업하기

협업에도 적정한 선은 있다

비즈니스가 글로벌화, 다기능화함에 따라 조직 내 연결성이 증가하여, 효율적 팀워크가 기업의 성공을 결정하는 열쇠가 되고 있다. 400년 전 영국의 시인 존 딘(John Donne)의 "인간은 섬이 아니다(No man is an island)."라는 말이 더욱 실감나는 요즘이다. 누구도 혼자 살 수 없고 타인의 도움이 반드시 필요한 오늘날, 조직에서도 협업 없이 혼자 일을 처리한다는 것은 거의 상상 불가능한 일이 되었다. 실제로 최근 20년간 조직의 업무형태 변화를 추적해본 것에 따르면 협업과 팀워크가 약 50% 증가하여 이제는 협업이 우리 업무의 80%까지 차지하는 것으로 나타났다.[21] 그런데 이 80%에는 긴 시간 몰입하는 협업을 요구하는 대형 프로젝트도 물론 있지만, 정해진 기간 내에 빠른 처리가 요청되는 단발성 업무가 대다수였다.

사실 우리는 자신도 모르는 사이에 회의 중 동료가 묻는 질문에 답하기도 하고, 복도를 오가다 만난 동료에게 업무에 관한 의견을 제공하기도 한다. 또 부서원과 메신저로 다양한 업무 관련 이야기를 나누기도 한다. 이러한 과정 속에서 자연스럽게 단발성 업무를 요청하기도 하고 동시에 요청받기도 하면서 직장생활을 이어간다.

그러하기에 어느 정도의 협업이 적절한 것이라고 딱 선을 그어 이야기하기란 참으로 어려운 일이다. 특히 단발성 업무를 위한 협업시간은 적정 수면시간처럼 최소 몇 시간은 해야 최고 시너지를 발휘한다고 말할 수 있는 것이 아니다. 그렇다고 해서 협업을 위해 무작정 자신의 시간을 제공할 수는 없다. "좋은 것도 너무 많으면 독이 된다."라는 말처럼, 조직의 생산성을 높이기 위한 협업일지라도 과하면 조직과 직원들에게 도리어 부정적 영향을 끼칠 수 있다는 점을 명심해야 한다. 따라서 협업이 꼭 필요한 영역에서 시간과 노력을 똑똑하게 투자하는 '원칙을 지닌 협업'이 긴요하다.[22]

그런데 우리는 지금 실제로 얼마나 많은 시간을 협업에 쓰고 있을까? 2018년 12월 미국 웹사이트 비즈니스투커뮤니티(Business2community)의 조사에 따르면, 직장인들은 보통 협업을 위해 평균 4.5개의 방법을 사용하고 있었는데 그중 이메일이 73%로 가장 많은 부분을 차지하였다.[23] 시간상으로는 '회의'에 쓰는 시간이 매우 큰 비중을 차지하였으며 전체 업무시간의 15%를 협업 회의에 쓰고 있었는데, 대부분이 정

보공유를 위한 것으로 확인되었다.[24]

효율적으로 회의하기

|

　베인앤컴퍼니 사의 리포트에 따르면 대기업에서 실제 미팅을 운영하고 준비하는 데 소요되는 시간은 연간 약 30만 시간으로, 정규직 직원 150여 명의 1년 근무시간과 맞먹는 수준이다.[25] 국내 사정도 크게 다르지 않다. 대한상공회의소가 2017년 발표한 "국내 기업의 회의문화 실태와 개선해법" 보고서는 직장인들은 주당 평균 3.7회 이상 회의를 하는데 이 중 절반 이상은 불필요한 것이며, 회의의 효율성도 38점으로 매우 낮은 점수임을 보여주었다.[26]

　반드시 필요한 회의라면 시간을 만들어서라도 하는 것이 맞다. 그러나 이러한 회의도 보다 효율적으로 운영해야 하며, 회의의 목적이 단발성 업무를 위한 협업에 있다면 더욱 그렇다. 따라서 제대로 된 회의가 이루어지려면 개인도 각자의 원칙을 갖는 것이 중요하다. 비생산적인 회의를 최대한 피하고 보다 효율적으로 회의를 운영함으로써 개인의 생산성도 높일 수 있는 6가지 방법을 소개한다.

　첫째, 개인은 회의의 중요도와 긴급성을 고려하여 꼭 참석해야 하는 회의인지 판단해야 한다. 그러려면 우선 회의의 성격을 파악해야 할 것이다. 협업을 위한 회의 중 반드시 참석해야 하는 경우는 팀 간 전략 공유, 브레인스토밍, 보안에 민감한 사안을 논의하는 회의 등이다.[27] 특히 팀 간 전략 공유 회의는 협업할 과제의 방향성에 대한 정확한 인지를 위해 매우 필수적이라 할 수 있다. 이런 회의를 놓치면 과제의 큰 그림을 이해하지 못해 개인에게 할당된 업무를 수행할 때 어려움을 겪을 수 있다. 또한 브레인스토밍 회의는 다양한 시각을 통해 영감을 얻을 수 있다는 점과 함께 어떤 아이디어들이 선택되는지 볼 수 있고 자신의 의견을 피력할 기회가 될 수 있기 때문에 참석하는 것이 유익하다. 마지막으로, 보안 유지가 필요한 데이터 및 자료를 공유하는 회의도 이메일로 전달이 어려운 사항이므로 빠져서는 안 되는 회의라 볼 수 있다. 이 외에, 회의 참석 여부를 결정하기 어려울 때는 아래 체크리스트를 참고해서 판단해보자.

회의 참석 결정을 위한 체크리스트

① 회의가 중요한 이슈를 다루고 있는가? (전략, 브레인스토밍, 프로젝트 킥오프, 주요 업무 진척도 확인 등)

② 회의가 시급한 문제를 다루고 있는가?

③ 회의의 목적이 정보전달인가 혹은 토론인가?

④ 회의 준비를 위해 소요되는 시간은 어느 정도인가?

⑤ 다른 협업 방식으로 회의를 대체할 수 있는가? (이메일, 컨퍼런스 콜, 화상회의, 자료 공유 등)

⑥ 이미 비슷한 회의에 중복 참석한 적이 있는가?

회의의 성격이 파악되고 나면, 그다음 할 일은 과연 자신이 이 회의에 참석하여 기여할 부분이 있는지, 회의 어젠다를 보고 신중하게 고민하는 것이다. 특별히 기여할 부분이 없는데 단지 눈치가 보인다거나 회사 내 관계 때문에 참석하는 것이라면, 참석하지 않는 편이 낫다. 소위 머릿수를 채우려고 참석하는 회의만큼 모두에게 비효율적인 회의는 없음을 명심하자.

셋째, 회의에 참석하기로 결정하였다면, 사전준비를 꼼꼼히 해야 한다. 회의 주최자에게 필요한 자료를 요청하여 그 내용을 잘 이해하고 참석하는 것이 중요하다. 예를 들어, 회의의 목적이 새로 도입된 '유연근무제 도입에 대한 토론'이라면 바뀐 제도에 대한 소개 자료를 회의 전에 숙지해야 한다. 그래야만 회의가 애초의 목적대로 유연근무제 도입을 주제로 토론하는 자리가 될 것이기 때문이다. 구글 클라우드의 CEO 토머스 쿠리언(Thomas Kurian)은 전 오라클 사장으로 근무하던 당시 효율적 회의 운영을 위해 모든 임직원에게 회의 20분 전부터 회의에 필요한 자료를 모두 읽고 나서 회의에 들어오라고 지시했다고 한다.[28] 이처럼 회의 전에 관련 자료를 반드시 요청하고 그 내용을 숙지하는 습관은 회의의 질과 개인의 업무생산성을 높이는 데 매우 중요한 사항이다.

넷째, 이것은 회의시간과 관련된다. 만약 회의 주최자가 회의시간을 공지하기 이전이라면 자신이 본질적 업무에 쓰려고 잡아둔 덩어리 시간을 피해 회의시간을 조정할 수 있도록 미리 알리는 것이 좋다. 시간관리 코치인 엘리자베스 그레이스 선더스(Elizabeth Grace Saunders)

또한 미팅 가능한 시간과 가능하지 않은 시간을 다른 사람에게 미리 공지해두라고 조언하고 있다. 이렇게 미리 공지해두면 다른 사람이 나의 시간을 존중할 가능성이 높아진다는 것이다. 이로써 결국 회의에 투입되는 시간도 함께 줄일 수 있다.[29] 더불어 회의에 참석이 가능하다면 언제 들어가고 언제 나와야 하는지 그 시간도 되도록 정확하게 공유하여 다른 참석자의 일정이 방해를 받지 않도록 해야겠다. 일정을 대강 잡으면 참석자들이 각기 회의 시작과 종료 시점을 다르게 해석할 여지가 있기 때문에 이 점은 분명하게 해두는 것이 좋다. 또한 다른 업무와 마찬가지로 회의 또한 계획의 오류에 빠지기 쉽다는 점을 명심해야 한다. 어려운 주제에 대해 격렬한 논쟁을 벌이거나, 팀 간 업무배분 및 인력자원 조정 등을 하다 보면 1시간으로 계획되었던 회의가 3시간이 되는 것은 흔한 일이기 때문에 회의 종료 시점을 분명히 하도록 하자.

다섯째, 만일 회의에 참석해보니 자신이 그 회의에서 기여할 부분이 없다고 판단된다면 곧바로 회의를 나와야 한다. 이때 주의해야 할 점은 다른 참석자들에게 무례하게 비추어지거나 회의를 방해한다는 인상을 주면 안 된다는 것이다. 가급적 조용히 자리를 떠야 하며, 주최자에게 따로 연락을 취하여 왜 중도에 나왔는지를 잘 설명해야 한다.

마지막 여섯째, 회의가 끝나면 회의를 통해 결정된 자신의 역할을 분명히 이해하고 이를 다른 협업 동료들과 공유해야 한다. 예를 들어 "김 부장님, 오늘 회의에서 이야기된 제 역할은 이 대리님께서 보내주시는 데이터에 대한 분석인 거죠? 그럼 그 부분을 1주일 뒤인 15일까지 정리해서 보내드리겠습니다."라고 요청받은 업무를 언제까지 완료할 것인지를 회의가 끝나는 대로 재확인해야 한다.

이러한 원칙이 협업 회의에 스마트하게 대응하고 운영하는 바탕이 될 수 있다. 이를 토대로 자기만의 회의원칙을 만들고 잘 지켜서 보다 효율적으로 자신의 업무시간을 운영할 수 있어야 한다.

적합한 사람에게 위임하기

아무리 협업의 성격이라지만, 요청이 들어온 모든 단발성 업무를 혼자서 처리하는 것은 불가능하다. 도저히 감당할 수 없는 일정과 일을 떠맡는 것은 무모하다. 일을 너무 벌여놓으면 업무속도와 질이 함께 떨어지고 중요한 업무에 집중할 시간을 빼앗겨 결국 조직 전체의 생산성에도 부정적 영향을 줄 수밖에 없기 때문이다. 이때는 적임자를 찾아 위임하는 것이 낫다.

이와 관련하여, 미국의 대중 강연가이자 작가인 로리 베이든(Rory Vaden)은 '30배의 룰'에 관하여 설명한 바 있다. 만일 30배의 시간을 들여 다른 사람을 가르쳐 대신 그 일을 수행할 수 있게 된다면, 그렇게 하는 것이 조직성과에 더 긍정적이라는 것이다. 예를 들어, 매일 본인이 5분을 소요해야만 지원할 수 있는 업무라면 이 일을 대신 수행할 수 있는 후배에게 150분간 가르쳐 그에게 위임하는 것이 효율적이라는 것이다. 왜냐하면 연간 근로일수를 250일로 가정할 때 우리는 매일 5분씩, 총 1,250분을 해당 업무에 소요해야 하기 때문이다. 따라서 150분 투자는 733%의 시간 투입 생산성 효과가 있다.[30]

단, 위임 시 명심해야 할 점이 있다. 이때의 '업무위임'은 '내가 하기 싫은 일을 타인에게 전가하는 행동'과는 분명히 다르다는 것이다. 더불어 요청 업무가 위임하는 사람에게 시간을 낭비하는 것이 되지 않도록 해야 하므로 혹 자동화 등으로 대체가 가능한 것이라면 특히 주의를 기울여야 한다.

이제 좀 더 구체적으로 업무위임 시 점검해야 할 내용과 주의사항을 확인해보자. 위임의 첫 단계는 요청 업무를 수행할 만한 적임자를 찾는 일이다. 단순하게 '지금 누가 이 일을 할 수 있을까?'가 아니라 '나를 대신할 적임자가 누구일까?', 그리고 '왜 이 사람에게 위임해야 할까?' 하는 점을 설명할 수 있는 수준이 되어야 한다. 위임받을 사람이 해당 업무의 난이도를 잘 수행할 만한 경력을 갖춘 사람인지, 현재 시간적 여유가 있는지 등을 미리 확인해보는 것도 중요하다.

둘째, 위임하고자 하는 업무가 위임받는 사람의 성장과 발전에 도움이 되는 일이어야 한다. 효과적 위임은 상대의 전문성에 맞는 업무를 할당하는 것뿐 아니라 배움의 기회를 제공하는 일이기도 하다. 그러므로 상대 입장에서도 새로운 기술이나 지식을 습득하는 데 도움이 될 만한 일을 위임해야 한다. 전혀 도움이 되지 않는 업무를 위임하는 것은 누구라도 싫어할 일을 떠넘기는 것일 뿐이다.

셋째, 위임받는 사람에게 업무내용을 명확히 전달하고, 책임 또한 분명히 해야 한다.[31] 업무위임 시 상대가 해당 업무의 기대되는 아웃

풋과 마감기한을 정확히 알아야 하며, 더불어 상위 업무와 어떤 연관성이 있는지도 이해할 수 있어야 한다. 그래야만 자신이 왜 그 일을 하는지 분명하게 파악하여 책임감을 갖고 업무를 수행할 수 있기 때문이다. "큰일은 아니지만 부탁해." "대충 해서 빨리 넘겨." 등 불분명하고 무책임한 업무위임은 업무 오너십을 저해할 뿐 아니라 결과물의 질을 훼손시키기 때문에 지양해야 한다.

넷째, 위임받는 사람을 신뢰하여야 한다. 우리가 업무위임을 어려워하는 이유 중 하나는 다른 사람이 나보다 그 일을 더 잘할 수는 없을 것이라는 우려 섞인 자신감에서 비롯된다. 그러나 모두가 한 가지 방식으로만 업무를 처리하라는 법은 없다. 업무를 위임한 만큼 상대가 자율적으로 자기만의 방식을 선택해 일할 수 있도록 재량권을 줘야 한다. 설사 그 과정에서 실수가 나오더라도 이를 학습과정의 일부로 인식하고, 위임받은 사람의 역량을 믿고 기다려야 하며, 좋은 아웃풋이 나올 수 있도록 조언해주면 더욱 좋다.

요컨대 진정한 의미의 업무위임은 단순히 일을 부여하거나 할당하는 것을 넘어, 상대방의 성장을 돕고 조직 전체의 효율성을 높이며 결과물의 질을 유지할 수 있는 차원이 되어야 한다.

리더십 가이드라인

최근 비즈니스의 복잡성이 증가함에 따라 여러 부서의 공동목표를 공유하는 일과 함께 저마다의 책임 또한 한층 강조되고 있다. 협업은 이러한 공동목표를 빠르게 달성하여 조직성과를 극대화하는 데 긴요한 성공의 열쇠이다. 따라서 관리자는 부서원들의 효과적 협업을 촉진하고 그들의 업무몰입을 높이기 위해 다음과 같은 역할을 수행해야 한다.

Tip ❶ 부서별로 회의원칙 운영하기

비효율적 회의문화는 업무몰입을 방해하고 부서원들 간의 신속하고 유기적인 협업을 저해한다. 물론 부서원 각자가 나름의 회의원칙을 세워 잘 지킬 수도 있겠지만, 관리자의 적극적 지원 없이 효율적 회의문화를 정착시키기란 매우 어려운 일이다. 따라서 관리자는 부서원들의 회의원칙을 존중하고 이를 지켜주기 위해 부서원들 모두가 공유할 수 있는 '부서 회의원칙'을 운영하면 좋다.

사실 이미 오래전부터 글로벌 기업들은 효율적 회의문화 구축을 위한 노력을 전개해왔다. 전사 수준의 회의원칙을 만들고 이를 관리자

수준에서 적용 가능한 형태로 운영하는 것이다. 예를 들어,《블룸버그 비즈니스위크》와의 인터뷰에서 마이크로소프트 CEO 사티아 나델라는 효율적 회의의 중요성에 대해 이렇게 강조했다. "중요한 것은 회의의 수가 아니라 얼마나 효과적으로 회의를 운영하느냐이다. 마이크로소프트에서는 직원들의 시간낭비를 줄이기 위해 CEO 주관회의부터 효율적으로 운영하고 있다."[32] 아마존의 경우 CEO 제프 베조스가 직접 회의원칙을 발표하고 이를 전 직원들이 엄수하도록 하고 있다.

제프 베조스가 제안하는, 아마존의 회의원칙

① 'Two Pizza', 피자 두 판이면 충분할 만큼 회의 참여자 수를 제한한다.

② 모든 회의자료는 '6-Pages Memo'로 준비한다.
준비가 오래 걸리는 PPT 프레젠테이션은 금지한다. 자료만 읽고도 참석자들이 맥락과 목적, 예상 질문에 대한 답변을 얻을 수 있도록 기술형으로 작성한다.

③ 복잡하게 생각하고 간단하게 발언한다.
참석자의 시간낭비를 방지하기 위해 회의 전 미리 자신이 할 말을 준비한다.

④ 회의에서 반론 제기(Disagree)는 의무이다.
의견이 다를 때는 반드시 솔직하게 반대의사를 표명한다. 팀워크를 위한 타협이란 없다.

자료: Bariso, J. (2018. 4. 30.), "Jeff Bezos Knows How to Run a Meeting. Here's How He Does It". Inc.com

---

4.
심리적으로
무장하기

단발성 업무가 불러오는 불편한 감정

자신의 일이 아닌, 다른 사람의 본업이거나 다른 조직의 일에 관한 지원 요청인 단발성 업무는 대개 환영할 수 없는 손님이다. 예를 들어, 바쁘게 일하는 와중에 상사가 긴급한 단발성 업무를 부여했다고 해보자. '내가 지금 바쁘다는 걸 모르나?'라는 섭섭함과 분노, '내 본업은 언제 다 하지?'라는 두려움과 긴장감, '다른 사람도 많은데 왜 나를 시키나?'라는 짜증과 불만, '이걸 한다고 누가 알아줄까?'라는 허탈함과 무력감 등 수많은 감정이 생겨날 것이다. 특히 업무를 요청한 상대방과의 관계가 껄끄럽다면 부정적 감정도 그만큼 커질 것이다.

국내의 취업포털 잡코리아가 알바몬과 함께 직장인 1,714명을 대상으로 실시한 설문조사는 단발성 업무가 직장인들에게 얼마나 스트레스를 주는지를 잘 보여준다.[33] 설문에 응답한 직장인 열에 아홉은 본업이 아닌 일로 인해 불편한 감정을 느낀 적이 있다고 했다. 또한 '왜 하는지 모르고 남의 일을 할 때', '퇴근 전 갑자기 누군가 일을 시킬 때', '각종 문의에 대한 메일이나 전화 답변을 할 때' 불쾌한 감정을 가장 강하게 느끼는 것으로도 나타났다. 많은 사람이 단발성 업무가 주어지는 과정에서 겪는 불편함을 위와 같이 표현한 것이다.

직장인들의 감정 소모를 부르는 이러한 단발성 업무는 본업에도 악영향을 주는 것으로 드러났다. 위 설문조사에 따르면 절반에 가까운 응답자가 "본업에 온전히 집중할 수 없어 업무효율이 떨어진다."라고 어려움을 토로했다. 본질적 업무가 아닌 일로 "직무 및 직장 만족도가 떨어진다", "체력의 한계를 느낀다", "인사평가가 업무량에 비해 만족스럽지 못하다."라는 부정적 인식도 증가하였다. 이렇듯 단발성 업무는 눈에 보이지 않는 심리적 영역에서 나비효과를 일으키고 있다.

단발성 업무는 '나'의 본업은 아니지만 조직 차원에서 보자면 반드시 필요한 일이다. 그야말로 "피할 수 없으면 즐겨라."라는 말에 어울리는 일이다. 하지만 그 일을 어떻게 즐겨야 한단 말인가? 즐기지는 못하더라도 어떻게 감정을 추스를 수 있다는 말인가? 만약 단발성 업무를 할 때마다 생길 불편한 감정을 조절할 마땅한 방법을 찾지 못한다면 그 감정이 모두 스트레스가 되어 차곡차곡 쌓일 것이다.

불편한 감정이 개선되지 않는 이유

직장에서 행복도가 높은 직원일수록 자신의 직무에 적극적이며 생산성도 높다. 이런 사람들은 심지어 병가를 내는 횟수도 상대적으로 적다. 이는 바꿔 말하면, 심리적 안정이 없으면 업무에 집중하기가 어렵고 시간을 비효율적으로 사용하게 된다는 의미이다.[34] 하지만 정작 많은 사람은 반복되는 단발성 업무로 인해 불편한 감정에 시달리면서도 그런 상황을 바꾸겠다는 생각은 쉽게 하지 못한다. 오늘 할 일을 모두 마치고 퇴근하는 사람이 26%밖에 되지 않는다는 통계가 발표되었지만, 내일이 와도 그들 대부분은 문제를 개선할 생각을 하지 못한다.[35] 회사생활이란 어차피 여러 가지 제약으로 가득해 바꾸기가 어렵다는 생각이 깔려 있기 때문이다. 이처럼 자기 스스로 관리할 수 없는 일들에 대해서는 부가적 노력을 시도해보기도 전에 자포자기하기 쉽다.

1967년 마틴 셀리그먼 교수는 동물의 행동을 연구하던 도중 흥미로운 실험결과를 얻게 된다. 그는 개를 두 집단으로 나누고 한 집단은 전기 자극을 주는 방에, 다른 집단은 전기 자극이 없는 평범한 방에 두었다. 그리고 얼마간의 시간이 지난 뒤, 이들을 다른 방으로 옮겨 다시 전기 자극을 주었다. 다만 그 방은 이전과 달리 중앙의 담을 넘어 반대편으로 가면 전기 자극을 받지 않을 수 있었다. 먼저 전기 자극이 없던 방에 있던 개들은 전기 자극을 피해 모두 중앙의 담을 넘어갔다. 하지만 전기 자극이 있던 방에 갇혀 있던 개들은 이제는 전기 자극을 피할 수 있는 방에 와 있음에도 구석에 웅크린 채 예전처럼 고통스러운 전기 자극을 그대로 견뎠다. 이러한 현상을 심리학에서는 '학습된 무력감(Learned Helplessness)'이라고 한다.[36]

셀리그먼 교수의 이 실험은 인간의 행동에서도 나타난다. 단발성 업무와 같이 날마다 반복적으로 불편한 상황에 놓이게 되면 그 일을 어쩔 수 없이 감당해야 하는 것으로 치부해버리는 것이다. 또는 과소평가하거나 애써 무시한다.

사실 셀리그먼의 실험에는 비교 집단이 하나 더 있었다. 그 집단에는 방에 전기 자극을 코로 눌러 끌 수 있는 일종의 '스위치' 장치를 만들어주었다. 이 집단에 속한 개들은 스위치를 눌러 고통스러운 현실을 개선할 수 있음을 경험하였고, 이후 이어진 실험에서도 담을 넘어가는 해법을 쉽게 찾아냈다. 학습된 무력감에서 벗어나려면 '스위치'와 같은 경험이 필요함을 보여준 실험이었다.

2008년도의 한 조사에 따르면 일본은 직장인 스트레스가 세계 최고 수준이며 유급휴가를 사용하는 횟수 또한 가장 적은 나라로 밝혀졌다. 또한 직장 내 정신 질환 발병률과 자살률도 높았다. 장시간 노동과 상사의 압력에도 불구하고 부서에 폐를 끼치면 안 된다는 관행적 문화가 그들을 학습된 무기력에 빠지게 한 것이었다.[37] 이를 개선하기 위해 2015년부터 일본 정부는 직장인들이 학습된 무기력에서 빠져나올 수 있도록 '스위치'를 제공하기에 이른다. 그리하여 현재 일본의 직장인들은 정부의 지원을 통해 의무적으로 '직장 내 스트레스 진단 조사'를 받는다. 그리고 과도한 스트레스에 노출된 대상은 의사와

의 면담을 거쳐 심리적 안정을 찾고 변화를 시도할 수 있도록 도움을 받는다.[38]

일본의 직장인 스트레스 검사 항목

일본은 2015년 12월 직장인들이 스트레스 검사를 받을 수 있도록 법적으로 의무화하였다. 업무부담 수준이 높은 반면 업무에 대한 통제력이 낮으면 단발성 업무에 대한 스트레스가 몹시 심해질 수 있다. 스트레스 반응이 높다고 판단되는 경우에는 변화가 시급하다.

① **업무부담 수준**
  − 많은 일을 하지 않으면 안 된다.
  − 시간 내에 일을 처리하기 어렵다.
  − 상당한 주의집중을 요한다.
  − 고도의 지식과 기술을 필요로 한다.

② **업무에 대한 통제력**
  − 본인의 페이스대로 일을 할 수 없다.
  − 스스로 업무순서와 진행 방법을 정할 수 없다.
  − 직장의 업무방침에 본인의 의견을 반영할 수 없다.

③ **심신의 스트레스 반응**
  − 피곤하거나 지치며 무력감이 든다.
  − 불안하거나 신경이 곤두서 있다.
  − 우울하거나 모든 일이 귀찮고 유쾌하지 않다.

자료: 김명중 (2015. 3.). "일본 스트레스검사 제도의 개요".
《국제노동브리프》, 90~105, 한국노동연구원.

한국도 일본과 근무환경이 크게 다르지 않다. 만약 일본 정부나 기업에 비해 도움을 받기 어려운 환경에 놓여 있다면 우리 스스로 그 '스위치'를 찾아내야 한다.

감정을 관리하기 위한 생각의 전환

몰입을 방해하는 단발성 업무는 곧잘 짜증과 분노를 불러일으킨다. 이러한 감정은 스치듯 지나가기도 하지만, 때로는 그 일을 하는 내내 정신을 지배하며 본질적 업무에 집중하는 것을 방해하고 일하는 이의 시간을 갉아먹는다. 만약 후자의 경우가 좀 더 빈번하게 발생한다고 느낀다면 감정을 조절하는 힘을 키울 필요가 있다.

미국의 16대 대통령 에이브러햄 링컨(Abraham Lincoln)은 때때로 정치적 경쟁자나 참모들의 맹렬한 반대나 질책에 대한 답변을 편지로 보내야 했다. 그는 흥분을 가라앉히지 못하고 그들에게 보낼 분노의 편지를 작성하곤 하였다.[39] 하지만 그렇게 쓰인 편지는 발송되지 않은 채 난로의 불쏘시개가 되었다. 편지를 쓰는 동안 격한 감정을 스스로 통제하게 되었던 것이다. 첫 번째 편지가 불쏘시개가 되고 나면, 이윽고 그는 차분한 감정으로 두 번째 편지를 쓸 수 있었다고 한다. 하지만 21세기인 오늘날에는 느림의 미학을 갖춘 편지나 이메일보다는 바로 전화하거나 메신저를 보내는 방식이 흔하다. 만약 링컨이 우리와 같은 시대를 살고 있다면 어떠한 방법을 썼을까?

단발성 업무를 마주할 때 드는 또 다른 생각은 '원래 뭔가 하려고 했던 시간을 빼앗겼다'이다. 자신의 시간이 손실을 입었다는 인식은 부정적 감정을 불러일으키기 쉽다. 인간은 본능적으로 무엇을 얻었을 때보다 잃었을 때 더욱 크게 반응한다. 예를 들어, 주식이 상승하고 있을 때에는 무신경하다가, 주식이 떨어지기 시작하면 팔고 싶은 감정이 생기는 것과 같다. 노벨상을 수상한 행동주의 경제학자 대니얼 카너먼(Daniel Kahneman)은 이를 가리켜 '손실 회피 성향(Loss Aversion)'이라 정의하였다. 카너먼의 실험에 따르면 사람은 얻는 것보다 잃는 것에 2~2.5배가량 민감하게 반응한다고 한다.[40]

미시간 주립대학의 마타(Fadel K. Matta) 교수는 리더십에 관한 연구를 하면서 이런 실험을 해보았다. 실험 대상자를 세 그룹으로 나눠 첫 번째 그룹은 계속 좋은 평가를, 두 번째 그룹은 계속 나쁜 평가를, 마지막 그룹은 고평가와 저평가를 반복하여 받도록 하였다. 그리고 평가를 받은 대상자들의 심박을 측정하여 스트레스 수준이 얼마나 올라갔는지 파악했다. 그 결과 놀랍게도 고평가와 저평가를 번갈아 받은 그룹이, 최악의 평가를 지속적으로 받은 그룹보다 스트레스가 높게 측정되었다. 애초 이 연구는 변덕스러운 리더십에 대한 고찰이 목적이었지만, 손실 회피 성향이 조직 생활에서도 의외의 영향을 미칠 수 있음을 보여준다.[41]

만약 단발성 업무를 받을 때마다 '내 시간을 빼앗긴다.'라는 생각을 한다면 어떨까? 손실감이 누적될수록 단발성 업무에 대한 좋지 않은 감정은 더욱 커질 것이다. 이런 악순환을 끊어내려면 생각의 전환이 필요하다. 즉, '예상치 못한 손실'보다는 '이미 예상됐던 일'이라고 생각해보자. 이전의 단발성 업무를 측정하고 앞으로의 단발성 업무를 예측해보았다면, 그만큼의 단발성 업무는 따지고 보면 손실이 아니다. 따로 측정해보지 않았더라도, 예컨대 하루에 한 시간은 반드시 단발성 업무를 하게 될 것이라고 마음의 준비를 해놓는 것만으로도 충분하다. 만약 운 좋게도 그날 단발성 업무가 한 건도 없었다면 이득을 본 것이고, 그게 아니더라도 적어도 한 시간은 온전히 단발성 업무에 집중할 수 있다.

손실감을 낮추기 위한 다른 방법으로는 내가 다른 사람에게 요청한 단발성 업무를 '기억'하는 것이다. 앞서 언급한 것처럼 사람은 자신이 얻은 것은 쉽게 잊어버리는 경향이 있다. 하지만 내 본질적 업무 처리를 위해 남에게 단발성 업무를 요청할 경우도 필시 발생하게 마련이다. 사람들은 일반적으로 내가 투입한 노력과 성과가 상대방과 비슷할수록 공정하다는 느낌을 받는다.[42] 내가 수행하는 단발성 업무와 요청하는 단발성 업무의 양이 비슷하다고 느낄수록 그 업무로 인해 손해를 본다는 인식을 줄일 수 있다. 또한 업무를 보다 긍정적으로 바라볼 힘을 얻게 된다.

다만, 단발성 업무를 타인에게 요청하는 일이 별로 없는 사람들도 많다. 이타적인 사람이라서 그런 것일 수도 있지만, 신입사원과 같이 직급이나 역할상의 제한으로 인해 단발성 업무를 받기만 해야 하는 상황도 존재한다. 이런 경우에는 손실감을 회복할 수 있는 내재적 동기부여가 필요하다.

단발성 업무에 대한 동기부여 방법

|

한 회사에 재직 중인 직원 3명이 있다. 이들은 모두 '업무 관련 문의 대응', '협업을 위한 회의'에 일정 시간을 할애하였다. 그리고 어느 날 상사는 3명에게 하던 일에 대한 의견을 물어보았다. 첫 번째 직원은 "내 일 하기도 바쁜데 다른 사람이 요청하는 단발성 업무가 너무 많다."라고 답하였다. 두 번째 직원은 "여러 업무를 경험할 수 있어 좋았다."라고 하였다. 세 번째 직원은 "나의 역량을 필요로 하는 일들이 있어서 보람된다."라고 말했다. 이 3명은 어떻게 생각을 달리했기에 상사에게 같은 일을 다르게 설명한 것일까?

인간은 스스로 결정한 일에 대해서는 그 자체로 의미가 있다고 생각하는 경향이 있다. 이를 자기결정감(Self-Determination)이라고 한다. 하지만 첫 번째 직원은 단발성 업무를 자신이 결정한 일이 아니라고 생각했기에 업무의 의미를 찾지 못하였다. 두 번째 직원은 단발성 업무를 통해 자신의 능력과 역할이 확장된다는 의미를 찾았다. 이렇게 유·무형의 보상을 취하게 되면 뇌에서는 도파민(Dopamine)이라는 행복 호르몬을 생성해낸다. 그리고 지속적으로 그 일을 하길 원하게 된다. 끝으로 세 번째 직원은 단발성 업무를 수행하며 집단 내 관계 속에서 자신이 쓸모 있는 존재라는 생각, 즉 자기효능감(Self-Efficacy)을 얻은 유형이다. 자신이 속한 집단에 공헌한다는 생각은 뇌에서 옥시토신(Oxytocin)과 엔도르핀(Endorphin)이라는 호르몬을 생성하며 이는 고통의 감소와 심리적 안정을 가져다준다.[43]

세 직원의 사례처럼 단발성 업무를 하기에 앞서 내재적 동기를 부여하려면 다음의 노력이 필요하다. 첫째, 자신의 능력과 역할이 단발성 업무를 통해 발전한다고 생각해야 한다. 단발성 업무는 타인의 관점에서 일을 바라보고 이해할 좋은 기회이다. 현재의 직무에서 벗어나 더 넓은 시야를 갖춘 리더로 성장하기 위한 소중한 경험이라고 생각해보자. 또한 단발성 업무는 단순히 한번 하고 끝나는 일에 그치는 것이 아닌, 서로 관계를 맺는 일이다. 상대방과 긍정적 관계를 형성하려면 많은 노력이 부가적으로 필요한데, 업무를 도와줌으로써 자연스럽게 이런 관계를 맺을 수 있다.

둘째, 단발성 업무가 자신이 속한 집단의 이익에 지속적으로 기여할 것이라는 믿음을 갖는 것이다. 회사에서 발생하는 단발성 업무는 결코 가치가 낮은 일이 아니다. 단발성 업무로 작성한 문서가 의사결정의 핵심 자료가 될 수도 있다. 실제로 남의 일을 적극적으로 돕는 행위는 조직의 성과를 유의미하게 높여주는 것으로 나타났다.[*44] 만약 이러한 믿음을 갖기 위해 좀 더 확실한 증거가 필요하다면, 단발성 업무를 요청한 상사나 동료에게 그 일이 도움이 되었는지 물어보자. "도움이 되었다. 고맙다."라는 피드백을 받는다면 그것이 향후 단발성 업무를 대하는 마음가짐을 좀 더 긍정적으로 변화시켜줄 것이다.

마지막으로, 자신이 하는 업무를 스스로 가치 있게 생각하자. 일본

---

* 애리조나 대학(University of Arizona)의 네이선 팟사코프(Nathan Podsakoff) 교수가 이끄는 연구팀이 3,500개 이상 사업부를 관찰한 결과이다.

야구 사상 최초로 10승과 20홈런을 동시에 달성한 투타 겸업 선수 오타니 쇼헤이는 길거리에서 쓰레기를 줍거나 인사를 잘하는 것조차 자신의 성공에 도움이 된다고 믿었다.[45] 미국의 린든 존슨(Lyndon Johnson) 대통령이 미 항공우주국(NASA)에 방문했을 때 만난 경비원과 관련된 이야기도 유명한 일화이다. 존슨 대통령은 정문 앞에 경비원으로 보이는 사람이 있자 하는 일이 무엇인지 물었다. 아마 '정문 출입자 감시'와 같은 대답이 나오리라 예상했을 것이다. 하지만 경비원은 당당한 모습으로 이렇게 말했다. "저는 달에 가는 꿈을 실현하기 위해 사람들의 안전을 책임지고 있습니다." 오타니 쇼헤이와 경비원 모두 자신이 하는 일을 그 누구보다도 가치 있게 생각할 줄 아는 사람이었다.[46]

실리콘밸리에 본사를 두고 있는 수만 명의 구글 직원들 또한 각자의 위치에서 맡은 일을 한다. 대부분은 소프트웨어 개발자로 일하겠지만 누군가는 재무팀에서, 누군가는 직원 식당에서 일한다. 이들의 일은 서로 다르다. 하지만 그들은 '전 세계의 정보를 연결하여 인류의 삶을 개선'한다는 하나의 사명(Mission Statement)과 비전(Vision)을 공유한다. 그리고 그 목표를 달성하기 위해 기꺼이 서로를 돕는다.

처음의 이야기로 돌아가 '업무 관련 문의 대응', '협업을 위한 회의'를 다시 생각해보자. 여전히 귀찮은 일인가? 아니면 나와 내 본업의 가치를 높일 수 있는 일인가? 어떻게 생각하든 간에, 자기가 판단한 일의 가치만큼 기대할 수 있는 보상의 크기도 달라진다.

업무에 활력을 주는 스트레스

아무리 마음을 단단히 먹어도 단발성 업무로 인해 발생하는 분노, 불안, 두려움 등의 감정을 완전히 배제하기는 어렵다. 이런 감정을 계속 겪게 될 때 우리는 "스트레스를 받는다."라고 표현한다. 스트레스가 만병의 근원이라는 것은 이제 상식이다. 따라서 스트레스를 주는 일은 멀리하는 것이 상책이라고 생각하기 쉽다. 하지만 연구결과, 이것은 반은 맞고 반은 틀리다.

1998년 미국의 한 연구소에서 성인 3만 명을 대상으로 8년에 걸쳐 스트레스가 인체에 미치는 영향을 조사하였다. 그들은 설문을 통해 '스트레스가 얼마나 많은지', 그리고 '그 스트레스가 해롭다고 믿는지'를 물었다. 그리고 8년이 지나 응답자 중 사망자를 조사하여 그 관계를 살펴보았다. 그 결과의 일부는 생각했던 그대로였다. 절대적인 스트레스 수치가 높은 사람은 그렇지 않은 사람보다 사망 확률이 43% 높았다. 또한 스트레스가 나쁘다고 인식하는 것은 에이즈(AIDS)나 피부암보다도 사망과 연관성이 높았다. 하지만 더 놀라운 결과는 따로 있었다. 스트레스 수치는 높았지만, 스트레스가 나쁘지만은 않다고 믿은 사람들에게서는 사망 확률이 전혀 증가하지 않았다. 심지어 그들은 스트레스 수치가 낮은 사람들보다도 사망 확률이 낮았다.[47]

그렇다면 스트레스에 대한 이러한 다른 시각은 어떻게 나왔을까? 먼저 스트레스를 나쁘게 생각하는 사람들은 스트레스를 건강과 활력을 고갈시키는 것으로 본다. 또한 업무수행 능력과 학습, 성장을 저해

한다고 믿는다. 따라서 스트레스는 반드시 피해야 한다는 결론을 얻는다. 반면에 스트레스를 긍정적으로 보는 사람들은 스트레스가 성과를 촉진한다고 생각한다. 높은 몰입과 활력을 제공하며, 학습과 성장에도 도움이 된다고 믿는다. 따라서 스트레스를 잘 활용해야 한다는 결론을 얻는다.[48]

일을 하는 사람이라면 단발성 업무를 피할 수 없다. 하지만 누군가는 단발성 업무에 쓸 1시간을 위해 자신의 미래 수명을 1시간 더 태우고 있는지도 모른다. 직장 내 스트레스의 주범인 단발성 업무를 수행하기 전 심리적 무장이 필수인 까닭이다.

리더십 가이드라인

　단발성 업무 자체가 개인의 성과와 직접적으로 연관되는 경우는 많지 않다. 대다수 부서원들은 단발성 업무를 하며 일의 의미를 느끼기가 어렵다. 따라서 관리자는 그들이 일의 의미를 새롭게 인식할 수 있도록 도울 필요가 있다. 단발성 업무를 많이 하게 되는 부서원을 동기부여 할 방법은 무엇일까? 또한 이들이 번아웃 되지 않도록 할 방안에 대해서도 알아보자.

Tip ❶ 단발성 업무에 대한 가치 인정하기

　"정 대리, 급하니까 이거 먼저 좀 처리해줘. 매번 미안한데, 그래도 제일 일도 잘하고 손도 빠르니까 부탁해." 단발성 업무가 발생할 때마다 매번 찾게 되는 부서원이 있는가?《하버드 비즈니스 리뷰》조사에서는 역량이 높고 타인을 돕는 성향이 있는 몇몇 부서원이 협업 업무의 타깃이 되는 경향이 높다고 지적하였다. 문제는 이들이 높은 역량을 보유했음에도 불구하고 부서에서 제대로 인정을 받지 못하는 경우가 많다는 것이다.[49]

　평가 시즌을 생각해보자. 여러 과제 중 많은 단발성 업무를 효율적으로 수행한 부서원과 성과에 직결되는 주요 업무만 수행한 부서원 중 누구의 성과를 더 가치 있게 평가하는가? 많은 관리자들이 단발성 업무는 본질적 업무를 돕는 수준의 일로 여기거나 타 부서와의 협업에 기여하는 정도로만 생각하여 그다지 높은 평가를 해주지 않는다. 그러나 부서원이 효율적 업무관리를 통해 부서 전체를 위한 단발성 업무를 수행해왔다면 관리자는 이 또한 중요한 업무성과로 인정하여 평가함으로써 그들이 일에 대한 의미감을 느낄 수 있도록 독려해야 한다.

Tip ❷ 심리적 안전감 제공하기

단발성 업무가 너무 많아 스트레스를 받지만 그것을 표출하지 못하는 부서원들에게 "원래 누군가 해야 하는 일이니 참고 해야지."라고 말하고 있지는 않은가. 혹 관리자가 자신도 모르는 사이에 이런 메시지를 지속해서 내보내고 있다면, 단발성 업무에 빠져 본질적 업무수행을 방해받고 있는 부서원들은 그 어려움을 호소할 곳이 없게 된다. 심지어 요청받은 단발성 업무의 적임자가 자신이 아닌데도 불구하고 혼자 끙끙대는 상황까지 발생하여, 결과적으로는 부서 전체에서 성과가 떨어지게 될 것이다.

이를 방지하기 위해 관리자는 부서원들에게 '심리적 안전감'을 제공해야 한다. 심리적 안전감이란, 조직에서 직원들이 업무와 관련해 무슨 말을 해도 다른 사람들이 자신의 의견을 무시하지 않고 불공정한

평가나 처벌을 받지 않으리라는 인식을 갖는 것을 말한다.[50]

즉, 부서원들이 단발성 업무를 수행할 여건이 되지 않아 대안을 모색해야 할 상황이거나 단발성 업무로 극심한 스트레스를 받고 있다면 관리자가 언제든 그들의 고충을 들어줄 수 있고 함께 해결점을 찾을 수 있는 존재임을 알려야 한다. 특히 업무경험이 부족한 주니어 인력의 경우, 관리자가 적극적으로 관심을 표현하여 그들이 편하게 대화를 청할 수 있도록 환경을 조성해주어야 한다.

단발성 업무는 개인에게는 가치가 떨어질 수 있지만, 부서에서는 톱니바퀴의 윤활유 같은 매우 중요한 일일 수 있다. 부서원들이 단발성 업무를 하찮게 여길수록 부서에는 악영향을 끼치게 된다. 만약 관리자가 갈등을 피하기 위해 대화를 거부하고 단발성 업무를 일방적으로 지시한다면 불만은 쌓이겠지만 당분간은 부서가 잘 돌아갈 것이다. 하지만 윤활유를 제대로 관리하지 못하면 톱니바퀴는 결국 망가지고 만다.

제4장

'보조적 업무'를 축소하라

보조적 업무란 본업을 잘 수행하기 위해 일상적으로 처리해야 하는 다양한 업무를 의미한다. 단순한 업무점검이나 실적 취합(주간 업무), 회의록 작성, 자료 정리, 이메일 확인 등이 여기에 해당한다. 이런 보조적 업무들은 대개 정기적으로 반복되는 성격을 가지며 업무 하나하나는 시간제한을 받지 않는 편이다.

보조적 업무를 수행하기 위한 시간관리 방법은 '축소'이다. 꼭 필요한 일이지만 그 자체가 가치를 창출하는 것은 아니므로 여기에 너무 많은 시간을 할애하다가는 본말이 전도될 수 있다. 보조적 업무에 쓰는 시간은 전체 업무시간의 5% 이하로 유지하는 것이 바람직하다. 그렇다면 어떻게 보조적 업무에 들어가는 시간을 축소할 수 있을까?

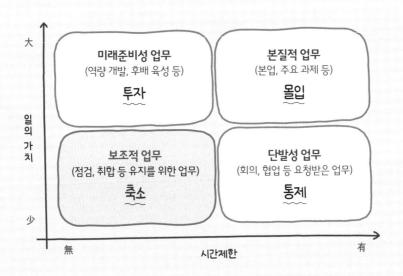

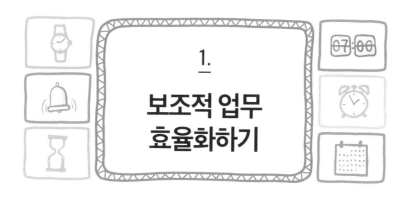

1.
보조적 업무 효율화하기

보조적 업무로 허우적대는 직장인의 하루

최 대리는 월요일 아침이면 주간보고 회의로 정신없이 한 주를 시작한다. 부서장이 담당자별로 지난 주에 수행한 업무내용을 하나하나 점검하고 부서원들도 거기에 대응하느라 바쁘다. 모두들 자기 차례가 무사히 지나가기를 바라게 되는 시간이다. 주간보고가 끝나면 모든 부서원에게 회의록을 공유하고, 주말과 월요일 오전에 수신된 이메일에 답장을 한다. 어느새 오전시간이 훌쩍 지나고 점심시간이 된다. 최 대리는 점심을 먹고 한숨 돌린 후 4개 파트가 참여하는 프로젝트 회의를 준비하라는 지시를 부서장으로부터 받았다. 4개 파트 리더의 일정을 조율하는 게 만만치 않다. 여러 번의 이메일과 전화 끝에 겨우 날짜를 잡고 회의실을 예약했다. 어느새 늦은 오후가 되어버렸고, 프로젝트에서 자신이 맡고 있는 중요한 부분을 끝내려면 최 대리는 오늘도 야근을 해야 할 것 같다.

최 대리의 하루가 거의 모든 직장인의 하루가 아닐까 싶다. 직장에서 우리의 하루는 회의, 보고, 문서 작성, 이메일 보내기의 연속이다. 어떤 날은 직무로 보면 분명 개발자인데도 코드를 작성하는 시간보다 여기저기 회의에 불려다니는 시간이 더 많을 수 있다.

칼 뉴포트는 이런 종류의 업무를 줄여야 새로운 가치를 창출하는 본질적 업무에 몰입할 시간을 확보할 수 있다고 강조했다. 보조적 업무는 별다른 지식이 없어도 수행할 수 있으며, 새로운 가치를 창출하지 않는 업무를 말한다.[*1] 업무점검 회의, 단순 정보전달형 회의, 영업실적 취합, 회의록 작성, 자료 정리 및 검색, 인터넷 검색, 메신저 대화하기, 전화 받기, 이메일 확인하고 보내기 등이 대표적인 보조적 업무이다.

이러한 업무는 우리가 그 업무를 하는 중에는 급하고 중요한 일로 인식하기 쉽지만, 생각보다 덜 중요하다. 보조적 업무를 아무리 뛰어나게 수행한다 하더라도 우리의 성과로 기억되지는 않는 것이다. "아, 최 대리는 회의록 작성을 기가 막히게 했지?"라고 기억되고 싶다면 회의록 작성이 그의 본질적 업무여야 한다. 무엇보다도 보조적 업무는 정작 축소한다 하더라도 생산성에 큰 차질을 빚지 않는 일들이 대

---

* 칼 뉴포트는 이러한 종류의 일을 '피상적 업무'라고 표현하였다.

부분이다. 오히려 보조적 업무를 축소, 효율화하고 이를 통해 확보한 시간을 본질적 업무에 투자할 때 개인의 가치뿐 아니라 조직 또한 실적 향상으로 이어질 수 있다.

생산성 컨설턴트인 크리스 베일리(Chris Bailey)는 회의에 참석하고 이메일을 보내는 등의 업무들이 큰 지적 노력을 들이지 않고 쉽게 완수할 수 있다 보니, 투입 시간 대비 부가가치가 낮음에도 불구하고 그 일을 하고 나면 본질적 업무보다 더 중요한 업무를 완수했다고 느끼기 쉽다고 지적했다.[2] 실제로 직장인을 대상으로 한 조사에서 수시로 이메일을 확인하는 이유 중 하나로 응답자들은 큰 노력을 들이지 않고 생산성 있는 일을 했다는 느낌을 받을 수 있기 때문이라는 점을 제시하였다.[3] 아이러니한 일이다. 하루 종일 이메일로 허우적대며 스트레스를 받고 진짜 중요한 일을 할 시간이 없다고 불평하면서도, 생산성 있는 일을 했다는 느낌을 받고 싶어서 다시 이메일을 확인하여 처리하고 있으니 말이다.

그러나 중요하지 않은 일을 잘하고 많이 한다고 해서 그 일이 나의 가치를 높여준다든지, 조직의 생산성 향상에 기여하는 중요한 일이 되는 것은 아니다. 보조적 업무가 많아질수록 시간, 주의력, 에너지를 빼앗겨 정작 중요한 본질적 업무에 대한 몰입도를 떨어뜨린다는 사실을 잊지 말아야 한다. 조직에서 누군가 종일 회의를 하면서 정신없이 바쁜 하루를 보냈다고 자랑한다면, 그 사람은 오히려 자신의 미래 가치를 떨어뜨리는 일에 열중한 것은 아닌지 고민해볼 필요가 있다. 보조적 업무는 분명 조직 차원에서는 누군가 해야 하는 일임에 분명하다.

하지만 이런 업무는 최대한 축소하고 효율화할 방안을 찾아내야 한다.

나의 시간사용을 알아야 시간관리 백전백승

하루 종일 정신없이 일했지만 정말로 중요한 일은 끝마치지 못해 야근을 할 때 우리는 시간을 도둑맞은 느낌을 종종 받는다. 그 많던 시간은 다 어디로 갔는가? 내 시간을 도둑질한 범인을 잡으려면 하루 동안 자신이 어떤 업무에 얼마만큼의 시간을 썼는지 파악하는 것에서 시작해야 한다. 그리고 각 업무가 부가가치를 생산하는 본질적 업무인지, 아니면 업무 효율성을 높이기 위해 축소가 필요한 보조적 업무인지 분류해야 한다.

요즘에는 다양한 시간로그 추적 앱(Time Tracking App)이 있어, 이를 활용하면 업무시간 중 자신이 사용하는 모든 시간을 초단위로 추적하고 얼마나 생산적으로 일하는지를 간편하게 분석할 수 있다. 시간로그 추적 앱은 컴퓨터, 휴대폰, 태블릿 등 모든 디지털 기기에서 사용하는 여러 가지 애플리케이션의 시간 기록을 추적한다. 예를 들어, 각종 웹사이트 및 페이스북과 같은 소셜미디어 접속, 마이크로소프트 오피스 프로그램 사용, (개발자의 경우) 프로그램 코드 작성, 이메일 확인, 메신저 대화 시간 등을 자동으로 기록한다. 그뿐 아니라 회의, 외부 고객과의 미팅 등 오프라인 활동에 대해서는 본인이 직접 기록할 수 있게 해놓았다.

일주일의 업무시간 중 나의 시간활용 패턴을 분석해보면, 어쩌면 나의 시간도둑은 회의도, 이메일도, 동료도 아닌 나 자신임을 발견하게 될지도 모른다. 또는 놀랍게도 회의와 이메일 확인에 전체 업무시간의 절반 이상을 써버리고 있다는 것을 알게 될지도 모른다. 중요한 것은 이렇게 데이터에 근거하여 나의 시간사용 패턴을 확인해보지 않는 이상, 보조적 업무를 축소하고 효율화하겠다는 다짐은 이내 공허한 외침이 되기 쉽다는 점이다.

전체 업무시간 중 보조적 업무에 사용되는 비중이 얼마나 되는지, 보조적 업무 중에서도 세부 업무별로 어떤 것들의 비중이 높은지 파악하면 구체적 업무목표를 세울 수 있다. 그리고 개인 스스로 노력해서 바꿀 수 있는 부분인지, 아니면 관리자와 논의해 조정해야만 해결이 가능한 영역인지도 파악이 가능하다.

예를 들어 구글, 유튜브, 페이스북 또는 쇼핑몰 사이트 등에서 보내는 시간이 많다면 스스로의 노력으로 개선이 가능한 부분이 많다는 의미이다. 요즘에는 업무와 무관한 특정 웹사이트 또는 애플리케이션을 하루에 정해진 시간만큼만 사용하도록 스스로 설정하고, 하루 사용시간을 초과하면 차단할 수 있도록 도와주는 애플리케이션까지 나왔으니 그 도움을 받는 것도 좋겠다. 그러나 관리자나 부서장의 주도하에 이루어지는 잦은 진척 점검 회의(일일·주간·월간 회의) 등이 원인이라면 이는 논의가 필요한 경우이다. 이럴 때는 데이터에 근거하여 과도한 보조적 업무시간 사용으로 본질적 업무에 투입할 수 있는 시간과 에너지가 부족하다는 점을 부서장이나 관리자에게 납득시켜야 할 것이다.

시간도둑을 잡아라! 레스큐타임

'레스큐타임(RescueTime)'은 PC, 모바일 기기에서의 모든 애플리케이션 사용시간을 자동으로 기록함으로써, 매일 우리가 어떤 일을 하며 시간을 보내고 있는지 알려주는 시간로그 추적 앱이다. 애플리케이션별로 사용자가 만들어놓은 카테고리로 분류할 수 있고, 애플리케이션의 생산성을 생산적(productive), 중립(neutral), 산만(distracting) 등으로 지정할 수 있다. 그뿐 아니라 5분 이상 PC 사용을 하지 않을 때 팝업창이 뜨고 사용자가 직접 오프라인 활동을 기록할 수 있도록 지원한다. 매일/매주/매월 어디에 얼마나 시간을 사용하고 있는지 대시보드에서 확인할 수 있다. 이메일 또는 인터넷 검색으로 시간을 많이 소비하고 있다면, 이메일과 특정 웹사이트의 접속 가능시간을 제한할 수 있고 할당된 시간이 지나면 아예 차단함으로써 사용자의 비효율적 시간사용을 억제하도록 돕는다.

'레스큐타임'으로 알아볼 수 있는 데일리 대시보드

자료: RescueTime.com

회의로부터 도둑맞은 시간을 구하라

보조적 업무 중 비효율의 원인으로 가장 먼저 지적되는 것이 불필요하고 비생산적인 회의다. 미국 내 직장인을 대상으로 조사한 바에 따르면 직장인들은 매월 평균 62개 회의에 참석하고 있으며, 응답자의 90%는 회의 도중 졸았던 경험이 있고, 73%는 다른 일을 했다고 응답했다.[4] 꼭 참석하지 않아도 되는 수많은 회의에 참석하면서 낭비되는 시간과 기회비용은 과연 얼마나 될까? 회의 스케줄링 플랫폼 업체 두들(Doodle)의 조사에 따르면 회의 참여로 인한 직접적 시간낭비만 추산해도 미국 내에서만 2019년 한해 1,020억 달러에 달했다.[5]

2019년 BBC 기사에 따르면 직장인들은 주 평균 6시간(관리자는 23시간)을 회의로 보내지만, '회의 회복 증후군(MRS: Meeting Recovery Syndrom)'까지 고려한다면 8시간 이상을 회의로 낭비하고 있는 셈이라고 지적한다.[6] 회의 회복 증후군이란 비생산적인 회의가 개인에게는 당사자의 기분, 사고 등 정신건강에 부정적 영향을 미치고 조직에서는 팀워크, 의사소통, 생산성 저하로 이어지는 현상을 말한다.[7] 따라서 비생산적인 회의 후 뇌를 식히고 다시 집중할 수 있는 데까지는 다시 또 시간이 필요하다. 이렇듯 회의로 인한 직접적 시간낭비, 회복시간, 그리고 더 생산적인 업무에 시간을 쓰지 못한 데 따르는 기회비용까지 고려한다면, 불필요한 회의로 인한 비용손실은 막대하다.

그렇다면 우리는 어떻게 회의로부터 도둑맞은 시간을 구해낼 수 있을까? 먼저, 불필요한 회의를 축소해야 한다. 조직 내에서 이루어지는 많은 회의가 실은 여러 팀이 모여 협업을 한다든지 주요 현안 이슈를 해결하는 일에 관한 것이 아님에도 불구하고, 필요 이상으로 많은 참석자들의 시간을 낭비하고 있다. 따라서 회의를 개최할 때에는 이 회의가 꼭 필요한지 판단해야 한다.[8] 회의의 안건이 정보가 아닌 참석자의 '의견'을 필요로 하고, 일방적 전달이 아닌 여러 사람의 '논의'가 필요가 경우에만 회의를 여는 것이 좋다.

그 외에 객관적 정보전달은 이메일 또는 게시판을 이용하고, 개인의 의견을 여러 사람들에게 전달해야 하는 경우라면 스스로 발표자가 되어 발표를 하는 것이 적합한 형식이다. 또한 정보의 옳고 그름이 아닌 좋고 나쁨, 즉 다수의 선호도를 판단해야 하는 경우에는 회의보다는

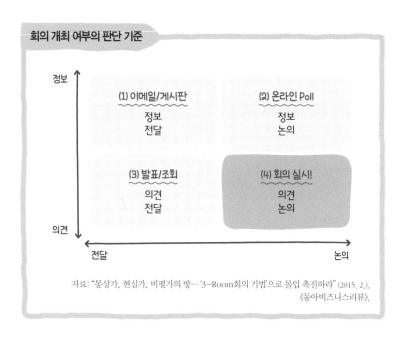

자료: "몽상가, 현실가, 비평가의 방… '3-Room회의 기법'으로 몰입 촉진하라" (2015. 2.),
《동아비즈니스리뷰》.

제4장 '보조적 업무'를 축소하라

온라인 Poll을 이용하는 편이 더 낫다.

이지비스타(EasyVista)의 CMO 존 프레스트리지(John Prestridge)는 단순 업무보고 및 현황 점검을 위한 회의를 가장 먼저 없애야 한다고 CIO.com 인터뷰에서 언급했다.[9] 이러한 종류의 회의는 팀원 모두가 담당 업무를 진행 중이라는 사실을 확인하는 것 그 이상도 그 이하도 아닌 경우가 많다. 일일·주간·월간 단위로 특정 날마다 반복되는 회의일수록 더욱더 그러하다. 만약 자신이 담당하고 있는 프로젝트에서 이런 내용의 회의가 정기적으로 이루어지고 있다면, 팀원들 간 일정 공유 및 진척 현황을 업데이트할 수 있는 간단한 엑셀파일을 만들어 활용하기를 추천한다. 만약 회사에 프로젝트 진행용 사이버 커뮤니티 개설이 가능하다면, 일정 공유 카테고리를 만들어 거기서 공유하는 것이 더 효율적이다. 업무지시나 단순한 정보전달형 회의 역시 이메일을 통해 정확한 전달사항만 공유하는 것이 바람직하다.

반대로 회의에 초대된 경우라 할지라도 본인이 회의 주제와 관련하여 적임자라는 판단이 들지 않는다면 거절하는 것이 필요하다. 데이비드 그레디(David Grady)는 TED 강연에서 전 세계의 수많은 직장인이 생각 없이 수락하기 증후군(Mindless Accept Syndrome)으로 인해 회의에 초대가 되면 회의 목적과 초대 이유도 생각하지 않고 무조건 회의를 수락하는 경향이 있음을 언급했다.[10] 회의 초대 메일이 오면 회의 안건을 확인하고 자신과 관련 있는 회의만 수락하는 것이 좋다. '내가 이 회의에 참석하지 않아서 뭔가 중요한 것을 놓치면 어쩌지.' 하는 걱정은 할 필요가 없다. 꼭 참석해야 하는 회의라면 당신이 회의 주관자에게 거절 의사를 전달했을 때 반드시 다시 부를 테니까 말이다. 그러므로 회의 거절 의사를 전달할 때는 이메일보다는 전화를 하거나 직접 만나서 이야기하는 것이 바람직하다. 게다가 회의 참석 메일을 보낼 때마다 회의 참석자들이 수락 또는 거절 의사를 메일로 보내온다면 회의 주관자의 '이메일 확인'이라는 보조적 업무가 더욱 증가할 터이니 말이다.

이메일, 현명하게 다이어트하기

대부분의 직장인은 하루 일과의 시작을 향긋한 모닝커피와 함께 이메일 수신함을 여는 것으로 시작하고, 하루 종일 수시로 이메일 수신함을 들락날락할 것이다. 이메일이 없던 시절에는 과연 어떻게 일을 했을까 싶을 정도로 현대 직장인들은 이메일 의존도가 높다. 하지만 그런 한편으로 이메일은 어느덧 필요악 같은 존재가 되어버린 것 같기도 하다.

《하버드 비즈니스 리뷰》에 따르면 직장인(특히 지식노동자)은 일평균 120개의 이메일(뉴스레터와 광고 포함)을 수신하고, 2.6시간을 이메일 관리에 소비한다.[11] 어떻게 하면 업무효율성은 저하시키지 않으면서 이메일 확인에 소비되는 시간은 줄일 수 있을까? 이메일 보내기, 답장하기, 수신함 관리 3가지 측면 모두에서 다이어트가 필요하다.

이메일 수신을 축소하라

지식노동자는 평균 120개의 신규 이메일을 받지만 그중 25%에 대해서만 응답한다. 그만큼 불필요한 이메일이 많다는 의미이다. 그런데 이 불필요한 정보들을 계속해서 수신함에 쌓아둔다면 다음번 이메일 확인 시 무의식적으로 또 확인하게 되고, 일평균 27분을 더 낭비하게 된다.[12] 해법은 간단하다. 이메일 수신함에는 신규 이메일만 보관하고, 확인한 이메일은 다른 곳에 보관하거나 삭제하여 한 번만 확인할 수 있도록 한다. 그리고 각종 뉴스레터 구독은 꼭 필요한 경우로 최소화하고, 스팸필터 기능을 사용해 광고성 스팸 이메일은 전면 차단한다. 이메일 관리 소프트웨어 기업 세인박스(SaneBox)의 조사에 따르면 전체 수신 이메일의 62%가 중요하지 않은 것들로 여겨지며, 특히 구독하는 뉴스레터의 20%만 수신자가 내용을 확인한다.[13] 관련 없는 이메일을 개별적으로 버리는 습관을 없애려면 중요하지 않은 뉴스레터에 대한 '수신 거부'부터 시작하자.

폴더를 구성하여 이메일을 정리하라

전체 이메일을 수신함에 계속 쌓아놓고 필요 시 키워드 검색으로 찾는 사람은 일평균 14분의 시간을 낭비한다. 프로젝트 단위 또는 주요 발신자 단위로 폴더를 구성하여 필요 시 쉽게 찾을 수 있도록 만들어 두는 것이 좋다. 즉시 답장을 할 수 없거나 굳이 답장을 할 필요가 없는 이메일은 별도의 폴더(예: '확인 필요')에 넣어 보관하고 '회의'와 같이 별도의 일정에 등록하여 '할 일' 목록으로 관리한다. 이렇게 하면 지연

된 이메일을 검색해서 찾아 다시 읽고 이메일을 처리하는 시간을 절약할 수 있다.

이메일 발신을 최소화하라

이메일 수신을 최소화하는 방법은 '적게 발신하는 것'이다. 내가 이메일을 적게 보낼수록 이메일 수신함에 쌓이는 이메일도 줄어든다는 것을 경험하게 될 것이다. 이메일은 현대 직장인들에게 매우 매력적인 도구이지만 너무 무분별하게 사용되는 측면도 있다. 대표적인 경우가 회의 날짜를 정할 때 이메일을 활용하는 것이다. 예를 들어 5명이 모이는 회의를 생각해보자. 과연 몇 개의 이메일을 주고받아야 할까? 5명 모두가 처음 제안한 날짜에 'OK'라고 수락한다 해도 5개의 수락 메일을 받아야 한다. 이 중 한 사람이라도 그 날짜에 안 된다고 하면 그때부터는 수신함이 회의 날짜를 결정하는 이메일로 금세 가득 찰 것이다. 따라서 회의 결정과 같이 여러 번 의견 조율을 하며 결정해야 하는 경우에는 이메일이 부적합하다. 직접 전화로 하는 게 더 빠를 수 있다. 또는 회의 참석자들이 참석 가능 날짜를 투표할 수 있는 앱(예를 들어, Calendly)을 활용하는 것도 효율적이다.

이메일 답장을 보류하라

이메일 수신량과 관련해 또 하나의 놀라운 사실은 이메일 답장이 빠를수록 이메일을 다시 받을 가능성이 높아진다는 것이다. 자포스(Zappos)의 최고경영자 토니 셰이(Tony Hsieh)는 회사에서 주고받는 이메일을 '끝이 없는 런닝머신(Never-Ending Treadmill)'에 비유하며, '어제의 이메일(Yesterbox)'이라는 이메일 관리 방안을 제안했다.[14] 오늘 받은 이메일을 이튿날 확인하여 처리하는 방안이다. 토니 셰이는 대부분의 이메일이 48시간 이내에만 응답한다면 별 문제가 없는 내용이라고 한다. 물론 최고경영자가 아닌 직장인이 이메일을 48시간까지 지연시키기는 어려울 것이다. 그러나 이메일을 받고 즉시 답장을 하지 않는다고 해서 생산성이 급격히 저하되는 일은 없으니 자기만의 이메일 확인 및 답장 시간을 정하는 습관을 길러보자. 정말 중요하고 긴급한 이메일이라면 발신한 뒤 분명 전화를 주었을 것이다. 그럼에도 이메일이 올 때마다 바로바로 답장한다면 본인 스스로 끝나지 않는 런닝머신 위로 올라타는 것임을 잊지 말아야겠다.

하루 종일 이런저런 보조적 업무를 처리하며 정신없이 시간을 보내고 나면 열심히 일했다는 생각이 든다. 이러한 업무는 우리의 변연계가 큰 고전을 하지 않고도 쉽게 처리할 수 있고 '끝냈다.'라는 만족감을 느끼게 해주기 때문에 생각하고 고민해야 하는 생산적 업무에 비해 좀 더 빠져들기가 쉽다.[15] 하지만 시간은 모든 사람에게 동일하게 주어진다. 보조적 업무를 줄이고 자신의 가치를 높이는 일에 얼마나 똑똑하게 투자하느냐에 따라 자신의 미래 가치가 결정된다는 점을 잊지 말자.

리더십 가이드라인

일하는 방식에 대한 근본적 개혁과 조직 차원의 비효율 제거 노력 없이 부서원 개개인의 시간관리 노력만으로 생산성 향상이 가능할까? 개개인의 노하우와 노력만으로 보조적 업무의 비효율을 제거하는 데는 한계가 있다. 그렇다면 관리자는 어떻게 부서원의 보조적 업무를 줄여줌으로써 본질적 업무에 투입할 시간을 더 많이 확보하도록 도울 수 있을까?

Tip ❶ 부서원들의 보조적 업무 비중과 비효율의 원인 파악하기

우선 부서원들의 전체 업무시간에서 보조적 업무가 차지하는 비율이 얼마나 되는지, 구체적으로 어떤 업무에 얼마만큼의 시간을 쓰는지 점검할 필요가 있다. 부서원 모두에게 각자의 시간사용 패턴을 구체적으로 정리해보도록 지시하고, 정리된 기록을 바탕으로 부서원 개개인과 면담하거나 필요에 따라서는 부서원 전체가 모여 비효율의 원인을 찾아보는 과정이 필요하다. 비효율의 원인을 찾을 때는 개인의 시간활용 이슈인지, 관리자가 부서 차원에서 개선할 수 있는 관리적 이슈인지, 회사 차원의 지원이 필요한 예산 및 시스템적 이슈인지 먼저 파악해야 한다.

부서원 개인의 시간활용 이슈에서 원인을 찾았다면 면담을 통해 다양한 시간활용 노하우를 제공하고, 지속적 모니터링을 통해 개선 여부를 점검할 필요가 있다. 보조적 업무를 수행하는 비중이 부서 평균보다 상대적으로 높은 부서원이 있다면 그 경우 가치 있는 일을 하고 있다는 업무의미감(Experienced Meaningful of the Work)[16]을 덜 느낄 수 있기 때문에 더더욱 관심과 개선이 필요하다.

부서 차원에서 개선이 가능한 부분은 부서원 전체가 모여 비효율의 근본 원인을 분석하고, 모두가 공감하고 실천할 수 있는 대안을 수립해야 한다. 그리고 회사 차원에서 예산 또는 시스템 측면에서 지원해주어야 하는 부분은 부서원 전체 업무시간에서 어느 정도의 시간이 해당 비효율로 인해 낭비되고 있고, 회사의 지원으로 얼마나 개선할 수 있는지 구체적 데이터를 근거로 상위 관리자를 설득해야 한다. 예컨대, 이메일을 통해 프로젝트 일정 및 이슈 관리를 하느라 하루에 수백 통의 이메일을 주고받고 있다면, 프로젝트 관리 툴(예를 들어, JIRA, Slack 등) 구입 및 설치를 상위 관리자에게 건의할 필요가 있다.

Tip ❷ 부서장이 솔선수범하여 비효율 제거하기

업무점검 회의, 즉 주간회의는 대표적인 보조적 업무이다. 과제마다 업무성격이 다르고, 새로운 결과 및 이슈가 나오는 업무진척 속도가 상이함에도 불구하고 이를 고려하지 않는 일괄적 주간회의는 비효율적일 수밖에 없다. 형식적인 주간회의 대신 프로젝트 사이클에 맞추어 격주 또는 매달 꼭 필요한 인원만 모여 이슈 중심으로 논의하도록 개선한다. 그리고 논의 결과를 관련된 모든 부서원과 공유함으로써 불필요한 추가 회의를 방지한다.

업무 관련 이슈는 공식적 회의 대신 부서원과의 일대일 면담을 통해 수시로 깊이 있게 논의하는 것이 좋다. 단 이때는 이슈가 생기면 언제든지 편안하게 부서장이나 관리자를 찾아와 논의할 수 있도록 권위적 형태의 보고문화를 없애고자 노력해야 한다. 단지 상급자에게 보고하기 위한 불필요한 보고서 작성 및 준비로 시간을 낭비하지 않도록 부서장이 부서원 전체에 자주, 적극적으로 알려야 한다.

이를 위해서는 회의, 보고, 결재, 이메일 사용에 관한 부서 차원의 규범(Ground Rule)을 부서원들과 함께 정하는 것도 필요하다. 예를 들어, 회의는 3명 이상 모여 논의할 필요가 있는 경우에만 열기, 보고 시에는 1페이지 이슈 리스트 중심으로 준비하기, 프로젝트 등급별로 결재 경로·단계 효율화하기, 이메일 상신 시 수신인/참조인 지정 규칙 정하기 등이 가능하다. 그리고 이렇게 정해진 규범은 관리자와 부서원 전체가 합의하여 지켜나가야 함을 원칙으로 삼는다.

2019년 삼성경제연구소가 실시한 조사에 따르면, 관리자가 회의, 보고, 결재 등의 업무 비효율을 제거하고자 얼마나 노력하느냐가 부서의 성과에 큰 영향을 미치는 것으로 나타났다.[*] 그러나 아이러니하게도 관리자는 자신의 업무효율 제고를 위한 노력을 부서원들보다 과대평가하는 것으로 조사되었다.[**] 비효율 제거의 노력에 충분함이란

없다. 지속적으로 비효율 원인을 찾아내 축소, 효율화하려는 노력이
필요하다.

---

* 부서의 성과에 영향을 미치는 리더십 요인은 다음과 같았다. 1순위 업무의미감 부여, 2순위
  명확한 업무지시, 3순위 업무효율 지원, 4순위 성과기반 평가, 5순위 공정한 업무배분순.

** "나는/나의 상사는 불필요한 업무를 줄이려고 노력한다."라는 문항에서 관리자는 97.3%,
  부서원은 64.3%가 "그렇다."라고 응답하였다.

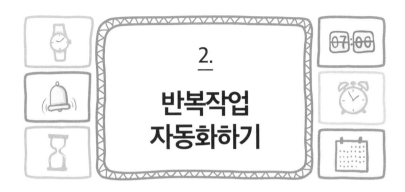

나에게 단순 반복작업이 주어진다면

하루 8시간씩 6개월 이상이 걸리는 단순 반복작업을 자동화로 하루 만에 끝낸 사회복무요원을 기억하는가?[17] 그는 노동청에서 사회복무 요원으로 일하는 평범한 청년이었고, 스스로를 '코딩하는 공익'이라 불렀다. 그에게 주어진 업무는 노동청에서 발송한 최근 1년간의 등기 우편 발송 내역을 인쇄하여 보관하는 것이었다. 해당 작업을 위해서 는 우체국 홈페이지에 접속해서, 등기번호 13자리를 입력하고, 검색 결과가 나오면 종이에 인쇄를 하는 것이었다. 지난 1년간 등기우편 발송 건수는 약 4,000건에 이르렀고 총 작업시간을 계산해보니 하루 8시간씩 6개월을 작업하면 끝낼 수 있다는 계산이 나왔다. 문제는 이러한 작업을 매일매일 등기우편 발송 건이 생길 때마다 반복해야 한다는 점이었다. 관리자에게 일의 양이 너무 많아 도저히 할 수 없다고 해봤지만 공익 근무기간 내에 충분히 할 수 있는 일 아니냐는 대답만 들었다.

그는 공익 근무기간 동안 군소리 없이 등기번호 검색과 인쇄를 할 수도 있었지만, 자동화 프로그램을 개발하기로 마음먹었다. 구글에서 열심히 검색해서 엑셀에 있는 등기번호를 자동으로 우체국 홈페이지에 입력해 검색 결과를 얻는 프로그램과 검색 결과를 종이로 출력하는 프로그램을 반나절 만에 개발하였다. 오전에 개발을 마치고 첫 번째 프로그램을 돌려놓고 점심을 먹고 돌아오니 모든 검색이 완료되어 있었다. 오후에는 검색된 결과를 자동으로 출력하는 두번째 프로그램을 돌렸다. 인쇄기에 부지런히 종이를 실어 날라 퇴근 1시간 전에 부여받은 업무를 끝낼 수 있었다. 다른 층에 근무하는 공무원들도 신기하다고 구경을 왔고, 심지어는 노동청에서도 관심을 가져, 다양한 업무혁신 사례를 발굴하는 계기가 되었다.

그는 평상시에도 단순 반복업무를 너무 싫어해 복무기간 중 주어진 많은 업무를 처리하기 위한 자동화 프로그램을 개발했다. 2개의 엑셀 파일을 하나로 만들거나, 담당자에게 자동으로 이메일을 발송해주는 등의 프로그램이었다. 이런 프로그램을 개발한 것은 그에게 주어지는 작업들이 주로 단순하면서도 시간이 많이 걸리는 일들이었고, 이러한 일은 자동화로 생산성을 더 높일 수 있다는 판단이 섰기 때문이다. 나아가 사회복무요원으로 근무하며 지켜보니 노동청에는 수많은 민원인이 방문했고, 그들 중에는 사회적 약자가 많았다. 단순 반복적 작업 시간을 줄여 민원인의 불편함을 한 건이라도 더 많이 해결하는 데 쓸 수 있다면 매우 보람될 것이라는 생각이 들었다는 것이다. 이리하여 그는 '세상을 바꾼 공익'이라 불리게 되었다. 그가 도전하기 전까지는 늘 해오던 일이고 늘 해오던 방식이라 어느 누구도 의구심을 갖지 않았는데, 그의 남다른 시도가 기존의 관습을 획기적으로 바꾸어 좋은 결과를 낳은 것이다. 조금만 시간을 들여 고민하고 노력을 투자한다면 누구도 상상하지 못했던 획기적인 생산성 향상을 이룰 수 있음을 보여주는 이야기이다.

반복작업 찾아내기

그렇다고 해서 직장인 모두가 프로그래머가 될 수는 없다. 프로그래밍 실력을 조금 갖추고 있다면 훨씬 더 많은 단순 반복업무를 쉽게 자동화할 수 있지만, 꼭 그런 능력이 필요한 것은 아니다. 프로그램을 통한 완전 자동화가 아니더라도 반복되는 작업의 비효율을 여러 가지 방법으로 개선할 수 있다.

기업용 협업 및 프로젝트 관리 플랫폼 제공 업체 스마트시트(Smartsheet)가 2017년 미국 내 근로자 1,000여 명을 대상으로 한 조사에 따르면, 직장인의 40%가 데이터 수집, 입력, 검색과 같은 지루하고 반복적인 수작업으로 매주 25%의 시간을 소비하고 있다고 응답했다.[18] 그리고 반복작업 자동화의 가장 큰 장점으로는 낭비되는 시간 절약(70%), 수작업으로 인한 휴먼 에러(Human Error) 방지(66%)를 꼽았다.

자신이 수행 중인 업무를 찬찬히 살펴보자. 매일, 매주, 매월, 또는 매년 반복적으로 수행하는 작업과 프로세스가 분명 존재할 것이다. 앤드류 헌트(Andrew Hunt)와 데이비드 토머스(David Thomas)는 저서 《실용주의 프로그래머(*The Pragmatic Programmer*)》에서 "자신을 반복하지 말라(Don't Repeat Yourself)", 즉 DRY를 강조했다.[19] 소프트웨어 엔지니어링에서 'DRY'는 필요할 때마다 재사용이 가능한 코드를 참조함으로써 코드의 재개발 및 반복을 줄이는 원칙을 의미한다. DRY 원칙에서는 전체 코드를 의미 있는 작은 모듈 단위로 나누고, 재사용 가능한 부분이 어디인지 파악하는 작업이 필요하다.

우리의 업무처리에서도 이와 유사한 원칙이 필요하다. 전체를 작은 업무 단위로 쪼개서 기록해보면, 분명히 정기·비정기적으로 반복되는 업무 단위들이 있을 것이다. 특히 인간의 수작업으로 인해 오류가 나기 쉬운 작업이라면 더욱더 자동화가 필요하다. 자동화로 인해 조직의 전체 업무 프로세스에 획기적 영향을 미치고, 시스템적 투자가 필요한 경우라면 관리자에게 적극적으로 건의하는 자세도 필요하다.

템플릿 활용하기: 빈번하게 반복되는 업무

매일, 매주 빈번하게 반복되는 업무들이 있다. 주간 보고서 작성하기, 회의록 작성하기, FAQ 응답하기, 매일 부서별 매출현황 취합 및 보고하기 등은 일정한 형식이 존재하고 반복해서 이루어지는 작업들이다. 이러한 작업들은 귀찮더라도 시간을 들여 템플릿을 만들어놓는 것이 효과적이다.

템플릿을 만들어 쓰면 작업을 할 때마다 모든 구조 및 골격을 반복해 만들 필요가 없기 때문에 업무생산성이 높아진다.[20] 구조에 대한 고민 없이 필요한 정보만 빠르게 입력하면 작업이 완료되기에 시간을 절약할 수가 있다. 그뿐 아니라 표준화된 포맷을 미리 만들어놓음으로써 오류를 최소화할 수 있다. 특정 보고서에 10개의 정보가 항상 포함되어야 한다면, 1~2개의 정보를 빠뜨리는 실수를 줄일 수 있다. 그리고 작업의 일관성을 유지할 수 있다는 것도 장점이다. 예를 들어, 고객의 문의에 응대하기 위한 FAQ가 미리 갖춰져 있다면, 비슷한 질의에 일관된 메시지로 소통이 가능하다. 간혹 본인이 휴가 중으로 자리를 비우더라도 템플릿을 활용한다면 쉽게 업무위임이 가능하다.

헨리 포드(Henry Ford)는 자동차를 만드는 전 과정을 반복 가능한 과정이라 보고, 움직이는 조립 라인을 고안해 자동차 생산에 혁명을 일으켰다.[21] 자동차를 만드는 것처럼 무언가를 생산하는 업무를 하지는 않지만, 헨리 포드와 같은 마음가짐으로 일을 수행할 때마다 유사한 패턴을 따르는, 그래서 템플릿화하고 구조화하여 재사용할 수 있는 업무를 찾아 다음과 같이 열거해보자.

① 이메일 보내기, 답장하기(자주 사용하는 주소록 만들기)

② 업무와 회의에 관한 전달사항 공지하기

③ 과제유형별 프레젠테이션 발표 자료 만들기

④ 회의록 작성하기

⑤ 자주 사용하는 엑셀 그래프 서식 만들기

⑥ 정기 현황 보고서(주간 보고서) 작성하기

⑦ 결재안 작성하기

⑧ 내·외부 고객의 FAQ 응대하기

체크리스트, 메모장 활용하기:
빈번하지 않지만 반복되는 업무

비정기적으로 반복되는 업무들이 있다. 출장을 다녀온 뒤 출장 정산서를 제출하거나 외부 자료 사이트(예를 들면 통계청이나 국회도서관 등)에서 가끔씩 자료를 다운로드받을 때 오랜만에 하는 업무라 자신이 예전에 어떻게 했는지 전혀 기억이 나지 않을 수 있다. 이 경우 여기저기에 전화를 걸어 문의하거나 홈페이지 이곳저곳을 클릭하느라 혼란을 겪을 수 있다. 임상심리학자이자 베스트셀러 작가인 앨리스 보이즈(Alice Boyes)는 자신은 매번 프린터 드럼을 청소할 때마다 구글에서 프린터 시리얼 넘버와 함께 '프린터 드럼 청소하는 법'을 검색하며 10분 이상을 허비한다고 말한 적이 있다.[22] 그런 경험을 몇 번 거듭한 그녀는, 이제는 '프린터 드럼 청소하는 방법'이라는 제목으로 자신만의 매뉴얼을 정리해 메일함에 보관하고 있다고 한다.

빈번하지 않을지라도 반복적으로 발생하는 업무는 자신만이 알 수 있는 가장 효율적인 프로세스로 정리하여 검색하기 쉬운 위치에 저장해두는 것이 좋다. 그것은 체크리스트일 수도 있고, 메모장일 수도 있다. 앨리스 보이즈처럼 메일함에 별도 폴더를 만들어 저장해두는 것도 좋은 방법이다.

최근에는 큰 비용이 들지 않거나 아예 무료로 활용할 수 있는 앱이나 툴이 많이 공개되어 있다. 예를 들어, 구글 Alert를 활용하면 내가 관심 있는 키워드를 사전에 등록해놓고, 경쟁사의 뉴스 피드를 수시로 검색하지 않더라도 메일로 받아볼 수 있다. 그리고 간단한 엑셀 함수를 사용해 데이터의 수정과 정리, 형식 통일하기, 반복입력 자동화하기 등 업무를 자동화할 수 있는 온라인 강좌도 많이 공개되어 있다.

리더십 가이드라인

업무를 하다 보면 별것도 아니지만 손이 많이 가고 시간도 적잖이 들어가는 단순 반복적 업무가 상당하다. 그런데 정작 관리자나 부서장이 해당 업무의 프로세스를 잘 모른 채 그저 지시만 내리고 빨리 끝내라고 다그친다면 어떻게 될까? 부서원들은 프로세스를 좀 더 효율적으로 개선하려는 의지 없이 그저 늘 해오던 방식으로 눈앞에 닥친 업무만 처리하기 급급할 것이다. 그렇게 되면 궁극적으로 부서 전체 혹은 조직 전체의 생산성은 저하될 수밖에 없다. 따라서 관리자는 부서 내에서 효율화할 수 있는 업무 프로세스를 적극 발굴하여 자동화 방안을 모색해야 할 의무가 있다.

Tip ❶ 자동화 가능한 비효율 업무 프로세스 발굴하고 투자하기

근로시간 단축과 함께 국내에서도 단순 반복작업을 자동화하는 RPA(Robotics Process Automation)에 대한 관심이 뜨거워지는 분위기이다. RPA는 인간이 수행하는 지루하고 단순 반복적인 작업과정을 더 빨리 더 정확히 수행할 수 있도록 도와주는 소프트웨어이다.[23] 명칭만 보면 뭔가 거창한 것인가 싶지만 간단한 코딩이나 엑셀로도 구현이 가능하고, 하루 또는 일주일만 투자하여 개발할 수도 있다. 자동화가 가능한 비효율 업무 프로세스를 발굴하려면 관리자가 부서 내 업무 프로세스 흐름을 잘 파악하고 있어야 한다. 부서원의 작업이 예상보다 오래 걸린다면 무조건 독촉하기보다는 부서원과 함께 업무 프로세스를 찬찬히 들여다볼 필요가 있다. 해당 부서원의 업무 프로세스에서 비효율이 발생하는 부분이 어디인지, 자동화가 가능한 영역인지 검토해보아야 한다.

조금 더 효과가 큰 자동화를 꾀한다면, 부서원들에게 자신이 진행하는 업무 중 사람이 직접 수행하는 것이 비효율적이라고 생각되는 단순 반복 프로세스를 정리해 제출하라고 지시해보자. 그리고 부서원 전체 워크숍을 통해 제출된 비효율 프로세스를 분석하여 자동화했을 때 투자 대비 효과가 큰 순서대로 자동화의 우선순위를 정해보자. 매일 또는 매주 주기로 발생하는 업무, 규칙 기반으로 프로세스가 표준화되어 있어 변경사항이 적은 업무, 자동화할 경우 부서원 다수에게서 업무시간 절감 효과를 볼 수 있는 업무 등을 우선 선정하되 쉽게 자동화가 가능한 것부터 채택하는 것이 좋다.[24]

엑셀 등 간단한 프로그램을 활용해 내부적으로 자동화하기 용이한 부분은 시간을 투자하여 직접 개발해보도록 부서원을 지원하자. RPA를 직접 구현할 수 있는 업무자동화 교육을 수강하도록 해준다든지 다른 부서원에게 전파할 수 있도록 돕는 것도 좋은 방법이다.

부서 차원의 자동화를 넘어 더 큰 투자 효과가 있는 업무 프로세스는 IT팀에 도움을 요청하거나 회사 차원에서 투자를 받을 수 있도록 설득하는 것도 관리자의 역할이다.

Tip ❷ 부서 차원의 템플릿을 지속적으로 생성, 공유하기

흔히들 형식은 내용을 담는 그릇이라고 말한다. 자주 반복해서 사용하는 결재안, 보고서, 제안서 등은 부서원 전체가 자유로이 활용할 수 있도록 템플릿화하여 공유히는 것이 좋다.

부서원 전체가 공유할 수 있는 온라인 공유 폴더나 커뮤니티를 개설하여 결재, 보고서, 제안서 등으로 분류한 다음 누구나 편하게 쓰도록 독려하자. 결재의 경우 결재 목적에 따라, 본문에 들어가야 하는 주요 항목, 결재자, 합의자가 거의 명확히 정의되어 있다. 그러므로 부서에서 주로 활용하는 주요 결재 템플릿을 사전에 공유한다면 실수로 여러 번 결재를 올리게 되는 일을 피할 수 있다. 보고서나 제안서의 경우에도 과제의 종류에 따라 베스트 프랙티스 사례를 지속적으로 공유하고 활용하며, 또 더 나은 버전으로 개선함으로써 부서원들이 형식보다는 내용을 두고 좀 더 많이 고민할 수 있도록 도와주어야 할 것이다.

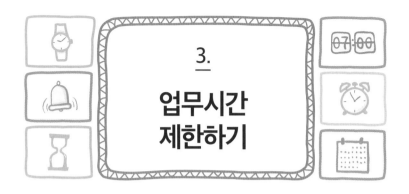

3.
업무시간
제한하기

산업화 시대의 산물, 주 40시간 근무

|

우리는 언제부터 월요일부터 금요일까지 하루 8시간, 주 40시간(법
정근로시간)을 일하기 시작했을까? 물론 2000년대 초반만 해도 토요일
근무가 있었다. 하지만 놀랍게도 주 40시간 근무를 위한 근로자들의
요구는 19세기로 거슬러 올라간다.[25] 19세기 초에는 고용주가 근로자
에게 일하도록 요구할 수 있는 근무시간에 상한이 없었다. 8세 미만
의 어린아이조차 근무시간 제한 없이 밤낮으로 공장에서 일할 정도였
다. 그러다 1848년에 영국 의회가 마침내 하루 10시간 근무시간법을
통과시켰다. 이후 미국의 노동조합들이 주 40시간 노동을 주장했고,
1938년 공정노동기준법(Fair Labor Standards Act)이 통과되었다. 이때

부터 고용주는 주 40시간 법정근로시간을 초과하는 근무시간에 대해 1.5배의 초과근무수당을 지급했다.

'주 40시간 근무' 시행에 있어 주목해야 할 점은 이 제도를 처음에 주장하고 추진한 것은 노동조합이었지만 기업 경영자들이 그 요구를 수락한 데는 노동시간 및 생산성에 대한 수많은 연구로 확신을 얻었기 때문이라는 사실이다. 19세기 후반 들어 기업들은 근무시간에 따라 1인당 총생산성이 어떻게 달라지는지 광범위한 실험을 실시했고, 그 결과 노동시간과 생산성이 정비례하는 것은 아님을 확인했다.

그러자 예컨대 포드자동차의 헨리 포드는 1914년 포드 공장의 작업 시간을 9시간에서 8시간으로 줄이고 임금을 2배로 인상하는 급진적 정책을 취했으며, 이런 변화로 근로자들의 생산성은 더욱 향상되었다. 20세기 초반 생산성과 관련한 다양한 연구에서 확인된 것은 근로자들이 최적의 생산성을 유지하면서 일할 수 있는 시간은 하루 8시간, 주 40시간(5일 근무)이라는 사실이다.

하지만 하루 8시간, 주 40시간 근무의 효율성은 혹 블루칼라의 노동생산성에만 적용되는 것은 아닐까? 지식노동자들은 19~20세기 노동자들처럼 망치를 두드리며 일하는 것도 아니고, 8시간이 지났다고 체력적으로 한계에 다다르지도 않는다. 하지만 생산성 컨설턴트 크리스 베일리는 오늘날 지식노동자의 업무는 훨씬 더 많은 시간과 집중력, 에너지를 요구하며, 장시간 일할수록 집중력과 에너지는 급격히 떨어져 생산성이 크게 저하된다는 점을 지적한다. 실제 연구에서도 지식노동자들이 집중해서 일할 수 있는 시간은 육체노동자들보다 오히려

2시간 적은 6시간인 것으로 나타났다.[26]

조직심리학자 아담 그랜트(Adam Grant) 역시 6시간 근무를 지지한다.[27] 오늘날 지식노동자의 업무는 단순 반복적 작업에서 비판적 사고, 문제 해결, 창의성을 요구하는 휴리스틱(Heuristic)한 작업으로 전환되었으며, 이렇듯 복잡하고 창조적인 작업일수록 시간에 제한을 두는 것은 별 의미가 없다고 그랜트는 지적했다. 즉, 근무시간과 생산성은 결코 비례하지 않으며 일정 시간을 넘기면 집중력 감소에 따른 실수의 빈발로 그 실수를 수정하느라 더 많은 시간을 낭비하게 된다는 것이다.

새로운 도전, 적게 일하기를 실험하다

주 40시간 근무가 최적의 생산성을 가져온다는 다양한 연구가 뒷받침되었지만 언제부터인가 지식노동자의 근무시간은 더 늘어났다. 기술의 발전으로 다양한 생산성 향상을 위한 도구(이메일, 협업 툴 등)가 도입되었지만, 조직 내에는 집중을 방해하는 요인들이 산재해 있다. 특히 실리콘밸리의 테크기업들을 보면, 장시간 근무가 전혀 낯설지 않다. 실리콘밸리의 많은 기업들은 하루 세 끼 식사를 무료로 제공하고 운동을 할 수 있는 피트니스 센터와 수영장, 낮잠 장소 등을 갖추어 직원들이 마음만 먹으면 하루 종일 '회사에서' 지낼 수 있는 환경을 만드는 데 앞장섰다.

그런데 최근 테크기업들은 또 다른 실험을 시작하고 있다. 그동안 장시간 근무로 유명했던 마이크로소프트 사가 '일-생활 균형 도전 (Work-Life Choice Challenge)' 프로그램의 일환으로 2019년 8월 한 달 간 일본 지사의 2,300명을 대상으로 주 4일 근무(금요일 휴무)를 단행 한 것이다.[28] 회의시간을 30분으로 제한하고 원격화상 회의를 장려 했으며, 이메일 관리시간을 줄였다. 그 결과 참여 직원의 92%가 만족 할 정도로 행복도가 증가했으며, 전년도 대비 생산성이 40% 향상되 었다.

뉴질랜드의 신탁관리회사 퍼페추얼 가디언(Perpetual Guardian)도 2018년 직원 240명을 대상으로 주 30시간 근무를 실험하였다.[29] 실험 전과 동일한 업무량을 소화하면서도 일-생활 균형 만족도가 54%에 서 78% 수준으로 향상되었고, 스트레스 수준이 7% 감소되었다. 퍼 페추얼 가디언은 현재 주 4일 근무제를 영구적으로 도입했다.

사실 '적게 일하기'는 국내에서도 유사한 사례를 찾아볼 수 있다. 주 52시간 근무제가 본격 도입된 까닭인데, 금융권에서는 아예 시스템 적으로 근무시간을 제한하고 있다.[30] KB국민은행과 신한은행을 포함 한 주요 은행들이 피시오프제(정해진 시간 이후에는 PC가 자동으로 꺼지는 시스템)를 도입해 PC 사용시간을 하루 8~9시간으로 제한하고 있다. 업무에서 전산시스템 접근이 필수적인 상황에서 PC 사용 제한은 당 연히 전체 업무시간 제한으로 직결된다. 업무시간이 제한되면서 함께 이루어진 활동은 회의시간 및 불필요한 보고서 작성 줄이기, 반복업 무의 자동화이다. 하나은행은 주 1회 회의, 1시간 이내 회의라는 원칙을 정했고, KB국민은행은 PPT 보고서 작성을 금지했다.

'적게 일하기'를 실험하거나 시행한 기업들의 공통점은 낭비되는 시간을 줄이기 위한 노력을 가장 먼저 했다는 사실이다. 이처럼 회의, 보고, 이메일, 불필요한 문서 작성, 인터넷 검색 등 보조적 작업을 최소화하고, 반복업무를 자동화한다면 이전보다 적게 일하면서도 생산성을 높일 수 있다. 실제로 다국적 직원관리 소프트웨어 기업 크로노스 인코퍼레이트(Kronos Incorporate)의 노동연구소가 8개국 근로자 3,000명을 대상으로 설문조사를 실시한 바에 따르면, 응답자의 78%가 하루 7시간이면 주요 업무를 충분히 끝낼 수 있다고 응답했다.[31] 또한 응답자의 45%는 하루 5시간 이내면 충분하다고 답하기도 했다. 하지만 응답자의 86%는 핵심 업무와 관련이 없는 업무로 시간을 낭비하고 있으며, 40%는 조직의 부가가치를 높여주지 않는 관리업무로 매일 1시간 이상을 허비하고 있다고 응답했다.

스스로에게 시간압박 가하기

파킨슨 법칙(Parkinson's Law)에 따르면 어떤 일을 완료하는 데 걸리는 시간은 주어진 시간에 비례하여 늘어난다.[32] 예를 들어, 이틀 만에 완료할 수 있는 업무인데 일주일(5일)의 시간이 주어졌다고 하자. 이 과제는 이제 더는 이틀 안에 끝낼 수 있는 과제가 아니게 된다. 첫째 날은 업무내용을 파악하면서 보내고, 둘째 날과 셋째 날은 인터넷에서 자료조사를 하면서 보낸다. 그리고 남은 이틀 동안 본격적으로 과제를 수행해 마무리하게 된다. 어떤 사람들은 마지막까지 과제를 미루고 미루다가 마지막 날 하루 동안 초인적 힘을 발휘하여 과제를 완료할 것이다. 처음부터 이 과제의 마감을 이틀로 부여했다면, 주어진 시간 내에 업무를 완료하기 위해 가장 중요한 것에 초점을 맞추었을 것이다.

이처럼 과제를 할 때 스스로 시간압박(Time Pressure)을 가하는 것은 업무를 미루지 않고 빨리 시작할 수 있도록 동기부여를 하고, 가능한 선택의 범위를 제한함으로써 더 빠른 의사결정에 도달하도록 돕는다.[33] 중요하지 않은 사소한 작업들이 전체 업무시간을 지배하지 않도록 효과적으로 업무시간을 제한하는 기술이 필요한 이유이다.

업무시간 블록(Time Boxing)을 활용해 시간을 제한하라

만약 아침 9시부터 6시까지가 근무시간이라면 오후 5시까지로 업무시간을 제한하고 1시간만 업무시간을 줄여보자(업무에 따라 가능하다면 2시간까지 줄여보자). 그리고 그날 처리해야 할 업무들을 아침 9시부터 오후 5시 사이에 채워 넣는다. 하루에 너무 많은 업무를 할당해서는 안 된다. 하루에 가장 중요하면서도 빨리 처리해야 하는 2~3개의 본질적 업무를 우선 할당한다. 그리고 남는 시간들을 이메일 확인과 같은 보조적 업무에 할당한다.

각 업무의 시작시간과 마감시간을 설정하되, 도전적이면서도 현실적인 마감시간으로 설정하는 것이 중요하다. 극단적인 마감시간 설정은 단기적으로는 업무수행 속도에 불을 지펴 성공으로 이어질 수도 있으나, 결국에는 번아웃을 초래한다. 하버드 경영대학원의 테레사 에이머빌(Teresa Amabile) 교수는 마감시간으로 인한 극단적 스트레스는 오히려 새로운 아이디어를 제시한다든지 복잡한 문제를 해결할 가능성을 45% 수준까지 낮춘다고 지적한다.[34] 업무의 품질을 저하시킨다면 비록 시간당 생산성을 높였다고 해도 별 의미가 없음을 명심해야 한다.

업무별로 마감시간이 정해지면, 정해진 시간 내에 업무를 완료할 수 있도록 최대한 몰입한다. 업무가 예상보다 길어진다면 어디에 가장 많은 시간이 소요되고 있는지 확인하고, 만약 프로세스 자동화가 가능한 부분이 있다면 시간을 들여서라도 그 작업부터 하는 것이 좋다.

몰아서 처리하라(Batching)

이메일 확인, 자료조사, 보고서 편집 등 단순한 보조적 업무는 중요도와 시급성이 높은 업무를 끝내고 나면 한꺼번에 몰아서 처리하는 것이 생산적이다. 집에서 빨래를 한다고 생각해보자. 옷 한 벌의 빨랫감이 생길 때마다 세탁기를 돌리는 것이 아니라 빨랫감을 모아놓았다가 한꺼번에 색깔별로 또는 속옷과 겉옷을 나누어 세탁하는 것이 훨씬 생산적이다. 보조적 업무를 처리하느라 잦은 업무전환을 함으로써 본질적 업무의 몰입을 방해하는 것보다는 그렇게 모아서 처리하는 편이 생산성을 40% 이상 향상시킬 수 있다.[35] 전체 업무에서 몰아서 한 번에 처리할 수 있는 보조적 업무가 무엇이고 거기에 얼마만큼의 시간이 들어가는지 확인한 뒤 몰아서 처리하되 최소한의 시간을 할당하도록 한다.

스스로에게 보상을 제공하라

하나의 업무에 최대한 몰입하여 마감시간 내에 끝냈다면 스스로에게 작은 보상을 제공하는 것도 필요하다. 하나의 업무가 끝나면 맛있는 커피를 마시며 잠시 머리를 식힌다거나, 오전 업무를 끝낸 점심시간에는 20분 정도 산책을 하는 것도 좋다. 또 다른 업무로 전환하기 전에 뇌에게도 쉬는 시간을 줄 필요가 있다.

나를 위해 투자하는 시간 확보

우리의 두뇌가 집중해서 몰입할 수 있는 시간은 최대 4시간 남짓이라고 한다.[36] 집중력과 창의력을 발휘할 수 있는 뇌의 시간은 4시간이지만, 그렇다고 해서 나머지 시간은 계속 휴식을 취하라는 의미는 아니다. 회의, 이메일, 각종 행정업무를 빠르게 처리하고 남은 시간은 온전히 자신의 가치를 높이는 데 활용할 수 있다. 프로젝트를 진행하는 과정에서 자신이 부족하다고 느꼈던 부분이 있다면 그와 관련된 지식을 더 깊이 공부해볼 수도 있고, 정규 프로젝트 기간에는 시도하기 어려웠던 방법론을 추가로 실험해보는 일도 가능하다. 이러한 시간투자는 훗날 온전히 나의 자산이 된다.

구글에는 정규 프로젝트 외에 업무시간의 20%를 개인적 과제에 투자할 수 있는 '20% Time' 정책이 있다.[37] 구글러(Googler)[*]들은 이 시간을 더 창의적이고 더 혁신적인 개인적 아이디어를 실험하는 데 쓰고 있다. 실제로 구글 뉴스, Gmail, 애드센스가 이런 방식의 시간사용으로 만들어진 것들이다. 구글에는 '20% Time' 정책만 있는 게 아니다. 구글러들은 매년 자신의 업무에서 비효율 10%를 절감해야 한다. 구글이 제한된 시간을 얼마나 생산적으로 활용하고자 노력하는지 보여주는 사례들이라 하겠다.

이런 정책이 모든 회사에 다 있다면야 더할 나위 없이 좋겠지만, 설령 그렇지 못하더라도 '나'의 가치를 높일 수 있는 업무시간을 스스로 확보하려고 노력해야 한다. 나를 위해 투자한 시간만큼 5년, 10년 후 '나'의 모습은 분명 달라져 있을 것이다.

---

[*] 구글의 현 임직원을 '구글러(Googler)'라고 부른다. 신입직원은 '뉴글러(Noogler, New+Googler)', 퇴직자는 '수글러(Xoogler)'라고 한다.

리더십 가이드라인

　관리자가 퇴근시간을 넘겨 야근하고 있는데 당당히 정시에 퇴근할 수 있는 부서원이 과연 몇이나 될까? 퇴근시간 직전, 주말 직전에 관리자가 업무지시를 한다면 부서원들이 정시에 퇴근할 수 있을까? 부서원들의 장시간 근무는 업무량의 문제도 있지만, 관리자의 업무시간에 대한 인식 및 관리가 매우 크게 작용함을 잊지 말아야 한다. '업무시간 제한하기'에 있어 관리자가 주의하고 도와주어야 할 부분으로는 어떤 것이 있을지 살펴보자.

Tip ❶ 업무시간보다는 업무의 질과 성과로 평가하기

　관리자가 장시간 오래 앉아 일하는 직원을 성실하다고 평가하거나 정시에 퇴근하는 직원에게 눈치를 준다면 부서원들은 최선을 다해 자신의 본질적 업무를 효율적으로 끝내기보다는 '장시간 근무'라는 형태 자체에 매몰되기 쉽다. 또한 실제 업무의 질과 성과보다는 상사의 눈에 항상 바쁘게 일하는 모습을 보이는 데만 관심을 기울일 것이다. 이러한 문화가 조직 내에 뿌리를 내린다면 결국 장시간 근무로 인해 생산성은 도리어 하락하고 부서원의 피로도가 높아지는 악순환이 빚어질 소지가 크다.

　그러므로 관리자는 성과와 무관한 장시간 근무에 보상을 주려 하지 말고 업무효율성, 생산성, 그리고 산출물의 질에 더 가치를 두어야 하며, 이를 말과 행동으로 실천해야 한다. 부서원에 대한 평가 또한 수행한 업무의 질과 성과로 데이터에 근거하여 객관적으로 이루어져야 한다. 그러려면 부서원 개개인의 역량과 수행 중인 업무의 내용, 기대하는 예상 아웃풋을 그 누구보다 관리자가 명확히 정의할 수 있어야 한다. 구글은 근무시간과 장소가 자유로운 것으로도 유명하지만, 업무의 질과 성과 중심으로 데이터에 기반해 철저한 평가가 이루어지는 것으로 더 유명하다.

Tip ❷ 부서 내 '업무시간 제한' 실험하기

　부서원 전체가 부서 업무의 특성을 고려해 다양한 '업무시간 제한'을 실험해 최적의 안을 찾아보는 것은 어떨까? 만약 매일 비슷한 패턴으로 업무가 진행된다면 일 단위로 업무시간을 제한하는 것이 효과적일 수 있다. 반면 업무가 요일별로 일정 패턴을 띤다면 특정 요일, 예를 들어 금요일은 반나절 일찍 업무를 끝내도록 실험해볼 수 있다.

　이때 관리자가 주의해야 할 것은 '업무시간 제한'으로 업무효율성이 높아졌다고 해서 추가 업무를 부여해서는 안 된다는 것이다. 이럴 경우 직원들은 업무를 빨리 끝낼수록 일만 더 늘어난다고 생각할 것이고, 이는 '업무시간 제한'의 취지에 어긋난다. 따라서 이렇게 확보된 시간은 애초 부서원들과 약속한 대로 미래를 위한 개인의 투자시간 또는 부서 전체의 학습시간으로 활용하는 것이 좋다.

업무시간 제한에는 부서원뿐 아니라 관리자도 적극 동참하는 것이 매우 중요하다. 업무지시나 업무보고 등은 제한된 업무시간 내에 끝낼 수 있도록 가이드하고, 업무시간이 끝나기 직전에 업무지시를 하는 행위도 주의해야 한다.

시간관리의 시작은
작은 습관에서

'나'에게 주어진 시간을 온전히 사용하고 있는가

시간은 요술 같은 자원이다. 모든 사람에게 분명 동등하게 주어져 있는데도 그것을 활용한 결과는 천차만별이다. 자신의 시간관리에 진정으로 만족하는 사람도 실은 드물다. 컨설팅사 맥킨지(McKinsey)가 글로벌 기업에서 일하는 1,500명가량의 경영진을 대상으로 설문조사를 실시한 결과에 따르면, 응답자 중 단 9%만이 자신의 시간관리에 만족한다고 답하였다.[1] 그나마 조직에서 시간통제권을 가졌다고 볼 수 있는 경영진이 이런 정도라면 보통의 직원들이 느끼는 시간관리의 어려움은 두말할 나위가 없을 것이다.

우리는 시간을 단 1초도 느리게 하거나 빠르게 할 수 없다. 단지 그 시간 안에 우리가 해야 하는 일을 채울 뿐이다. 이는 마치 유리병 안에 자갈과 모래를 채워 넣는 것과 같다. 동일한 양의 자갈과 모래를 가지고 있다 하더라도 유리병에 넣는 순서와 방법에 따라 내가 가진 자갈과 모래를 다 넣을 수도 있고 그렇지 못할 수도 있다. 유리병에 가장 효과적으로 자갈과 모래를 채워 넣으려면 어떻게 해야 할까? 우선 큰 자갈을 먼저 넣고 그다음에 모래를 부어 넣는 것이다. 그러면 자갈과 자갈의 빈 틈 사이로 모래가 흘러 들어가 빈 공간을 채우게 된다. 반면 모래를 먼저 다 부어 넣고 그 다음에 자갈을 집어넣으면 자갈 사이의 빈틈이 그대로 남기 때문에 유리병의 공간을 그만큼 채울 수 없게 된다. 당연히 내가 가진 자갈과 모래를 다 유리병에 넣을 수 없을 것이다.

한정된 근무시간의 틀에 업무라는 내용을 채워 넣는 것도 이와 유사하다. 각자에게 부여된 업무에 따라 중요도를 판단하고 납기를 고려하여 어떤 순서로 업무를 수행할지 결정하는 것이 매우 중요하다. 그래야만 주어진 시간을 효과적으로 활용할 수 있다. 조직에서는 각기 다른 모양을 한 업무들이 매일매일 쏟아진다. 출처도 다양하다. 내가 맡은 직무상 마땅히 수행해야 하는 업무부터, '사장님 지시'라는 꼬리표를 달고 위에서 내려온 업무, 부장님의 긴급한 업무지시, 다른 부서에서 날아온 업무협조 요청, 후배 지원 업무까지 나의 시간을 노리는 업무들이 너무나 많다. 이 때문에 우리는 '시간이 부족하다.'라는 말을 입에 달고 살지만, 어쩌면 유리병 속 자갈 사이의 빈 공간처럼 아까운 시간을 제대로 활용하지 못하는 것일 수도 있다.

이 책에서 업무의 종류를 4가지(본질적 업무, 미래준비성 업무, 단발성 업무, 보조적 업무)로 분류한 것도 바로 그 때문이다. 각기 다른 모양을 한 업무들을 이 4가지 기준에 따라 구분하는 작업부터 해보자. 부장님으로부터 급하게 지시받은 업무와 다른 부서의 업무요청은 완전히 다른 모양을 하고 있지만 이 분류 기준에 넣으면 유사한 성격의 단발성 업무로 구분할 수 있다(물론 동일한 단발성 업무라 하더라도 납기와 업무량 등에 따라 처리 방식은 달라질 수 있다). 이렇듯 시간관리의 첫 단계는 내가 수행해야 하는 업무의 성격을 명확히 파악하고, 이어서 그 일을 언제 어떻게 수행할지 결정하는 것이다.

그렇다면, 이 책의 4가지 업무분류를 기준으로 할 때 '시간'이라는 유리병에 가장 먼저 넣어야 하는 것, 즉 자갈은 무엇일까? 바로 '본질적 업무'이다. 그리고 남은 시간의 틈새에 미래준비성 업무, 단발성 업무, 보조적 업무를 그 중요도와 납기에 따라 적절히 배분하여야 한다. 이는 너무나 당연한 일처럼 보이지만 실제로 여러 가지 업무가 뒤섞여 빠르게 돌아가는 우리의 직장생활을 돌아보면 결코 만만한 작업이 아니다. 실제로 사람들이 바쁘다고 느낄수록 '중요하지는 않지만 빨리 처리할 수 있는 긴급한 일'에 매달린다는 연구결과도 나와 있다.[2] 중요한 일들은 대부분 완료까지 오랜 시간이 걸리고 좋은 결과를 얻기도 쉽지 않다. 반면에 중요하지는 않지만 빠르게 처리할 수 있는 일들은 완료하면 나의 업무 리스트에서 하나를 쉽게 없앨 수 있고, 동시에 무엇인가를 끝냈다는 쾌감도 안겨준다.[3] 바로 이런 유혹 때문에 많은 사람이 중요한 일을 시작하기 전에 짧고 빠르게 끝낼 수 있는 자잘한 업무에 매달리는 경향이 있다. 그러나 이런 업무형태가 반복되면 정작 중요한 일은 계속 뒤로 밀리고, 나중에는 감당할 수 없을 정도가 되어버린다. 의미 있는 일을 하고 있다는 느낌도 점차 줄어 하루 종일 바쁘게 일했음에도 '도대체 오늘 무슨 일을 했는지도 알 수 없는 날들'이 이어질 것이다.

내게 주어진 시간을 온전히 활용할 수 있는 유일한 방법은 다른 업무에 앞서 나의 본질적 업무를 우선시하는 것이다. 쉽게 처리할 수 있는 일이나 중요하지 않지만 내가 재미있게 할 수 있는 일들의 유혹 때문에 '본질적 업무'를 뒤로 미루어선 안 된다. 직장에서 성과를 내고 나의 존재가치를 입증할 수 있는 일에 가장 많은 시간을, 가장 우선적으로 투자해야 하며, 그 일은 바로 본질적 업무임을 잊어서는 안 된다.

'바쁘다는 것'이 곧 능력의 징표인가

앞서 언급한 바와 같이 시간관리의 목적은 제한된 근무시간 안에서 시간당 생산성을 높이는 것이다. 그런데 우리는 종종 '바쁜 것(Busyness)'을 '생산성 높은 것(Productivity)'으로 착각한다. 그래서 바쁘다는 것을 은근히 자랑으로 여기기도 한다. 그러나 바쁜 것은 투입(Input: 시간과 노력을 투입하고 있다는 느낌)의 개념이고 생산성은 산출(Output: 투입 대비 성과)의 개념이기 때문에 이 둘은 차원이 완연히 다르다. 즉, 자신은 바쁘게 많은 일을 처리하는 것 같지만 실은 매우 비생산적일 수 있는 것이다. 세인트 갈렌 대학교 하이케 브러치(Heike Bruch) 교수는 '비생산적 바쁨(Unproductive Busyness)'을 '활발하게 아무것도 하지 않는 것(Active Inaction)'이라고 지적하기도 하였다.[4] 우리는 시간관리 관점에서 바쁘다는 느낌—무엇인가 하고 있다는—으로 위로받을 것이 아니라 우리가 산출한 성과를 기준으로 냉정하게 생산성을 평가할 수 있어야 한다.

사실 우리가 바쁨을 훈장처럼 여기는 것은 그것이 곧 능력의 징표라는 생각이 있기 때문이다. 보통 바쁘다는 것은 일이 많다는 의미이고 조직의 생리상 일은 그 일을 잘 수행할 수 있는 사람에게 주어지는 경우가 많다. 그런데 바로 여기에 '바쁨의 역설(Busyness Paradox)'이 있다.[5] 새로운 일이 계속해서 부여되고 또 쌓이다 보면 점차 바빠지는데, 이렇게 시간에 쫓기고 있다는 느낌은 주의력을 저하시키고 시야를 좁게 만든다. 이를 '터널링(Tunneling)'이라고 한다.[6] 바쁘다고 느껴지면 마치 터널에 들어간 것처럼 자신에게 주어진 업무를 넓은 관점에서 보지 못하고 눈앞에 있는 일만 즉각적으로 처리하게 된다는 것이다. 심지어 이런 경우 아이큐가 13포인트 떨어진다는 연구결과도 있다.[7] 능력의 징표로 '바쁨'을 얻었지만 역설적이게도 바빠질수록 그 능력을 제대로 발휘하지 못하게 되는 것이다. 우리가 '바쁨'을 경계해야 하는 또 하나의 이유이다.

이제 우리는 바쁘다는 말의 의미를 곱씹어보아야 한다. 바쁘다는 것은 단순히 일이 많고 시간이 부족함을 뜻하지 않는다. 내가 정신없이 바쁘다고 생각했던 상황을 돌아보면 대부분의 경우 업무의 통제권이 나에게 있지 않고 외부 요인에 의해 나의 업무가 이리저리 휩쓸리는 상태였을 것이다. 그러하기에 바쁘다는 말은 결코 훈장이나 능력의 징표가 아니다. 오히려 나에게 업무의 우선순위 설정이나 시간분배의 권한과 능력이 없다는 의미이며, 이는 시간관리에 실패하고 있음을 시인하는 것이기도 하다. 따라서 바쁜 때일수록 어느새 좁아져 버린 시야를 넓히고 나의 모든 업무가 나의 통제권 안에 들어올 수 있도록 하는 의도적 노력이 절실히 필요하다.

시간관리의 시작은 작은 습관에서

피터 드러커는 "시간은 이 세상에서 가장 희소한 자원이다. 시간을 관리할 수 없다면 아무것도 관리할 수 없다."라고 말했다.[8] 그렇다면 이제 우리는 어떻게 '성공적 시간관리'라는 목표를 달성할 수 있을까? 목표를 설정할 때 우리가 자주 듣게 되는 조언은 '크고 담대한 목표(BHAG: Big Hairy Audacious Goal)'를 추구하라는 것이다. 다다를 수 없을 정도로 도전적인 목표는 때때로 우리에게 열정을 부여하고, 한계를 느끼면서도 결국 이루어내는 해피엔딩은 뿌듯한 성취감을 안겨준다. 그러나 거대한 목표를 세웠을 때의 함정이 있으니, '성취 또는 실패(All or Nothing)'라는 이분법적 결론에 도달하게 된다는 것이다.

그러나 시간관리는 어느 한 지점에서 성패를 논할 수 있는 것이 아니다. 성공적인 시간관리를 위해서는 정상에 도달하겠다는 크고 담대한 목표보다는 '작은 습관(Micro Habit)' 전략이 필요하다.[9] 나의 시간을 완벽하게 통제하겠다는 너무 커다란 목표가 아니라 나의 시간사용법을 찬찬히 들여다보고 효과적인 방향으로 조금씩 바꾸어나가겠다는 생각, 그리고 작은 습관의 변화가 필요한 것이다.

이 책에서 다양한 시간관리 스킬을 제시하기는 했으나 이 모든 방법론을 한순간에 익히고 실천하기란 불가능에 가까울 것이다. 따라서 그 가운데서 자신에게 알맞은 테마를 잡아 하나씩 먼저 실천해보고 이를 습관화하기를 권장한다. 만약 '나의 업무몰입도'가 문제라면 40분을 몰입시간으로 정해놓고 최소한 이 시간 동안에는 메일이나 메신저에 반응하지 않도록 작은 습관을 들여보자. 그 전에 메일 알람을 해제하고 메신저도 끌 수 있다면 더욱 효과적일 것이다. 40분 정도 메일이나 메신저에 응답하지 않았다고 해서 큰일이 벌어지지는 않는다.

《아주 작은 습관의 힘(Atomic Habits)》의 저자 제임스 클리어는 새로운 습관을 만드는 전략을 제시하면서 '믿을 수 없을 정도로 작은 습관(Incredibly Small Habit)'부터 만들어야 한다고 조언하였다.[10] 그가 말한 '믿을 수 없을 정도로 작은 습관'이란 너무 사소한 것이라 거부할 수도 없고 특별한 동기부여 없이도 할 수 있는 소박한 행동을 말한다. 하루에 '푸시업 50개를 해야지'가 아니라 '푸시업 5개만 해야지' 이런 정도의 습관이다.

이를 시간관리에 적용해, 아침에 출근하자마자 오늘 업무의 우선순위를 적어놓는 작은 습관을 들이면 어떨까? 우선순위가 확실하면 갑자기 다른 부서에서 단발성 업무를 요청하더라도 중요도를 비교하여 업무의 우선순위대로 처리할 수 있을 것이다. 이 외에도 각자 적용할 수 있는 작은 습관을 만들어 당장 실천해보자.

시간관리 전략을 짤 때 새로운 습관을 만들기 위해 중요한 또 한 가지는 '지속성'이다. 행동, 환경, 사람에 따라 다소 차이는 있겠으나 연구자들에 따르면 어떤 행동을 습관화하는 데는 평균 66일이 걸린다고 한다.[11] 그러나 아무리 작은 습관이라 할지라도 날마다 반복하기는 결코 쉽지 않다. 66일 동안 하루도 빠짐없이 실천한다면 더할 수 없이 좋겠으나 한두 번 정도는 상황에 따라 실천하지 못할 수도 있다. 앞서 예를 든 '출근 직후 업무의 우선순위 적기'만 해도 출근하자마자 갑자기 회의가 잡히거나 고객과의 미팅 때문에 외근이 생겨 실천하지 못할 수 있다. 한두 번 이렇게 건너뛰는 일이 생기면 의지가 약해지기 쉽다. 그래서 전문가들은 지속성을 추구하되 '완벽'에 집착하지는 말라고 조언한다. 한 번 건너뛰었을 때 '오늘 못해서 다 망쳐버렸네'가 아니라 '두 번은 건너뛰지 말아야지' 하는 마인드가 필요하다는 것이다. 이것이 한 번의 실수가 있더라도 원래 상태로 돌아가지 않고 습관 만들기를 이어나가는 유일한 방법이다.

듀크 대학의 연구에 따르면 하루 행동의 40%는 습관이 차지한다고 한다.[12] 즉, 아침에 일어나자마자 하는 행동, 퇴근 전 업무를 정리하는 순서, 잠들기 전 하루를 마무리하는 일 등 루틴으로 하는 많은 일이 그동안 자신이 쌓은 습관의 결과다. 이 40% 안에 자신만의 시간관리 습관을 만들어 넣어보자. 좋은 시간관리 습관을 만들기는 물론 어렵다. 하지만 그 열매는 나에게 복리의 이자로 되돌아올 것이다.

· 참고자료 ·

Prologue | 이제는 시간관리 방법이 달라져야 한다

1 Vaden, R. (2015). *Procrastinate on Purpose: 5 Permissions to Multiply Your Time.* TarcherPerigee.

2 Covey, S. R. (1989). *The 7 Habits of Highly Effective People.* Free Press.

제1장 | '본질적 업무'에 몰입하라

1 Banfield, E. C. (1970). *The Unheavenly City: The Nature and the Future of Our Urban Crisis.* Little, Brown and Company.

2 신현경 (2004). "구석기 시대 동굴벽화에 대한 연구—알타미라 동굴벽화와 미술의 제례적 기능".《기초조형학연구》, 5(2), 123−133. 한국기초조형학회.

3 가토 마사하루 (2003).《내 두뇌에 날개를 달아주는 생각의 도구》. 박세훈 역. 21세기북스.

4 Doran, G. T. (1981). "There's a S.M.A.R.T. Way to Write Management's Goals and Objectives". *Management Review,* 70, 35−36.

5 존 도어 (2019).《OKR》. 박세연 역. 세종서적; Doerr, J. (2017). *Measure What Matters.* Portfolio Penguin.

6 Rumelt, R. P. (2012). "Good Strategy/Bad Strategy: The Difference and Why It Matters". Strategic Direction, 28(8). Emerald Group Publishing Limited.

7 Juran, J. M. (1951). *Quality Control Handbook.* McGraw−Hill.

8 MacKay, J. (2018. 7. 17.). "The 'Everything is Important' Paradox: 7 Practical Methods for How to Prioritize Work". Rescue Time.

9 Allen, D. (Revised Ed. 2015). *Getting Things Done: The Art of Stress-Free Productivity.* Penguin Books.

10 Clear, J. "The Ivy Lee Method: The Daily Routine Experts Recommend for Peak Productivity". ⟨https://jamesclear.com/ivy−lee⟩.

11 Tracy, B. "The ABCDE Method For Setting Priorities". ⟨https://www.briantracy.com/blog/personal−success/the−abcde−method−for−setting−priorities/⟩.

12 Szramiak, J. (2017. 12. 5.). "This Story about Warren Buffett and His Long−Time Pilot Is an Important Lesson about What Separates Extraordinarily Successful People from Everyone Else". *Business Insider.*

13 Kahneman, D., & Tversky, A. (1982). "Intuitive Prediction: Biases and Corrective Procedures". *Judgment Under Uncertainty: Heuristics and Biases.* Cambridge University Press. 414−421.

14 Buehler, R., Griffin, D., & Ross, M. (1994). "Exploring the 'Planning Fallacy': Why People Underestimate Their Task Completion Times". *Journal of Personality and Social Psychology,* 67(3), 366−381.

15 Hofstadter, D. R. (2000). *Gödel, Escher, Bach: An Eternal Golden Braid.* Penguin.

16 Dumb Little Man (2011. 5. 31.). "7 Must Read Life Lessons from Benjamin Franklin". *Business Insider.*

17 에밀 루드비히 (2009).《링컨의 일생》. 이동진 역. 해누리.

18 Latham, G. P., Erez, M., & Locke, E. A. (1988). "Resolving Scientific Disputes by the Joint Design of Crucial Experiments by the Antagonists: Application to the Erez−Latham Dispute Regarding Participation in Goal Setting". *Journal of Applied Psychology,* 73(4), 753−772.

19 Rampton, J. (2018. 5. 1.). "Manipulate Time With These Powerful 20

Time Management Tips". *Forbes*.

20 Watson, J. M., & Strayer, D. L. (2010). "Supertaskers: Profiles in Extraordinary Multitasking Ability". *Psychonomic Bulletin & Review*, 17(4), 479−485.

21 Holohan, M. (2016. 1. 28.). "How to Do One Thing at a Time: The Secret to Improving Your Focus". *TODAY*.

22 Smart, A. (2013). *Autopilot: The Art & Science of Doing Nothing*. OR Books; 앤드루 스마트 (2014). 《생각을 멈추면 깨어나는 뇌의 배신》. 윤태경 역. 미디어윌.

23 Lottridge, D. M., Rosakranse, C., Oh, C. S., Westwood, S. J., Baldoni, K. A., Mann, A. S., & Nass, C. I. (2015. 4.). "The Effects of Chronic Multitasking on Analytical Writing". *CHI 2015: Proceedings of the 33rd Annual ACM Conference on Human Factors in Computing Systems*, 2967-2970. ACM(Association for Computing Machinery).

24 Bradberry, T. (2014. 10. 8.). "Multitasking Damages Your Brain And Career, New Studies Suggest". *Forbes*.

25 Clear, J. "The Myth of Multitasking: Why Fewer Priorities Leads to Better Work". JamesClear.com. 〈https://jamesclear.com/multitasking−myth〉.

26 Leroy, S. (2009). "Why is it so Hard to do My Work? The Challenge of Attention Residue when Switching Between Work Tasks". *Organizational Behavior and Human Decision Processes*, 109(2), 168−181.

27 Wang, Z., & Tchernev, J. M. (2012). "The 'Myth' of Media Multitasking: Reciprocal Dynamics of Media Multitasking, Personal Needs, and Gratifications". *Journal of Communication*, 62(4), 493−513.

28 González, V. M., & Mark, G. (2004). "Constant, Constant, Multi-tasking Craziness: Managing Multiple Working Spheres". *CHI 2004:*

Proceedings of SIGCHI Conference on Human Factors in Computing Systems. ACM(Association for Computing Machinery).

29 MacKay, J. (2018. 5. 10.). "The True Cost of Email and IM: You Only Have 1 Hour and 12 Minutes of Uninterrupted Productive Time a Day". RescueTime:blog. 〈https://blog.rescuetime.com/communication−multitasking/〉.

30 MacKay, J. (2018. 9. 11.). "When to Work: How to Optimize Your Daily Schedule for Energy, Motivation and Focus". RescueTime:blog. 〈https://blog.rescuetime.com/when−to−work−productivity−curves/〉.

31 Newport, C. (2015. 6. 18.). "The E−mail Productivity Curve". CalNewport.com. 〈http://calnewport.com/blog/2015/06/18/the−e−mail−productivity−curve/〉.

32 MacKay, J. (2018. 5. 29.). "Managing Interruptions at Work: What We Learned Surveying Hundreds of RescueTime Users about Their Worst Distractions". RescueTime:blog. 〈https://blog.rescuetime.com/interruptions−at−work/〉.

33 피터 드러커 (2001). 《프로페셔널의 조건》. 이재규 역. 청림출판.

34 대니얼 J. 레비틴 (2015). 《정리하는 뇌》. 김성훈 역. 와이즈베리.

35 Loh, K. K., & Kanai, R. (2014). *Higher Media Multi-Tasking Activity Is Associated with Smaller Gray-Matter Density in the Anterior Cingulate Cortex.* PLoS ONE, 9(9), e106698.

36 Graham, P. (2009. 7.). "Maker's Schedule, Manager's Schedule". Paul Graham blog. 〈http://www.paulgraham.com/makersschedule.html〉.

37 Dillon, J. (2015. 12. 14.). "Read This Google Email About Time Management Strategy". *Fast Company*.

38 알렉스 수정 김 방 (2018). 《일만 하지 않습니다》. 박여진 역. 한국경제신문.

39 칼 뉴포트 (2017). 《딥 워크》. 김태훈 역. 민음사; Newport, C. (2016). *Deep Work: Rules for Focused Success in a Distracted World.* Little, Brown

Book Group.

40 칼 뉴포트 (2017). 《딥 워크》. 김태훈 역. 민음사.

41 〈인사이드 빌 게이츠(Inside Bill's Brain: Decoding Bill Gates)〉 (2019). 데이비스 구겐하임 감독. 넷플릭스 다큐멘터리.

42 Claessens, B. J. C., Van Eerde, W., Rutte, C. G., & Roe, R. A. (2004). "Planning Behavior and Perceived Control of Time at Work". *Journal of Organizational Behavior,* 25(8), 937–950.

43 Macan, T. H. (1996). "Time-Management Training: Effects on Time Behaviors, Attitudes, and Job Performance". *The Journal of Psychology,* 130(3), 229–236.

44 〈Jeff Bezos At The Economic Club Of Washington〉 (2018. 9. 13.). CNBC. YouTube.com.

45 Kim, M. Y., & Lee, E. J. (2011). "Rest-Activity Rhythm and Sleep Pattern in the Elderly". *Journal of Korean Biological Nursing Science,* 13(3), 211–219.

46 〈https://www.sleephealthfoundation.org.au/pdfs/World%20Sleep%20Day/Activity%20-%20Morning-Eveningness%20Questionnaire.pdf〉.

47 Horne, J. A., & Östberg, O. (1976). "A Self-Assessment Questionnaire to Determine Morningness-Eveningness in Human Circadian Rhythms". *International Journal of Chronobiology,* 4, 97–110.

48 Ericsson, K. A., Krampe, R. T., & Tesch-Römer, C. (1993). "The Role of Deliberate Practice in the Acquisition of Expert Performance". *Psychological Review,* 100(3), 363–406.

49 다니엘 핑크 (2018). 《언제 할 것인가》. 이경남 역. 알키.

50 May, C. P., & Hasher, L. (1998). "Synchrony Effects in Inhibitory Control Over Thought and Action". *Journal of Experimental Psychology: Human Perception and Performance,* 24(2), 363–379.

51 Wieth, M. B., & Zacks, R. T. (2011). "Time of Day Effects on Problem

Solving: When the Non–Optimal is Optimal". *Thinking & Reasoning,* 17(4), 387–401.

52 미하이 칙센트미하이 (2005, 1쇄 2004).《몰입 flow, 미치도록 행복한 나를 만난다》. 최인수 역. 한울림.

53 안데르스 에릭슨, 로버트 폴 (2016).《1만 시간의 재발견》. 강혜정 역. 비즈니스북스.

54 Seifert, C. M., & Patalano, A. L. (1991). "Memory for Incomplete Tasks: A Re–examination of the Zeigarnik Effect". *Proceedings of the Thirteenth Annual Conference of the Cognitive Science Society,* 114–119, Erlbaum.

55 Tishma, M. (2018. 3. 2.). "Conquering Attention Residue". *Chief Learning Officer.*

56 칼 뉴포트 (2017).《딥 워크》. 김태훈 역. 민음사.

57 〈SBS 스페셜: 당신의 인생을 바꾸는 작은 습관〉 (2019. 6. 2). SBS.

58 켈리 맥고니걸 (2012).《왜 나는 항상 결심만 할까?》. 신예경 역. 알키.

59 Hull, C. L. (1932). "The Goal–Gradient Hypothesis and Maze Learning". *Psychological Review.* 39(1), 25–43.

60 Kivetz, R., Uriminsky, O., & Zheng, Y. (2006. 2.). "The Goal–Gradient Hypothesis Resurrected: Purchase Assceleration, Illusionary Goal Progress, and Customer Retention". *Journal of Marketing Research,* 43(1), 39–58.

61 Ericson, C. "Grouping Similar Tasks: Productivity Is As Close As Your Next Batch". WorkAlpha.com.

62 Oates, W. (1971). *Confessions of a Workaholic: The Facts about Work Addiction.* World Publishing Co.

63 Schaufeli, W. B., Taris, T. W., & Bakker, A. B. (2008). "It Takes Two to Tango: Workaholism is Working Excessively and Working Compulsively". *The Long Work Hours Culture: Causes, Consequences*

and Choices. Emerald. 203–225.

64 Schaufeli, W. B., Shimazu, A., & Taris, T. W. (2009. 10.). "Being Driven to Work Excessively Hard The Evaluation of a Two-Factor Measure of Workaholism in The Netherlands and Japan". *Cross-Cultural Research*, 43(4), 320–348.

65 Van Beek, I., Taris, T. W., & Schaufeli, W. B. (2011). "Workaholic and Work Engaged Employees: Dead Ringers or Worlds Apart?". *Journal of Occupational Health Psychology*, 16(4), 468–482.

66 알렉스 수정 김 방 (2018). 《일만 하지 않습니다》. 박여진 역. 한국경제신문.

67 막시밀리안 모저 (2019). 《안 아프게 백년을 사는 생체리듬의 비밀》. 이덕임 역. 추수밭.

68 이시형 (2009). 《공부하는 독종이 살아남는다》. 중앙Books.

69 Raichle, M. E., MacLeod, A. M., Snyder, A. Z., Powers, W. J., Gusnard, D. A., & Shulman, G. L. (2001). "A Default Mode of Brain Function". *Proceedings of the National Academy of Sciences*, 98(2), 676–682.

70 Dijksterhuis, A. (2004). "Think Different: The Merits of Unconscious Thought in Preference Development and Decision Making". *Journal of Personality and Social Psychology*, 87(5), 586–598.

71 Studte, S., Bridger, E., & Mecklinger, A. (2015. 4.). "Nap Sleep Preserves Associative But Not Item Memory Performance". *Neurobiology of Learning and Memory*, 120, 84–93.

72 쓰보다 사토루 (2019). 《적게 자도 괜찮습니다》. 전지혜 역. 길벗.

73 Mednick, S., Nakayama, K., & Stickgold, R. (2003). "Sleep-Dependent Learning: A Nap is as Good as a Night". *Nature Neuroscience*, 6(7), 697–698.

74 Goldschmied, J. R., Cheng, P., Kemp, K., Caccamo, L., Roberts, J., & Deldin, P. J. (2015). "Napping to Modulate Frustration and Impulsivity:

A Pilot Study". *Personality and Individual Differences*, 86, 164−167.

75 Broadbent, L. (2004. 3. 20.). "No Snooze is Bad News". *The Times*.

76 "Napping: Do's and don'ts for Healthy Adults" (2018. 11. 20.). Mayo
Clinic.

77 Freudenberger, H. J. (1974). "Staff Burnout". *Journal of Social Issues*,
30(1), 159−165.

78 "Burn-out an 'Occupational Phenomenon': International Classification
of Diseases". World Health Organization. 〈https://www.who.int/
mental_health/evidence/burn-out/en/〉.

79 "한국 노동생산성 OECD '꼴찌권'… 미국·노르웨이의 절반" (2017. 10. 12.).
《한국경제》.

80 고경봉, 박중규, 김찬형 (2000). "스트레스반응척도의 개발".《신경정신의
학》, 39(4), 707−719.

81 Moeller, J., Ivcevic, Z., White, A. E., Menges, J. I., & Brackett, M. A.
(2018). "Highly Engaged but Burned Out: Intra-individual Profiles in
the US Workforce". *Career Development International*, 23(1), 86−105.

82 소냐 류보머스키, 제임 커츠 (2010).《행복의 정석》. 박정효, 송단비 역. 책마루.

제2장 | '미래준비성 업무'에 투자하라

1 Drucker, P. F. (1967). *The Effective Executive*. New York: Harper &
Row.

2 Tugend, A. (2012. 3. 23.). "Praise Is Fleeting, but Brickbats We Recall".
The New York Times.

3 Rath, T., & Clifton, D. O. (2004). *How Full Is Your Bucket? Positive
Strategies for Work and Life*. New York: Gallup Press.

4 Feloni, R. (2016. 2. 24). "Facebook's Most Asked Interview Question Is

Tough to Answer but a Brilliant Way to Find the Perfect Fit". *Business Insider.*

5 Flavell, J. H. (1979). "Metacognition and Cognitive Monitoring: A New Area of Cognitive—Developmental Inquiry". *American Psychologist,* 34(10), 906–911.

6 Weimer, M. (2013). *Learner-Centered Teaching: Five Key Changes to Practice.* 2nd ed., Jossey—Bass.

7 Buckingham, M. & Clifton, D. (2001). *Now, Discover Your Strengths.* Free Press.

8 Cooperrider, D. L., & Whitney, D. (2005). *Appreciative Inquiry: A Positive Revolution in Change.* Berrett—Koehler Publishers.

9 안데르스 에릭슨, 로버트 풀 (2016). 《1만 시간의 재발견》. 강혜정 역. 비즈니스북스.

10 Giang, V. (2013. 10. 24.). "Being Consistently Average May Be The Secret To Success". *Business Insider.*

11 Karsh, B., & Templin, C. (2013). *Manager 3.0: A Millennial's Guide to Rewriting the Rules of Management.* AMACOM.

12 Clifford, C. (2019. 6. 4.). "Alibaba's Jack Ma: Almost Everyone Can Be Successful". *CNBC.*

13 Dweck, C. S. (2006). *Mindset: The New Psychology of Success.* New York: Ballantine Books.

14 Lebel, C., & Beaulieu, C. (2011. 7.). "Longitudinal Development of Human Brain Wiring Continues from Childhood into Adulthood". *Journal of Neuroscience,* 31(30), 10937–10947.

15 Dweck, C. S. (2006). *Mindset: The New Psychology of Success.* New York: Ballantine Books.

16 송민근 (2019. 11. 12.). "밀레니얼 직원이 불행하면, 인사관리는 실패한 것". 《매일경제 MBN》.

17 Popov, C. (2015. 8. 30). "Why Your Employee Training Is A Waste Of Time And Money: And What To Do About It". *Forbes.*

18 Lombardo, M. M., & Eichinger, R. W. (1996). *The Career Architect Development Planner.* Minneapolis: Lominger.

19 김호정 (2006).《나만의 멘토를 만들어라》. 미래지식.

20 Rashid, B. (2017. 5. 2.). "3 Reasons All Great Leaders Have Mentors (And Mentees)". *Forbes.*

21 Teller, A. (2016. 5. 9.). "The Unexpected Benefit of Celebrating Failure". TEDTalks.

22 Edmondson, A. C. (2011). "Strategies for Learning from Failure". *Harvard Business Review.*

23 김주환 (2011).《회복탄력성》. 위즈덤하우스.

24 Lykken, D., & Tellegen, A. (1996). "Happiness Is a Stochastic Phenomenon". *Psychological Science, 7*(3), 186-189.

25 King, N. A., Hopkins, M., Caudwell, P., Stubbs, R. J., & Blundell, J. E. (2009). "Beneficial Effects of Exercise: Shifting the Focus from Body Weight to Other Markers of Health". *British Journal of Sports Medicine,* 43(12), 924−927.

26 "우울증치료 운동처방 늘어난다" (2008. 2. 11.).《연합뉴스》.

27 삼성경제연구소 (2018). "조직, 일, 일과 생활의 균형에 대한 가치관 설문".

28 Hersey, P., & Blanchard, K. H. (1988). *Management of Organizational Behavior−Utilizing Human Resources* (5th ed.). Prentice Hall.

29 Amabile, T., & Kramer, S. (2011). *The Progress Principle: Using Small Wins to Ignite Joy, Engagement, and Creativity at Work.* Harvard Business Review Press.

30 Kraus, M. W., Côté, S., & Keltner, D. (2010). "Social Class, Contextualism, and Empathic Accuracy". *Psychological Science,* 21(11), 1716−1723.

31 Shamir, B., House, R. J., & Arthur, M. B. (1993). "The Motivational Effects of Charismatic Leadership: A Self-Concept Based Theory". *Organization Science, 4*(4), 577-594.

32 킴 캐머런 (2009). 《긍정에너지 경영》. 김명언 역. 지식노마드.

33 Riegel, D. G. (2019. 8. 15.). "8 Ways Leaders Delegate Successfully". *Harvard Business Review.*

34 Glaveski, S. (2019. 10. 2.). "Where Comapnies Go Wrong with Learning and Development". *Harvard Business Review.*

35 Ebbinghaus, H. (1964). *On Memory.* New York: Dover Edition.

36 Boud, D., Cohen, R., & Sampson, J. (2001). *Peer Learning in Higher Education: Learning from & with Each Other.* Psychology Press.

37 구글 리워크 홈페이지 〈https://rework.withgoogle.com/〉.

38 라즐라 복 (2015). 《구글의 아침은 자유가 시작된다》. 이경식 역. 알에이치코리아.

39 Palmer, K., & Blake, D. (2018. 11. 8.). "How to Help Your Employees Learn from Each Other". *Harvard Business Review.*

40 Jarrett, C. (2018). "Learning by Teaching Others is Extremely Effective: A New Study Tested a Key Reason Why". *The British Psychological Society.*

41 리사 손 (2019). 《메타인지 학습법》. 21세기북스.

42 Palmer, K., & Blake, D. (2018. 11. 8.). "How to Help Your Employees Learn from Each Other". *Harvard Business Review.*

43 Chamorro-Premuzic, T., & Bersin, J. (2018. 7. 12.). "4 Ways to Create a Learning Culture on Your Team". *Harvard Business Review.*

제3장 | '단발성 업무'를 통제하라

1 Gillett, R. (2015. 9. 15.). "Mark Zuckerberg Shows That He Works at the Same Kind of Desk as Everybody Else". *Business Insider*.

2 Shellenbarger, S. (2013. 9. 10.). "The Biggest Office Interruptions Are…". *The Wall Street Journal*.

3 Aarons-Mele, M. (2014. 8. 27.). "Unpredictable Work Hours Are Stressing Too Many People Out". *Harvard Business Review*.

4 Gardner, H. K. (2012. 5.). "Performance Pressure as a Double-Edged Sword: Enhancing Team Motivation but Undermining the Use of Team Knowledge". *Administrative Science Quarterly*, 57(1), 1–46.

5 Wong, K. (2015. 7. 29.). "How Long It Takes to Get Back on Track After a Distraction". *Lifehacker*.

6 로타르 J. 자이베르트 (2016). 《독일 사람들의 시간관리법》. 송소민 역. 중앙 Books.

7 Valcour, M. (2016. 11.). "Beating Burnout". *Harvard Business Review*.

8 Ewers, P. (2018. 10. 18). "4 Strategies to Reduce Interruptions and Distration at Work". *Better Humans*.

9 Etkin, J. (2015. 12. 21.). "Why Counting Your Steps Could Make You Unhappier". *Duke Fuqua School of Business*.

10 Claessens, B. J. C. (2004). *Perceived Control of Time: Time Management and Personal Effectiveness at Work*. Technische Universiteit Eindhoven.

11 Garton, E. (2017. 4. 6.). "Employee Burnout Is a Problem with the Company, Not the Person". *Harvard Business Review*.

12 Sandberg, S. (2014. 3. 2.). "Time Management and Learning To Say 'No'". *Forbes Video*.

13 Kaufman, C. Z. (2019). "3 Times You Need to Push Back at Work". Monster.com.

14 Loewenstein, G. (2005). "Hot-Cold Empathy Gaps and Medical

Decision Making". *Health Psychology,* 24(4), S49-S56. American Psychological Association.

15 Steel, P. (2007). "The Nature of Procrastination A Meta-Analytic and Theoretical Review of Quintessential Self-Regulatory Failure". *Psychological Bulletin,* 133(1), 65-94.

16 Westgate, E., Wormington, S., Oleson, K., & Lindgren, K. (2016). "Productive Procrastination: Academic Procrastination Style Predicts Academic and Alcohol Outcomes". *Journal of Applied Social Psychology,* 47(3).

17 Schlüter, C., Fraenz, C., Pinnow, M., Friedrich, P., Güntürkün, O., & Genç E. (2018). "The Structural and Functional Signature of Action Control". *Psychological Science,* 29(10), 1-11.

18 Sharma, D., Sharma, M., & Sharma, T. (2017). "Procrastination Versus Planned Procrastination: A Study Report". *International Journal of Humanities and Social Sciences,* 6(5), 1-12.

19 Vaden, R. (2015. 6. 1.). "How To Multiply Your Time". TEDxDouglasville. Youtube.com.

20 Ury, W. (2007). *The Power of a Positive No: Save The Deal Save The Relationship and Still Say No.* Bantam.

21 Cross, R., Rebele, R., & Grant, A. (2016. 1-2.). "Collaborative Overload". *Harvard Business Review.*

22 모튼 한센 (2019). 《아웃퍼포머》. 이지연 역. 김영사.

23 Živković, M. (2018. 12. 27.). "Over-Collaboration vs Not Enough: How to Hit the Right Balance at Work". Business2community.com.

24 Scott, C. W., Shanock, L. R., & Rogelberg, S. G. (2007. 1. 1.). "The Science and Fiction of Meetings". *MIT Sloan Management Review.*

25 Mankins, M. (2014. 6. 9.). "Yes, You Can Make Meetings More Productive". *Harvard Business Review.*

26 대한상공회의소 (2017. 2.). "국내 기업의 회의문화 실태와 개선해법".

27 Scott, C. W., Shanock, L. R., & Rogelberg, S. G. (2007. 1. 1.). "The Science and Fiction of Meetings". *MIT Sloan Management Review*.

28 "How Pre-Reading Can Make Your Meetings More Productive". Voicea.com.

29 Saunders, E. G. (2019. 12. 12.). "Protect Your Time at Work by Setting Better Boundaries". *Harvard Business Review*.

30 로리 베이든 (2016). 《시간을 2배로 늘려 사는 비결》. 황금진 역. 문학사상.

31 Gavin, M. (2019. 10. 17.). "7 Ways to Empower Your Employees". Harvard Business School Online.blog; Grant, H. (2018. 5.). "How to Get the Help You Need". *Harvard Business Review*.

32 Bass, D. (2016. 8. 4.). "Satya Nadella Talks Microsoft at Middle Age". *Bloomberg Businessweek*.

33 "직장인 하루 평균 70분, 잡무로 허비… 경영·사무직무 82분으로 최고" (2019. 6. 24.). 《리쿠르트타임스》.

34 Pryce-Jones, J. (2012. 11. 25.). "Ways to Be Happy and Productive at Work". *The Wall Street Journal*.

35 Boyes, A. (2019. 11. 4.). "5 Mental Mistakes That Kill Your Productivity". *Harvard Business Review*.

36 Seligman, M. E., & Maier, S. F. (1967. 5.). "Failure to Escape Traumatic Shock". *Journal of Experimental Psychology, 74*(1), 1-9.

37 "'日직장인 스트레스 세계최고'〈美조사〉" (2008. 6. 16.). 《연합뉴스》.

38 김명중 (2015. 3.). "일본 스트레스검사 제도의 개요". 《국제노동브리프》, 90-105. 한국노동연구원.

39 Carnegie, D. (1936). *How to Win Friends and Influence People*. Simon and Schuster.

40 Kahneman, D., & Tversky, A. (1979. 3.). "Prospect Theory: An Analysis of Decision under Risk". *Econometrica, 47*(2), 263-291.

41 Matta, F. K., Scott, B. A., Colquitt, J. A., Koopman, J., & Passantino, L. G. (2016. 2. 9.). "Is Consistently Unfair Better than Sporadically Fair? An Investigation of Justice Variability and Stress". *Academy of Management Journal,* 60(2).

42 Adams, J. S. (1963). "Toward an Understanding of Inequity". *The Journal of Abnormal and Social Psychology,* 67(5), 422-436.

43 김권수 (2017). 《내 삶의 주인으로 산다는 것》. 책들의정원.

44 Grant, A. (2013. 4.). "In the Company of Givers and Takers". *Harvard Business Review.*

45 "오타니와 이치로, 日 두 야구 천재의 '같고도 다른' 도전" (2018. 4. 5.). 《KBS News》.

46 임명기 (2014). 《잡 크래프팅 하라》. 김영사.

47 McGonigal, K. (2015, first published 2012). *The Upside of Stress: Why Stress Is Good for You, and How to Get Good at It.* Avery.

48 Crum, A. J., Salovey, P., & Achor, S. (2013. 4.). "Rethinking Stress: The Role of Mindsets in Determining the Stress Response". *Journal of Personality and Social Psychology,* 104(4), 716-733.

49 Cross, R., Rebele, R., & Grant, A. (2016. 1-2.). "Collaborative Overload". *Harvard Business Review.*

50 Edmondson, A. C. (2004). "Psychological Safety, Trust, and Learning in Organizations: A Group-Level Lens". In Kramer, R. M., & Cook, K. S. (Eds.). *Trust and Distrust in Organizations: Dilemmas and Approaches,* 239-272. Russell Sage Foundation.

제4장 | '보조적 업무'를 축소하라

1 칼 뉴포트 (2017). 《딥 워크》. 김태훈 역. 민음사.

2 크리스 베일리 (2016). 《그들이 어떻게 해내는지 나는 안다》. 황숙혜 역. 알에

이치코리아.

3 토니 슈워츠, 캐서린 맥카시, 진 고메스 (2011). 《무엇이 우리의 성과를 방해하는가》. 박세연 역. 리더스북.

4 Pidgeon, E. (2014. 11. 17.). "The Economic Impact of Bad Meetings". IDEAS.TED.com.

5 Curley, R. (2019. 2. 9.). "Billions Are Wasted on Unproductive Meetings, Report Says". BusinessTravellers.com

6 Rubinstein, P. (2019. 11. 13.). "Blame Your Worthless Workdays on 'Meeting Recovery Syndrome'". BBC Worklife.

7 Doyle, M., & Straus, D. (1976). *How to Make Meetings Work!: The New Interaction Method*. Wyden Books.

8 "몽상가, 현실가, 비평가의 방… '3-Room회의 기법'으로 몰입 촉진하라" (2015. 2.). 《동아비즈니스리뷰》.

9 Heltzel, P. (2018. 9. 4.). "16 Time-Saving Tips for IT Leaders". CIO.com.

10 Grady, D. (2013). "How to Save the World (or at Least Yourself) from Bad Meeting". TED@State Street Boston.

11 Plummer, M. (2019. 1. 22.). "How to Spend Way Less Time on Email Every Day". *Harvard Business Review*.

12 Plummer, M. (2019. 1. 22.). "How to Spend Way Less Time on Email Every Day". *Harvard Business Review*.

13 The SaneBox Gang (2016. 2. 18.). "Email Overload: Research and Statistics". blog.sanebox.com.

14 Silverman, R. E. (2016. 8. 9.). "Zappos CEO Has His Own Way to Manage Email". *The Wall Street Journal*.

15 크리스 베일리 (2016). 《그들이 어떻게 해내는지 나는 안다》. 황숙혜 역. 알에이치코리아.

16 Hackman, J. R., & Oldham, G. R. (1976). "Motivation through the

Design of Work: Test of a Theory". *Organizational Behavior and Human Performance*, 16(2), 250−279.

17 "하루 8시간 6개월 잡무, 30분 만에 끝낸 사회복무요원" (2018. 12. 18). 《중앙일보》; "'코딩하는 공익'이 '세상을 바꾸는 공익'으로" (2019. 11). 《IT Chosun》.

18 Beloof, K. "How Much Time Are You Wasting on Manual, Repetitive Tasks?". Smartsheet.com.

19 Hunt, A., & Thomas, D. (2019, 2nd Ed.). *The Pragmatic Programmer: Your Journey to Mastery, 20th Anniversary Edition*. Addison−Wesley Professional.

20 Zenker, P. (2017. 5. 15.). "3 Way Templates Improving Productivity". TugOfWarWithTime.com.

21 Rose, D. P. (2018. 10. 8.). "Don't Repeat Yourself: Get More Done with the DRY Principle". Zapier.com.

22 Boyes, A. (2019. 11. 4.). "5 Mental Mistakes That Kill Your Productivity". *Harvard Business Reviews*.

23 Lheur, X. (2016). "The Next Acronym You Need to Know About: RPA(Robotic Process Automation)". Mckinsey Digital.

24 Zarkadakis, G., Jesuthasan, R., & Malcolm, T. (2016. 10. 13.). "The 3 Ways Work Can Be Automated". *Harvard Business Review*.

25 Robinson, S. (2012. 3. 14.). "Bring Back the 40−Hour Work Week". Salon.com.

26 Robinson, S. (2012. 3. 14.). "Bring Back the 40−Hour Work Week". Salon.com.

27 Glaveski, S. (2018. 12. 11.). "The Case for the 6−Hour Workday". *Harvard Business Review*.

28 Eadicicco, L. (2019. 11. 4.). "Microsoft Experimented with a 4−Day Workweek, and Productivity Jumped by 40%". *Business Insider*.

29 "The Four-Day Week" (White Paper). ⟨https://4dayweek.com/four-day-week-trial⟩.

30 "금융권 52시간 실전 태세… 로봇투입 PPT 금지 등 한창" (2019. 6. 23.). 《한겨레》.

31 Lowell, M. (2018. 9. 4.). "The Case for a 4-Day Workweek? Nearly Half of Employees Worldwide Could Do Their Jobs in 5 Hours or Less Each Day". Workforce Institute Kronos.

32 Ferriss, T. (2009). *The 4-Hour Workweek: Escape 9-5, Live Anywhere, and Join the New Rich*. Harmony.

33 Tu, Y., & Soman, D. (2014. 10.). "The Categorization of Time and Its Impact on Task Initiation". *Journal of Consume Research*, 41(3), 810-822; Beach, L. R., & Mitchell, T. R. (1978. 7.). "A Contingency Model for the Selection of Decision Strategies". *The Academy of Management Review*, 3(3), 439-449.

34 Parikh, S. (2018. 8. 6.). "Is Time Pressure the Key to Increase Productivity at Work?". SmartTask.

35 Bregman, P. (2010. 5. 20.). "How (and Why) to Stop Multitasking". *Harvard Business Review*.

36 Stillman, J. (2017. 8. 29.). "This Is the Ideal Number of Hours to Work a Day, According to Decades of Science". INC.com.

37 D'Onfro, J. (2015. 4. 17.). "The Truth about Google's Famous '20% Time' Policy". *Business Insider*.

Epilogue | 시간관리의 시작은 작은 습관에서

1 Bevins, F., & De Smet, A. (2013. 1.). "Making Time Management the Organization's Priority". *McKinsey Quarterly*.

2 Zhu, M., Yang, Y., & Hsee, C. K. (2018). "The Mere Urgency Effect:

Faculty & Research". *Journal of Consumer Research,* 45 (3), 673–690.

3 Blank, C., Giurge, L. M., Newman, L., & Whillans, A. (2019. 11. 15.). "Getting Your Team to Do More Than Meet Deadlines". *Harvard Business Review.*

4 Bruch, H., & Ghoshal, S. (2002. 2.). "Beware the Busy Manager". *Harvard Business Review.*

5 MacKay, J. (2019. 7. 30.). "The Busyness Paradox: Why You Love Being Busy". RescueTime.blog.

6 Mullainathan, S., & Shafir, E. (2013). *Scarcity: Why Having Too Little Means So Much.* Macmillan.

7 Schulte, B. (2019. 4. 15.). "Preventing Busyness from Becoming Burnout". *Harvard Business Review.*

8 Drucker, P. (2018). *The Effective Executive.* Routledge.

9 Nawaz, S. (2020. 1. 20.). "To Achieve Big Goals, Start with Small Habits". *Harvard Business Review.*

10 Clear, J. "How to Build a New Habit: This is Your Strategy Guide". Jamesclear.com.

11 Clear, J. "How Long Does it Actually Take to Form a New Habit? (Backed by Science)". Jamesclear.com.

12 Neal, D. T., Wood, W., & Quinn, J. M. (2006). "Habits: A Repeat Performance". *Current Directions in Psychological Science,* 15(4). 198–202.

김상현 │ 서강대학교 경영학과를 졸업하고 성균관대학교 MBA에서 석사학위를 받았다. 2017년부터 3년간 삼성경제연구소 인사조직실에서 수석연구원으로 일했으며, 현재는 삼성전자 Samsung Research 인사팀에 재직 중이다. 주로 보상, 조직문화, 해외인사, HR 컨설팅 등과 관련된 업무와 연구 활동을 진행하였다.

김영애 │ 제주대학교 경영정보학과를 졸업하고 한국과학기술원(KAIST)에서 경영공학 석사, 박사학위를 받았다. 미국 미네소타 대학교 컴퓨터공학과에서 박사후 연구원(Post Doc)으로 근무하며, 데이터 마이닝, 소셜네트워크 분석, 고객관계관리(CRM)에 관한 연구를 진행하였다. 현재 삼성경제연구소 인사조직실 수석연구원으로 재직 중이며, 주요 관심 분야는 HR Analytics이다. 채용, 평가, 리더십, 조직문화 등 다양한 HR 데이터를 연계 분석하여 조직 몰입 및 성과 창출 방안에 관한 연구를 진행 중이다.

서준석 │ 국민대학교에서 컴퓨터공학을 전공하고 성균관대학교 MBA에서 경영학 석사학위(ICT & Data Analytics)를 받았다. 삼성SDS IT컨설팅, 인사팀을 거쳐 현재 삼성경제연구소 인사조직실 수석연구원으로 재직 중이다. 인적자원관리 분야의 생산성 제고와 데이터 중심 의사결정 문화의 확산을 위해 Digital Transformation과 HR Analytics를 중점적으로 연구하고 있다.

예지은 │ 이화여자대학교 국문학과와 연세대학교 MBA를 졸업하고 성균관대학교에서 감성리더십에 관한 연구로 경영학 박사학위를 받았다. 현재 삼성경제연구소 인사조직실 수석연구원으로 재직 중이며, 주요 연구 분야는 조직문화, 관리자 리더십, 세대와 다양성 관리, 직장인의 행복 등이다. 주요 논문으로 "Organizational Work-Family Culture and Working Mothers' Affective Commitment: How Career Expectations Matter"(Human Resource Management, 2014), 저서로는 《실리콘밸리 사람들은 어떻게 일할까?》(2017, 공저)가 있다.

윤지연 | 가톨릭대학교 심리학과를 졸업하고 미국 조지아공과대학교(Georgia Institute of Technology)에서 산업 및 조직 심리학 석사 및 박사학위를 받았다. 현재 삼성경제연구소 인사조직실 수석연구원으로 재직 중이며, 채용, People Analytics 및 HR Tech, 글로벌 성과관리를 중점적으로 연구하고 있다. 주요 저서로 Assessment Centres and Global Talent Management(2011, 공저), 《실리콘밸리 사람들은 어떻게 일할까?》(2017, 공저) 등이 있다.

이정일 | 서울대학교 외교학과를 졸업하고 서강대학교 경영대학원에서 석사 및 박사학위를 받았다. 현재 삼성경제연구소 인사조직실 실장(전무)으로 재직하고 있으며, 인사조직, 조직문화, 고용관계 등에 대한 많은 연구를 수행해왔다. 최근의 주요 관심 분야는 직장인의 행복, 마음건강, 일자리 창출, 노사 신뢰, 의사소통 등이다. 저서로 《규제의 역설》(2006, 공저), 《한국의 노동 어떻게 할 것인가? Ⅰ, Ⅱ, Ⅲ》(2007, 2008, 2010, 공저), 《인재경영을 바라보는 두 시선》(2015, 공저), 《실리콘밸리 사람들은 어떻게 일할까?》(2017, 공저) 등이 있다.

이지인 | 한국과학기술원(KAIST) 생명화학공학과를 졸업하고 서울대학교 대학원에서 경영학 석사학위를 받았다. 현재 삼성경제연구소 인사조직실 수석연구원으로 재직 중이며, 레딩 대학교 헨리비즈니스스쿨(Henley Business School)에서 국제경영을 공부하고 있다. 주요 연구 분야는 글로벌 거버넌스 및 지식관리, 보상 체계, 팀 운영 및 성과이며, 데이터를 기반으로 조직을 분석하고 새로운 제도를 설계하는 데에도 관심을 두고 있다. 저서로는 《인재경영을 바라보는 두 시선》(2015, 공저), 《실리콘밸리 사람들은 어떻게 일할까?》(2017, 공

저)가 있다.

이형규 | 한양대학교 경영학과를 거쳐 고려대학교 노동대학원 인력관리학 석사과정에 재학 중이다. 제일모직 인사팀, 삼성물산 인사팀에서 보상, 인사기획, 글로벌 인사 업무를 수행하였다. 현재 삼성경제연구소 인사조직실 수석연구원으로 재직하며 조직문화 진단, 가치기반 경영 등 조직문화 전반에 관한 연구를 하고 있다.

전혜원 | 이화여자대학교 심리학과를 졸업하고 동 대학원에서 심리측정 석사학위를 받았다. 미국 조지아공과대학교(Georgia Institute of Technology)에서 계량심리학 박사학위를 취득했으며, 부전공으로 조직심리를 수학했다. 학위 과정 중 능력검사문항의 난이도 예측을 위한 인지요인을 탐색하는 연구를 주로 수행하였다. 현재 삼성경제연구소 인사조직실 수석연구원으로 재직 중이며, 인적성 채용 검사 개발 및 분석, 빅데이터의 조직 활용, 기업 조직문화 전반을 연구하고 있다.

진현 | 고려대학교 경영학과를 졸업하고 동 대학원에서 경영학 석사학위를 받았다. 연세대학교에서 "Merits of Failure Experiences"로 경영학 박사학위를 취득하였다. 현재 삼성경제연구소 인사조직실 수석연구원으로 재직 중이며, 주요 관심 영역은 조직문화, 실패, 다양성 관리, 임직원 보이스 연구 등이다. 주요 논문 및 저서로 "Organizational Work-Family Culture and Working Mothers' Affective Commitment: How Career Expectations Matter"(Human Resource Management, 2014), "HR 옵션으로서의 개인 성과급제"(《경영학연구》, 2017), "More than Money: The Importance of Social Exchanges for Temporary Low-Skilled Migrant Workers' Workplace Satisfaction"(International Migration, 2019) 등이 있다.